협력거버넌스: 이론과 실제

Collaborative Governance
Beyond the Governmental Governing
- Theories and Practices -

배봉준 · 윤영채 · 한치흠

도서출판 대영문화사

서문: 거버넌스의 여행

지금으로부터 30년 전에 어느 누구도 거버넌스, 특히 협력거버넌스에 대한 책을 저술할 생각을 하지는 않았다. 그러나 거버넌스는 과거의 잃어버린 용어로부터 정치학이나 행정학 및 정책학 등의 사회과학을 포함한 여러 학문분야와 실무에서 새로이 부상하는 개념으로 등장하였다. 그러면 이러한 거버넌스가 학문적 논의와 실제 통치에서 가치가 있는가? 우리의 대답은 명료하고 확정적이다. 거버넌스는 현실의 정치·행정·경제·사회적 세계에 대한 이해와 설명 및 처방을 하는 데 의미가 있고 도전적인 차원을 제공하기 때문이다.

해외는 물론 국내 학계에서는 2000년 이후 거버넌스라는 용어를 사용하는 빈도가 증가하고 있지만, 학문적으로 거버넌스의 개념과 이론에서 혼란스러운 상태에 있다. 또한 국내외적으로 각국의 중앙정부와 지방정부들은 이른바 구 거버넌스로 명명되는 정부관료제뿐 아니라 새로운 거버넌스라고도 부르는 시장이나 파트너십 및 네트워크, 그리고 협치나 숙의 등의 다양한 거버넌스 이론 유형들을 실무에 적용하고 있다.

이처럼, 거버넌스가 학계나 실무계에서 보편적으로 회자되고 있는 상황에서, 거버넌스에 대한 심도 있는 논의는 시의 적실성이 있다. 그동안 국내에서 거버넌스라는 제목을 가진 다수의 책이 나왔지만, 특히 협력거버넌스라는 제목을 가진 저술은 매우 희소하게 나타나고 있다. 언론이나 TV에서 또는 정치인이나 공무원들이 공공정책을 결정하여 집행하거나 공공관리를 하는 데 '협치(協治)'라는 용어를 가장 많이 사용하고 있지만, 협치에 대한 이론적 소개와 실제 통치사례를 제시하는 이 책은 의미가 있다. 또한, 정치학이나 행정학 및 정책학에서 공공정책연구나 공공관리연구의 지식 확장은 물론 현실적합성을 개선하기 위해서는 협력거버넌스라는 이 책의 출판 필요성은 크다고 할 수 있다.

이러한 인식을 토대로 저자들은 "협력거버넌스: 이론과 실제"라는 연구를 하여 출판하게 되었다. 이 책을 쓴 목적은 시대환경변화에 따라 '정부'에서 '거버넌스'로 통치패러다임이 이동한 맥락에서, 등장하는 여러 가지 사회문제를 해결하기 위하여, 정부통치를 뛰어넘는 협력거버넌스에 대한 이론적 논의와 실제 사례를 기술하고 설명하는 동시에 처방책을 제시하고 있다.

제1장 '협력거버넌스의 연구와 목적' 부분에서는 제1절에서 정부통치가 비판을 받고 있는 상태에서 거버넌스, 특히 협력거버넌스의 연구가 왜 필요한가를 실제적 측면과 이론적 측면으로 나누어 기술하고, 제2절에서 이 책의 저술목적을 제시하였다.

제2장 '협력거버넌스의 이론: 개념과 모형' 부분에서는 협력거버넌스란 무엇인가?를 논의하였다. 제1절 '협력거버넌스의 등장'에서는 협력거버넌스가 학계나 실무계에서 등장하게 된 배경을 기술하였고, 제2절 '협력거버넌스의 유사 용어'에서는 협력거버넌스의 논의과정에서 제시된 다양한 관련 용어를 살펴보았다. 그리고 제3절 '협력거버넌스의 개념'에서는 거버넌스란 어떠한 과정을 거쳐 진화되어 왔으며, 학자들은 협력거버넌스를 어떻게 개념 정의하고 있는가를 기술하였다. 제4절 '협력거버넌스의 모형'에서는 실제 현실을 분석하기 위한 다양한 협력거버넌스모형을 설명하였다.

제3장 '협력거버넌스의 실제: 지역정책 사례연구' 부분에서는 제1절부터 제4절까지 2장 4절에서 논의한 협력거버넌스의 이론적 모형을 국내 현실에 적용하여 실증분석한 네 가지 사례연구를 제시하였다. 선정된 네 가지 사례는 이 책의 저자들이 연구한 지역정책사례들이다. 하나의 사례범주는 지방정부 내에서 또는 지방정부 간에 갈등으로 발생한 환경기초시설의 정책결정사례들이다. 그리고 다른 사례범주로는 이른바 신지역주의로 명명되는 지역 간 협력적 정책결정의 실패사례와 한국과 미국의 지역 간 협력제도의 비교사례이다.

마지막 제4절 '결론: 요약과 제안' 부분에서는 협력거버넌스의 이론을 통하여 분석한 정책사례와 통치제도를 통하여 발견되는 통치가 어떠한 성격을 가지고 있는가를 논의한다. 더불어, 이러한 사례분석에서 발견되는 관찰을 토대로 미래의 통치와 연구에 대한 제안을 하고자 한다.

이 책은 저자들이 평소에 관심을 가지고 있던 거버넌스, 특히 협력거버넌스에 대한 의문을 이론적 측면에서 체계적으로 정리하고, 실무적 측면에서 어떠한 통치 방법을 설계하는 것이 바람직한가를 저술한 것이다. 이러한 조그마한 연구결실을 책으로 출판하도록 도움을 주신 대영문화사 임춘환 사장님과 출판담당자분들께 고마운 마음을 전한다.

2019년 9월
저자 일동

차 례

제 1 장

협력거버넌스의 연구와 목적

인류문명이 봉건사회에서 산업사회로 발달하는 과정에서, 인간이 개발한 가장 성공적인 통치모형의 하나는 사회로부터 분리된 국가의 창조, 특히 정부관료제의 발달이다. 20세기 중반까지 미국에서 뉴딜정책과 연방주도의 정부기능수행은 공사부문의 구조적 분리와 정부관료제 활동의 정점을 표시하는 것이라고 할 수 있다(Fukuyama, 2014).

그러나 21세기의 전환기에 공사 분리는 완화되어 왔다. 국가가 공동화(空洞化, hollow out)됨에 따라 공공업무의 민간계약이 확대되고 다수의 비정부조직이 공사 분리의 갭을 메우기 위하여 출현하였다(Light, 2002; Kettl, 2002; Goldsmith & Eggers, 2004). 또한 다양한 조직에 있는 사람들은 제도적 그리고 부문적 경계를 넘어 함께 과업을 수행하기 시작하였다. 오늘날 공공부문과 민간부문 및 비수익부문 사이의 구분이 모호해짐에 따라 경계를 넘는 협력요구가 협력거버넌스의 성장과 실험을 자극하고 있다(Emerson & Nabatchi, 2015: 3).

따라서 협력거버넌스는 21세기 공공행정과 공공정책분야에서 인기 있는 유행어가 되고 있다. 이것은 정부관료제의 한계를 초월하여 공공정책과 공공관리의 활동에 관련되는 모든 종류의 노력을 언급하는 데 사용되고 있고, 실무자들이 정부활동에 사용하고 있으며, 학자들의 새로운 연구분야로 등장하여 왔다.

이러한 협력거버넌스의 실험은 실무자들의 현실 적용과 학자들의 연구 관심으로 나타나고 있다. 실무가들은 그들의 협력적 시도를 개선하기 위한 노력을 하여야 하고, 학자들과 학생들은 이러한 새로운 협력거버넌스를 이해하고 설명하며 처방할 수 있어야 한다.

제1절 협력거버넌스의 연구

1. 실제적 측면의 필요성

사회과학에서 학문연구의 출발은 학문적 지식이 적용되는 현실 또는 실제에 관련된다고 볼 수 있다. 학자들의 협력거버넌스에 대한 연구도 현실의 문제를 기술하고 설명하거나 처방을 제시하는 데 목적을 가지고 있다.

실무(practice) 차원에서 협력거버넌스라는 용어를 최초로 사용한 것은 1997년에 매사추세츠병원에서 환자간호서비스기관이 협력거버넌스 프로그램을 수행할 때이다. 이 기관은 협력거버넌스를 임상의사의 환자 돌봄에 대한 권위와 반응성 및 책임성을 부여하는 의사결정과정으로 정의하였다(Emerson & Nabatchi, 2015: 16).

O'Leary, Gerard, & Bingham(2006: 6-7)은 협력적 공공관리에 대한 심포지엄 소개 논문에서 미국에서 진행된 협력적 공공관리 사례들을 제시하면서 협력거버넌스의 연구 필요성을 주장하였다.

사례1: 새크라멘토 경제성장과 환경보전사업

급속도로 성장하는 캘리포니아 새크라멘토의 거대도시권역은 앞으로 20년 이상 일백만의 인구증가가 예상되고 있다. 이러한 증가율은 그 지역이 어떻게 경제성장을 하면서 환경보전을 할 것인가에 대한 문제를 야기하고 있다. 성장과 관련된 수송과 공기 질에 대한 문제를 해결하기 위하여 카운티 공무원들은 캘리포니아 협력정부센터에서 추진하는 지속적인 사업으로 '새크라멘토 수송과 공기 질 협력'을 제안하였다. 이 사업에는 기업과 정부 및 이익단체들을 대표하는 48개 조직이 참여하였다.

사례2: 캘리포니아주 생태시스템 회복사업

캘리포니아에서 'CALFED Bay-Delta Program'은 샌프란시스코만 델타지역에서 생태환경을 회복하고 수질관리를 개선하기 위하여 협력적 동의를 발전시키는 데 15개 주와 관련된 연방기관들, 그리고 2,000명 이상의 거주자들이 참여하였다. 이것은 캘리포니아의 생태환경 70%를 포함한 미국에서 가장 큰 생태시스템 회복사업이다.

사례3: 오리건주의 신재생에너지사업

오리건에서 주와 카운티정부 간 협력은 성공적인 '풍력발전소(wind farm siting)'를 만들었다. 주지사는 공동체수준의 협력과정을 발의하였고, 지방지도자들은 경제적·환경적 그리고 공동체목적을 달성하기 위하여 여러 이해관계자가 참여하는 회의를 소집하였으며, 그 결과 만들어진 24 MW(메가와트) 풍력발전소는 그 지역의 재생에너지 원천을 공급하기 위하여 건설되어 운영되고 있다.

사례4: 노던평원의 홍수완화사업

노던평원(Nothern Plains)에서 반복되는 홍수문제를 해결하기 위하여, 연방재난관리기관은 '국제홍수 완화계획'을 지원하였다. 이 계획은 지역홍수 관리계획에 대한 동의를 구하기 위하여 미국과 캐나다의 이해관계자들을 공동으로 참여시키고 있고, 그 결과는 14개 세부계획을 만들어 실행 중에 있다.

여기서 제시된 사례들은 미국에서 추진되고 있는 협력적 공공관리의 소수의 사례에 불과하다. 우리의 의도는 협력적 공공관리, 협력적 네트워크, 그리고 협력거버넌스의 영역에서 최상의 생각(개념과 이론)을 이끌어 내려고 하는 것이다. 그동안 여러 학자가 협력거버넌스에 대한 연구를 하고 있지만, 공통된 렌즈(시각)나 개념 정의가 부족한 상태에 있다고 생각한다. 이러한 논의는 연방정부나 주정부 및 지방정부에서 추진하는 복잡하고 이해관계가 얽힌 난제들을 해결하는 데는 이를 이론적으로 지원하여 줄 수 있는 협력거버넌스 지식의 심화된 연구가 필요함을 암시한다.

이처럼, 지방자치의 역사가 길고 경험이 풍부한 미국에서 폐쇄적이고 정부주도적인 통치보다는 정부와 민간부문 및 제3부문이 연계하여 문제해결을 시도하는 협력적 거버넌스가 중요한 통치방법으로 등장하고 있다. 미국보다 지방자치의 역사는 일천하지만, 우리나라에서도 1995년 지방의원과 지방자치단체장을 민선에 의하여 선출함으로써 실질적인 지방자치가 실시되면서 이른바 '협치'라고 하는 협력거버넌스가 관심대상으로 부각되고 있다. 이에 충청남도에서는 2016년에 자신의 관할구역에서 이루어진 민관협치의 우수사례를 발굴하여 시상하는 실험을 하였다. 여기서 선정된 민관협치의 우수사례를 예시하면 다음과 같다(충청남도, 2016).

사례1: 주민이 만드는 행복한 안심마을

천안시 행복마루 원성1동은 원도심, 고령층 인구구조, 청소년범죄 심각, 그리고 재개발 예정으로 빈집증가에 따른 범죄와 환경악화 및 이웃 간 소통단절 등의 여러 가지 사회문제가 대두되어 마을분위기 개선과 주민공동체 형성이 요구되었다. 이러한 문제를 해결하고자 2013년 9월 4일 안전행정부가 지정한 안심마을 시범지역으로 선정되었고, 주민커뮤니티 활성화 12개 사업(찾아가는 심장사랑학교 운영, 안전순찰대와 치안올레길걷기, 마을텃밭가꾸기, 안심클리닉과 안심아카데미, 안심택배보관함 설치, 커뮤니티지도, 행복마루마을 소식지 발행, 원성천과 태조산 관리, 안심센터 설치 운영)과 안전인프라 구축 9개 사업(신안초등학교 인도 개설, CCTV 설치, 보안등 설치, 안전지킴이 설치, 이면골목길과 하수구 정비, 담장 색칠하기, 특수형광물질 도포, 쓰레기관리시설 설치)을 추진하였다. 사업추진체계는 주민자치회를 중심으로 유관기관과 7개 시민단체 및 안심마을사업단이 협력하도록 조직화되었다. 사업추진성과는 범죄안전성과 공동체의식, 동네 애착도 및 주민참여도가 증가하였다. 특히 정부와 주민 간에 무관심과 소통부족에서 주민과 행정이 함께 소통하고 협력하여 마을의 문제를 해결하는 방향으로 변화하고 있다.

사례2: 주민과 함께하는 실개천 살리기운동 및 자연정화 습지조성

아산시의 실개천은 과거에 맑고 깨끗한 물이 흐르고 빨래하고 가재 잡고 물장구치던 생활터전이고 농업과 생활용수의 공급원이었으나, 현재는 각종 생활오수와 쓰레기오염으로 하천과 호수의 수질을 악화시키고 생명이 살기 어려운 공간으로 방치되고 있었다. 이에 실개천을 맑고 깨끗한 생활공간으로 회복하는 것이 중요한 사회문제로 등장하였다. 문제를 해결하는 통치방법으로 과거 관 주도의 일회성 하천정비에서 탈피하여 아산시와 주민 및 환경단체가 민관협력 거버넌스를 형성하여 실개천 살리기운동을 추진하였다. 추진과정은 사업대상지 조사(주민의견 수렴) → 사업지 선정(민관공동 평가) → 협력거버넌스 구축(마을대표, 시민단체) → 실개천 모니터링 추진모델 결정 → 주민참여 실개천 복원 → 주민자율적 사후관리(생활실천, 정화활동, 물터주기) → 마을공동체 회복/환류 및 타사업과 연계 발전 등으로 이루어졌다. 사업성과를 보면 공동체적으로는 주민의 직접참여 활성화와 주민결속이 이루어지고, 친환경 농산물과 습지생태 체험을 통한 마을공동체 소득사업의 기반이 마련되었으며, 생태적 · 환경적으로는 수질오염 개선과 수생태계 복원 및 환경의식 변화가 나타났다.

사례3: 내포문화숲길 이용활성화

내포문화숲길이란 내포권역에 속하는 홍성군과 예산군 및 예산시와 당진시의 내포문화권의 역사유적을 4개의 테마(원효깨달음길, 내포천주교순례길, 백제부흥군길, 내포역사인물동학길)로 연결하여 조성한 거리 315km의 트레킹 길을 말한다. 숲길 조성과정을 보면, 처음에 시민단체가 정책문제를 제안하여 4개 시 · 군이 정책의제로 검토하여 사업결정을 한 사례이다. 가야산지키기시민연대는 2008년 문헌조사와 현장답사 및 지역주민 면접 등을 통한 내포지역의 역사문화자원을 조사하여 내포의 가치 있는 역사문화자원을 다량 발굴하여 충청남도와 4개 시 · 군(서산, 당진, 홍성, 예산)에 내포문화숲길 조성을 2009년에 제의하

였다. 이에 충청남도와 4개 시·군은 2009년 8월에 내포문화숲길 조성제의를 공식 정책의제로 검토한 뒤 숲길 조성에 필요한 예산 76억 원을 확보하여 2010년부터 2013년까지 추진하기로 결정하였다. 숲길 결정과정에서 민관협력위원회를 구성하여 전반적인 결정사항에 대한 협의를 하였고, 이후에도 효과적인 숲길 운영방안에 대하여 상시 협의를 하고 있다. 내포문화숲길은 2010년에 기본설계를 마치고 2011년부터 2013년까지 공사를 하여 총거리 315.3km의 트레킹 길을 만들었다. 내포문화숲길 운영은 4개 시·군의 협의를 통하여 (사)내포문화숲길에 위탁관리하기로 하였고, 지역주민이 길동무와 정비사업 및 특산물 판매 등을 통하여 참여하고 있다.

위의 충청남도의 협력거버넌스의 실험 중에서 사례 1과 사례 2는 동네 수준의 협력거버넌스를 나타내고 있고, 사례 3은 지방정부 간의 협력거버넌스를 제시한 것이다. 그러나 협력거버넌스는 가장 작게는 동네 수준에서 요구되지만 점점 더 관할범위를 확대하여 기초 및 광역지방정부 및 중앙정부 수준으로, 더 나아가 국가 간 혹은 글로벌 수준으로 확대가 요구되고, 다양한 공공정책영역과 공공관리영역에서 실제 적용이 이루어지고 있다.

2. 이론적 측면의 필요성

학자들은 협력거버넌스의 실제에서 학문발전을 추구하여 왔고, 그리고 새로운 지식을 급속도로 생산하고 있다. 이론은 사실에 대한 정밀한 관찰과 세심한 분석을 통하여 진화한다. 이를테면 학자들은 환경에서 나타나는 현상(사실)에 대한 관찰과 분석을 통하여 이론을 형성하거나 수정하는 작업을 지속하게 된다. 이러한 이론적 지식은 사실에 대한 해석과 설명을 할 수 있게 하고, 또한 장래 결과가 어떠할지에 대한 진단과 예측을 할 수 있게 한다. 협력거버넌스이론 역시 환경에서 나타나는 사실에 대한 세밀한 관찰과 분석을 통하여 발전시킬 수가 있다.

어떤 학자들은 협력거버넌스라는 새로운 배열을 1960년대 조직 간 관계 현상의 연구와 연결하는(Elazar, 1962, 1984; Wright, 1988; Agranoff & McGuire, 2003) 반면에, 다른 학자들은 미국 연방주의 — 가장 지속적인 협력문제 해결모형 — 에서 그들의 뿌리를 찾고 있다(McGuire, 2006: 34). 그리고 일부 학자들은 집단이론(Bentley, 1949), 집합적 행동(Olsen, 1965), 그리고 제도분석(Ostrom, 1990)과 같은 이론적 렌즈를 통하여 협력거버넌스를 실험하거나 분석하였다. 또 다른 학자들은 그것을 공공행정과 민주주의(Frederickson, 1991; Jun, 2002; Kettl, 2002)나 시민참여(Fung & Wright, 2001; Nabatchi, 2010; Sirianni, 2009)와 같은 좀 더 넓은 이론 또는 개념과 연결시키거나 좀 더 구체적인 공공정책이나 공공관리에 초점을 두고 있다(Emerson & Nabatchi, 2015: 9).

학문(academia) 차원에서 협력거버넌스라는 용어를 사용한 연구의 시작은 2000년에 Chris Huxham의 논문 "협력거버넌스의 도전"에서 출발하였다고 볼 수 있고, 이후 2002년에 하버드대학교의 케네디스쿨에서 시도한 'The Weil Program on Collaborative Governance'에서 이어받고 있다. 2005년에 The William and Flora Hewlett Foundation은 협력거버넌스에 대한 자금배분 가이드를 만들었고, 2008년에 포틀랜드주립대학교의 'Policy Consensus Initiative'는 협력거버넌스를 위한 대학네트워크를 제안하였다. 이들 연구에서 협력거버넌스에 대한 주요 논점은 공공담론, 공동체문제해결, 그리고 다수 이해관계자들의 분쟁해결을 위한 포럼을 포함하고 있다. 특히 2006년에 협력거버넌스에 대한 정책연구컨소시엄은 남캘리포니아대학교의 'The Sol Price School of Public Policy'와 애리조나대학교의 'The School of Government and Public Policy'에서 조직화되었다. 이들의 협력거버넌스에 대한 연구경향은 공공서비스와 관리를 위한 네트워크와 새로운 제도에 대한 탐색이다(Emerson & Nabatchi, 2015: 16).

이처럼 재단이나 대학교 차원의 협력거버넌스에 대한 연구도 활성화되어 갔지만, 2000년 이후에는 주로 학자들의 공공정책과 공공관리 영역을 대상으로 하는 협력거버넌스의 연구가 서서히 증가하여 왔고, 일부 외국 학자들은 그동안 진행된 연구들을 메타분석을 하여 일반적인 협력거버넌스이론을 만드는 작업을 하고 있다.

예컨대, 외국의 협력거버넌스연구에서 그동안의 연구를 종합 분석한 논문으로는 Ansell & Gash(2008)의 '이론과 실제에서 협력거버넌스'와 Emerson, Nabatchi, & Balogh(2011, 2015)의 '협력거버넌스의 통합모형'이 있고, 이들 두 논문에는 다양한 외국의 실증연구들이 참고문헌에 수록되어 있다. 예컨대, Emerson, Nabatch, & Balogh(2011)에 따르면, 협력거버넌스는 다양한 정책맥락에 적용되고 연구되어 왔다고 한다. 그것은 국내안전(Jenkins, 2006; Taylor, 2006)이나 각종 서비스 전달(Page, 2003; Graddy & Chen, 2006; Berry et al., 2008; Sowa, 2008)과 정부계약(Bloomfield, 2006; Brown, Potoski, & Vanslyke, 2007)에 적용되어 왔다. 협력거버넌스접근은 지역경제정책(Agranoff & McGuire, 1998), 위기관리(Kettl, 2006), 개방공간보호(Smith, 2009), 자연자원관리(Durant et al., 2004; Koontz & Thomas, 2006), 그리고 미국(Munring, 2007)과 인도(Kumar, Kant, & Amburgey, 2007)에서의 산림관리와 같은 다양한 정책맥락에서 연구되어 왔다.

또한, 협력거버넌스이론에 대한 논의를 경험적 세계에 적용한 국내의 연구는 2000년 이후 증가하고 있다. 국내 행정학자들은 Ansell & Gash의 모형을 가장 많이 적용하고 있는데, 모형의 변수들을 그대로 또는 일부 선택(서순탁 · 민보경, 2005; 조승현 · 노종호 · 성진수, 2009; 채종헌 · 김재근, 2009; 정문기, 2009; 김이수, 2010; 김흥회, 2011; 김태운, 2012; 최문형 · 김인제 · 정문기, 2015)하거나 이를 수정(조만형 · 김이수, 2009; 배응환, 2010, 2016; 오철호 · 고숙희, 2012; 배봉준(구명: 배응환), 2018; 한치흠 · 윤영채, 2018)하여 환경정책, 지역공동체비즈니스정책, 위험관리정책, 광역경제권정책, 출소예정자의 취업창업지원정책, 주거환경사업, 지역발전정책, 지역계획제도 등과 같은 여러 정책이나 제도에 대한 사례분석을 하고 있다.

이러한 국내외 연구의 다양성과 여기로부터 도출되는 과학적 지식은 최상의 과업수행을 원하는 실무자의 업무에 적용되고 있다. 예를 들면, 어떤 실무자는 어떤 집단을 모으고 다양한 이해관계자의 참여와 합의하는 공공정책과정에 초점을 둔다. 다른 실무들은 게임규칙, 동의형성, 그리고 이익기반 협상과 같은 네트워크관리를 어떻게 할 것인가에 관심을 가지고 있다.

제2절

이 책의 목적

위에서 기술한 바와 같이, 협력거버넌스에 대한 성장하는 관심에도 불구하고 실제적 또는 학문적 연구를 위해서는 다음과 같은 연구질문들을 제시할 수 있다.

첫째, 실제적 차원에서 협력거버넌스는 어떻게 작동하고 있고, 어떤 결과를 가져오고 있는가? 예컨대, 협력적 노력은 실질적으로 어떻게 이루어지고 있는가? 그들은 어떤 공통점과 차이점을 가지고 있는가? 그들은 성공할 수 있는가? 그들은 어떻게 개선할 수 있는가? 등을 들 수가 있다.

둘째, 이론적 차원에서 협력거버넌스란 무엇이고, 어떤 이론모형을 설계할 수 있는가? 이는 실무적 관심에 대한 학문적 분석을 토대로 과학적 지식을 산출하여 학문을 발달시키고, 이를 토대로 일정한 처방책을 제시하여 실무자에게 도움을 주는 것과 관련된다.

따라서 이 책에서 우리는 위의 연구질문들에 대한 연구를 토대로 협력거버넌스의 연구를 심화시키고 실제를 개선하는 데 목표를 두고 있다.

생각해 보기

1. 협력거버넌스는 왜 논의가 필요한가?
2. 협력거버넌스의 사례를 예시하여 보라.
   - 공공정책영역
   - 공공관리영역
3. 캘리포니아주의 협력거버넌스는 어떻게 이루어지고 있는가?
4. 한국에서 중앙정부의 협력거버넌스는 이루어지고 있는가?
5. 한국에서 지방정부의 협력거버넌스는 작동하고 있는가?

참고문헌

김이수(2010). 행정구역통합과정에서 협력적 거버넌스 구축에 관한 실증적 연구: 여주시와 전주권(전주와 완주)의 통합과정 비교분석. 『한국사회와 행정연구』, 22(3): 69－94.

김태운(2012). 국책사업 유치과정에서 협력거버넌스: 대구경북지역의 첨단의료복합단지 유치과정을 중심으로. 『한국행정논집』, 24(4): 857－884.

김흥회(2011). 협력거버넌스모형의 구축과 적용. 『정부학연구』, 17(2): 143－182.

배응환(2010). 신지역주의와 협력거버넌스: 광역경제권 설계의 전제. 『한국행정학보』, 44(4): 203－232.

배응환(2016). 협업행정의 실증분석: 님비사업 의사결정의 성공요인. 『한국행정연구』, 25(3): 1－37.

배봉준(구명: 배응환)(2018). 공공정책결정의 협력거버넌스: 천안－아산 지역행복생활권사례를 중심으로. 『한국행정연구』, 27(3): 91－131.

서순탁 · 민보경(2005). 지역발전을 위한 협력거버넌스에 관한 연구: 분당－죽전도로 연결을 중심으로. 『지역사회발전연구』, 30(2): 25－44.

오철호 · 고숙희(2012). 협력적 거번넌스 구축 및 운영에 관한 연구: 출소예정자의 취업 · 창업지원 융합행정을 중심으로. 『한국사회와 행정연구』, 22(4): 27－49.

윤재풍(2014). 『조직론』. 서울: 대영문화사.

정문기(2009). 지역경제개발의 협력거버넌스. 『한국행정학보』, 43(3): 229－250.

조만형 · 김이수(2009). 협력적 거버넌스 구축에 관한 실증적 연구: 광명시와 구로구 간의 환경기초시설 빅딜사례를 중심으로. 『한국사회와 행정연구』, 20(2): 215－239.
조승현 · 노종호 · 성진수(2009). 협력적 로컬거버넌스의 성공요인에 관한 연구: 진안군 도화동산 조성사례를 중심으로. 『한국자치행정학보』, 23(1): 499－521.
채종헌 · 김재근(2009). 공공갈등에서 협력적 거버넌스의 구성과 효과에 관한 연구: 경기도 이천시 환경기초시설 입지갈등사례. 『지방행정연구』, 23(4): 107－136.
최문형 · 김인제 · 정문기(2015). 주거환경관리사업에서의 협력적 거버넌스: 길음동 소리마을 주민참여형 재생사업을 중심으로. 『한국지방자치학회보』, 27(4): 179－208.
충청남도(2016). 민관협치 우수사례 발표자료(내부자료).
한치흠 · 윤영채(2018). 지방정부간 협력거버넌스 구축사례연구: 미국의 광역계획기구와 한국의 생활권협의회 비교를 중심으로. 『융합사회와 공공정책』, 12(1): 28－59.

Agranoff, R. & McGuire, M. (1998). Multinetwork Management: Collaboration and the Hollow State in Local Economic Policy. *Journal of Public Administration and Research*, 8(1): 67－91.
Agranoff, R. & McGuire, M. (2003). *Collaborative Public Management: New Strategies for Local Governments*. Washington, DC: Gorgetown University Press.
Ansell, Chris & Gash, Alison (2007). Collaborative Governance in Theory and Practice. *Journal of Public Administration Research and Theory*, 18: 543－571.
Bentley, Arthur (1949). *The Process of Government*. Evanston, IL: Principia Press.
Berry, C. A., Crutz, G. S., Langner, B. E., & Budetti, P. (2008). Jump－starting Collaboration: The ABCD Initiative and The Provision of Child Development Services through Medicaid and Collaborators. *PAR*, 68: 480－90.
Bloomfield, P. (2006). The Challenging Business of Long－term Public－Private Partnerships on Local Experience. *PAR*, 66: 400－411.
Brown, T., Potoski, M., & Vyn Slyke, D. M. (2007). Managing Public Service Contracts: Aligning Values, Institutions and Markets. *PAR*, 66: 323－31.
Durant, R. F., Chun, Y. P., Kim, B., & Lee, S. (2004). Toward a New Governance Paradigm for Environmental an Natural Resources Management in the 21st Century? *Administration & Society*, 36(1): 208－242.
Elazar, Daniel J. (1962). *The American Partnership: Intergovernmental Cooperation in the Nineteenth Century United States*. Chicago: University of Chicago Press.

Elazar, Daniel J. (1984). *American Federalism: A View from the States*. New York: Harper & Row.

Emerson, Kirk, Nabatchi, Tina, & Balogh, Steve (2011). An Integrative Framework for Collaborative Governance. *Journal of Public Administration Research and Theory*, 22(1): 1−29.

Frederickson, H. George (1991). Toward a Theory of the Public for Public Administration. *Administration & Society*, 22(4): 395−417.

Fukuyama, Francis (2014). *Political Order and Political Decay: From the Industrial Revolution to the Globalization of Democracy*. New York: Farrar, Straus & Giroux.

Fung, Archon & Wright, Erik O. (2001). *Deepening Democracy: Institutional Innovations in Empowered Participatory Governance*. New York: Verso,

Goldsmith, Stephen & Eggers, Willam (2004). *Governing by Network; The New Shape of the Public Sector*. Washington, DC: CQ Press.

Graddy, E. A. & Chen, B. (2006). Influences on the Size and Sope o Networks for Service Delivery. *Journal of Public Administration Research and Theory*, 16(3): 533−52.

Huxham, Chris (2000). The Challenge of Collaborative Practice. *Public Management Review*, 593.

Jenkins, W. O. (2006). Collaboration over Adaptation: The Case of Interoperable Communications in Homeland Security, *PAR*, 66: 319−321.

Jun, Jong S.(ed.). (2002). *Rethinking Administrative Theory: The Challenge of the New Century*. Westport, CT: Prager.

Kettl, Donald F. (2006). Managing Boundaries in American Administration: The Collaborative Imperative. *PAR*, 66(1): 10−19.

Kettl, Donald F. (2002). *The Transformation of Governance: Public Administration for Twenty−First Century America*. Baltimore: Johns Hopkins University Press.

Koontz, T. M. & Thomas, C. W. (2006). What do we know an need to know about the Environmental Outcomes of Collaborative Management? *PAR*, 66(1): 111−21.

Kumar, S., Kant, S., & Amburgey, T. L. (2007). Public Agencies and Collaborative Management Approaches: Examining Resistance among Administrative Professionals. *Administration & Society*, 39: 569–610.

Light, Paul (2002). *The True Size of Government.* Washington, DC: Brookings Institution Press.

Manring, N. J. (2005). The Politics of Accountability in National Forest Planning. *Administration & Society*, 37(1): 33–43.

McGuire, M. (2006). Collaborative Public Management: Assessing What We Know and How We Know It. *PAR*, s1: 33–43.

Nabatchi, Tina (2010). Addressing the Citizenship and Democratic Deficits: Exploring the Potential of Deliberative Democracy for the Public Administration. *American Review of Public Administration*, 40(4): 376–399.

O'Leary, R, Gerard, C., & Binham, L. B. (2006). Introduction to the Symposium of Collaborative Public Management. *PAR*, 66, s1: 6–9.

Olsen, Mancur (1965). *The Logic of Collective Action: Public Goods and the Theory of Groups*. Cambridge, MA: Harvard University Press.

Ostrom, Elinor (1990). *Governing the Commons: The Evolution of Institutions for Collective Action.* Cambridge: Cambridge University Press.

Page, Stephen (2003). Entrepreneurial Strategies for Managing Interagency Collaboration. *Journal of Public Administration Research and Theory*, 13(1): 311–39.

Sirianni, Carman (2009). *Investing in Democracy: Engaging Citizens in Collaborative Governance*. Washington, DC: Brookings Institution Press.

Smith, C. R. (2009). Institutional Determinants of Collaboration: An Empirical Study of Country Open–space Protection. *Journal of Public Administration Research and Theory*, 19(1): 1–21.

Sowa, J. E. (2008). Implementing Interagency Collaborations: Exploring Variation in Collaborative Ventures in Human Service Organization. *Administration & Society*, 40: 298–233.

Taylor, H–G. (2006). Preparing Loaders for High–stakes Collaborative Action: the Department of Homelands Security, *PAR*, 66: 159–160.

Wright, Deil S. (1988). *Understanding Intergovernmental Relations*. Belmont, CA: Duxbury Press.

제 2 장

협력거버넌스의 이론: 개념과 모형

제1절 협력거버넌스의 등장

협력거버넌스가 등장하는 배경으로는 다양한 요인을 들 수가 있지만, 특히 다음의 두 가지 경향이 영향을 주었다고 할 수 있다(Emerson & Nabatchi, 2015: 5-8).

첫째, 거버넌스의 변화하는 맥락이다(changing context of governance). Pierre (2000: 3)에 따르면, 거버넌스 패러다임이란 외부환경에 대한 국가적응의 경험적 증명서로서, 통치체제의 구성과 과정 및 결과를 다루는 개념적 또는 이론적 장치라고 한다. 공공행정과 공공정책에서 '정부'로부터 '거버넌스'로 패러다임이 이동하는 배경은 시대환경 변화를 들 수가 있다. 인간이나 조직을 둘러싼 환경의 거시적인 큰 흐름은 정보화와 세계화 및 민주화를 들 수가 있다. 또한 환경변화의 구체적이고 미시적인 경향은 개방체제로서의 조직관점 대두와 이로 인한 다양한 조직화된 행위자들의 출현과 국가정책결정에의 관여증가 그리고 국가와 사회의 경계모호 현상이 나타나고 있다. 이러한 거시적이고 미식적인 환경변화는 거버넌스의 출현을 가져왔다(안성호 · 배응환, 2004: 12).

전통적인 공공부문 통치모형에서 정부는 공공과업을 직접적으로 수행하여 왔다. 그러나 오늘날 이것은 진실이 아니다. 권한위임과 분권화, 그리고 다른 관련된 힘들은 공공재와 서비스의 공급을 중앙정부로부터 지방정부로 이동시키고 있다. 계약, 상업화, 파트너십, 외주, 그리고 민영화와 같은 시장기반도구들의 등장은 민간과 비수익부문에 정부기능을 위임시키면서 공공책임성을 확장시키고 있다(Kettl, 2006). 이들 추진 동인은 정부의 축소를 은유하는 '공동화 국가(hollow state)'(Milward & Proven, 2000) 또는 '분절화된 국가(fragmentated state)'(Frederickson, 1999)를 가져오고 있다. 이들 정부변화에 대한 은유는 모든 유형의 관할 -국가, 주, 도시, 시골 등이 그들의 경계를 잃고 있다는 것을 의미한다.

요컨대, 현실세계에서 많은 조직은 계층제로 남아 있다. 그러나 우리는 다자간의 의사결정과 많은 사람이 관여하는 문제들 그리고 권력이 분산되는 네트워크화된 세계에 살고 있다. 이와 같이 정치와 정책을 둘러싼 거버넌스의 맥락은 Cleveland(1972: 13)의 관찰처럼, 'Less government, more governance'로 변화되어 왔다. 이들 거버넌스의 맥락변화의 결과로서 공공정책과 공공서비스는 공공과 민간 및 비수익부문에서 다수의 조직들에 의한 네트워크를 통하여 이루어지고 있다(Goldsmith & Eggers, 2004; Kettl, 2006). 이들 네트워크를 조직화하고 관리하는 업무는 협력거버넌스의 기회를 증가시키고 있다.

둘째, 사악한 또는 고질적인 문제의 등장이다(the rise of wicked problems). 거버넌스의 맥락이 변화하는 상황에서 이를 해결해야 하는 공공문제의 수가 증가를 하고 복잡성을 가지는 사악한 문제들이 나타나고 있다.

사악한 문제란 Rittel & Weber(1973)가 처음 사용한 용어로서 불완전하거나 모순된 정보, 급속히 변화하는 환경, 그리고 복잡한 상호의존성 때문에 해결이 어렵거나 불가능한 문제를 말한다. 현실에서 교육과 건강 문제, 빈곤, 에너지 문제, 그리고 주택, 금융, 산업에서 위기발생과 같은 국내이슈들로부터 기후변화, 음식과 물 부족, 전염병, 그리고 불법무기와 마약거래와 같은 글로벌 쟁점에 이르기까지 사악한 문제들은 지속적으로 증가하고 있다.

이러한 사악한 문제들은 명료한 정의도 없고 명백한 해결책도 없는 상태로 동적이고 복잡한 성격을 가지고 있다. 그들은 상이하게 문제와 해결책을 인식하고 이해하는 다양한 관할영역의 조직들에 속해 있는 여러 이해관계자에 관련된다. 이러한 난제들은 공공영역을 형성하는 경계를 모호하게 하기 때문에 이들 문제에 대한 반응은 정부적, 부문적, 관할적, 지리적인 경계와 개념적 구분조차도 초월하고 있다. 이처럼 환경에서 발생하는 사악한 문제들이 단일조직에 의하여 해결할 수 없다는 사실은 협력거버넌스를 모색하게 한다.

요약하면, 오늘날 우리는 지속적으로 진화하는 복잡한 거버넌스 맥락에서 해결하여야 할 사악한 난제에 직면하고 있다. 미국과 같은 선진 국가들은 물론 한국에서도 모든 수준의 정부—중앙정부와 광역지방정부 및 기초지방정부—들은 이러한 새로운 도전에 적응하려고 노력하여 왔다, 종래의 정부통치를 초월하는 협력거버넌스는 이들 도전에 대한 중요한 적응적 반응일 뿐만 아니라 대단한 혁신을 자극하고 있다.

제2절 협력거버넌스의 유사 용어

오늘날 학자들이나 실무자들이 가장 많이 사용하는 용어 가운데 하나가 거버넌스(governance)이다. 이 용어는 정부(government)라는 개념을 제치고 빈번히 회자되는 용어가 되고 있다.

다음 제3절에서 논의하는 바와 같이, 거버넌스는 정부와 동의어로 사용하기보다는 정부보다 넓은 어떤 것을 의미하는 것으로 인식되고 있다. 거버넌스를 직역하면 '통치', '통치양식', 그리고 '통치방법'이 된다. 최근에 공사부문의 실무자들이나 경영학에서는 이 용어를 '국가경영'으로 번역한다. 그러나 행정학에서는 '국정관리', '국정운영', '네트워크관리', '망치(網治)', '공치(共治)', 혹은 '협치(協治)'로 번역하여 사용하고 있다(정용덕, 2001: 722-723).

이처럼 거버넌스라는 용어는 매우 다양한 의미를 함축하고 있음을 알 수가 있는데, 실제로 학자나 실무자들 및 신문이나 TV에 사용하는 거버넌스는 '협치'로 인식하는 경향이 크다고 볼 수 있다. 그러나 거버넌스를 협치와 동의어로 보는 것은 잘못된 것이다. 거버넌스의 이론 유형에 따라 거버넌스의 의미는 달라지기 때문이다. 중점대상인 협치에 대한 정확한 개념을 정의하기 위해서는 협력거버넌스에 대한 논의가 필요하다. 현실에서 회자되는 협치란 다름 아닌 협력거버넌스를 말하기 때문이다.

그런데 협력거버넌스라는 개념도 학자들마다 다양한 유사 용어와 혼용되고 있는 현상이 발견된다. 예를 들면, 코포라티즘, 정책네트워크, 공사파트너십, 참여거버넌스, 상호작용적 정책결정, 그리고 협력적 정책결정, 협력적 공공관리 등을 들 수가 있다(Ansell & Gash, 2008: 547-548; 배응환, 2016: 7).

예를 들면, 코포라티즘(corporatism)의 고전적 정의는 노동과 자본의 정상조직과 국가 간의 흥정을 말하는 것으로, 협력거버넌스의 한 형태로 볼 수 있다. 이들 정상조직들은 그들의 부문에 대한 대표독점권을 가지고 있다. 만일 우리가 코포라티즘의 좁은 정의로부터 출발한다면, 협력거버넌스는 좀 더 넓은 개념이다. 협력거버넌스는 코포라티즘보다 다양한 이해관계자들을 포함하고, 이해관계자들은 그들의 부문에 대한 대표독점권이 약하다. 정책네트워크(policy network)라는 용어는 국가와 사회 간 협동의 다원주의적 형태를 기술하는 데 사용되고 있다. 정책네트워크는 전형적으로 네트워크 내 행위자들 사이의 의사결정이나 담론의 협동적 유형을 암시한다. 따라서 정책네트워크와 협력거버넌스는 비슷한 현상을 묘사할 수 있다. 그러나 협력거버넌스는 다차원적이고 동의지향적인 의사결정과정에 이해관계자들은 포함시키는 명시적이고 공식적인 전략을 말한다. 반면에, 정책네트워크의 협동은 공식적이거나 비공식적일 수 있고 불명확하거나 인식되지 않을 수도 있다. 협력거버넌스와 공사파트너십(public-private partnership)은 종종 동일한 현상을 언급한다. 공사파트너십은 기능을 수행하는 데 협력을 요구하지만 그들의 목표는 의사결정의 동의보다는 어떤 서비스를 전달하거나 어떤 과업을 수행하기 위하여 조정하는 것이다.

또한 협력거버넌스는 협력적 파트너십, 상호작용적 정책결정, 협력적 정책네트워크, 참여적 거버넌스, 협력적 정책결정, 협력적 공공관리 등과 같은 용어들과도 빈번하게 상호 교환적으로 사용되고 있다. 협력적 파트너십(collaborative partnership)은 공동목표를 달성하기 위하여 함께 행동하는 학교나 기업과 같은 다양한 부문의 조직이나 사람들의 동맹을 의미하고(Roussos & Fawcett, 2000: 369). 상호작용적 정책결정(interactive decision making)은 정부가 정책결정과정에 시민, 사회조직, 기업, 그리고 다른 이해관계자들을 관여시키는 정책행동방법을 말한다(Edelenbos & Klijn, 2006: 418). 협력적 정책네트워크(collaborative policy network)는 정책결정, 집행, 평가, 그리고 종결 과정에서 둘 또는 그 이상의 이해관계자들로 구성된 제도적 구조와 교환과정(deLeon & Varda, 2009: 60)이고, 참여거버넌스(participatory governance)란 정부의 의사결정과정에 시민들이 적극적인 관여를 하는 것(O'Leary, Gerard, & Bingham, 2006: 7)을 의미한다. 그리고 협력적 정책결정(collaborative public making)이란 넓게 정의된 이슈영역에서 공공정책을 토론하거나 협상하기 위하여 모이는 사적이익집단과 지방공공기관 및 주와 연방기관의 대표자들의 집합으로 이해관계자 파트너십이라고도 한다(Leach, Pelkey, & Sabatier, 2002: 646). 마지막으로, 협력적 공공관리(collaborative public management)란 단일조직에 의하여 쉽게 해결할 수 없는 문제들을 해결하기 위하여 여러 조직배열에서 작동하는 과정을 기술하는 개념이다(O'Leary, Gerard, & Bingham, 2006: 7).

이와 같이 협력거버넌스와 유사한 용어가 많이 나타나고 현실에서 사용되고 있는 것은 협력거버넌스에 관한 관점(시각)과 개념 정의의 다양성에 기인한다고 볼 수 있다. 따라서 대표적인 협력거버넌스 학자들인 Emerson & Nabatchi(2015: 16)는 협력거버넌스를 좀 더 넓게 정의하여 유사 용어를 포용하려는 시도를 하고 있다.

제3절

협력거버넌스의 개념

1. 거버넌스의 개념 진화

위의 협력거버넌스의 유사 용어에서 볼 수 있듯이, 이 용어는 거버넌스와 동의어로 인식하는 경향이 많음을 알 수가 있다. 따라서 협력거버넌스의 논의는 거버넌스의 개념 정의로부터 출발하여야 한다.

정부와 거버넌스의 개념은 정치와 공공행정의 논의에서 공통적으로 사용되어 왔지만, 그 용어의 의미는 반드시 명확한 것은 아니다. 국가 또는 정부는 정치와 공공행정 및 공공정책에서 주요한 통치행위자로 경제와 사회에 대한 영향력을 행사한다는 생각은 의문을 받고 있다. 사회에 대하여 통제하고 규제하는 조직으로서 정부의 전통적 개념은 시대에 뒤떨어진 것으로 인식되고 있다(Peters & Pierre, 1998: 223－224). 이처럼 정부가 비판을 받고 있는 상황에서 새로이 부상하고 있는 용어가 '거버넌스'이다. 그러면 정부와 거버넌스는 무엇이고, 어떠한 개념적 진화를 하여 왔는지를 살펴볼 필요가 있다.

우선, 정부와 거버넌스의 어원 또는 기원을 추적하여 보면, 그리스어로 조종을 의미하는 'kubernan(to pilot or steer: 항공기나 배를 목적지로 인도하다)'에서 유래한다. 이후, 조종이라는 동일한 의미를 가지는 라틴어 'gubernare'로, 그리고 영어 'governance'로 변천하여 왔다. 여기서 '거버넌스(governance)'는 옥스퍼드 영어사전의 정의가 암시하는 '정부(government)'와 동일어로 사용되어 왔다. 정부 또는 거버넌스는 통치하는 행동이나 방법, 즉 통치제도(구조, 조직)와 통치과정(통치기능)을 말한다. 여기서 통치하는 것은 권위를 가지고 지배하거나 통제하는 것을 의미한다(Kjer, 2004: 3).

이처럼 정부와 거버넌스는 동일한 어원에서 기원을 하고 있으며 같은 개념이었다는 것을 알 수가 있다. Finer(1970: 3−4)는 정부 개념을 다음과 같이 정의하고 있다. 첫째, 통치하는 활동이나 과정 또는 거버넌스, 둘째, 체계화된 규칙 패턴, 셋째, 통치의무에 책임을 지는 사람들 또는 통치자, 넷째, 특정한 사회를 통치하는 방법이나 체계 등이 그들이다. 산업사회시대의 1970년대까지는 정부와 거버넌스가 동일한 개념으로 인식되었지만, 거버넌스보다는 정부라는 용어를 더 많이 사용하였다. 이에 John Merriman Gaus가 "우리 시대의 공공행정이론은 정치이론을 의미한다"고 하였을 정도이다(Kettl, 2002: 119). 이러한 정부패러다임의 통치방법이란 통치주체인 정부가 통치대상인 국민을 위하여 행동하는 통치과정(정치과정이나 행정과정 또는 정책과정)을 의미하였다.

그러나 앞에서도 논의한 바와 같이, 정부 개념은 새로운 시대환경변화에 적응하지 못하면서 비판의 대상이 되었다. 시간적·공간적으로 우리가 살고 있는 환경은 소용돌이 시대라고 하듯이, 급변하고 복잡화되어 가고 있다. 이러한 환경변화는 정부와 사회관계, 특히 정부를 어떻게 구성하고 역할을 수행하게 할 것인지에 대한 문제를 제기하였다. 대개 1980년 이전까지 정치행정은 큰 정부라고 표현하듯이, 모든 사회문제를 해결하는 데 만능활동을 수행하려고 하였다. 그러나 정부는 정책·조직·인력· 재무·정보 등 여러 측면에서 능력의 한계가 있는 것이고, 이는 정부실패를 초래함으로써 정부의 구성과 역할에 대한 재정립을 요구하게 되었다. 따라서 세계 각국의 화두는 '정부에서 거버넌스로' 이행하는 현상에 대한 연구와 실무 적용으로 나타나고 있다(Pierre, 2000; 배응환, 2001: 259).

1980년 이후, 정치학자들은 거버넌스를 정부와 구별되는 개념으로 인식하기 시작하였다. 거버넌스는 정부보다 넓은 어떤 것을 언급하는 새로운 의미로 다시 등장하였다고 한다(Kjer, 2004: 1−3). 대표적인 거버넌스 학자인 Rhodes(1996: 652−653)에 따르면, 오늘날 정부와 거버넌스를 동일한 개념으로 인식하는 것은 적절하지 않다고 하면서, 차라리 거버넌스는 정부의 의미 변화, 즉 새로운 통치과정, 체계화된 규칙의 변화된 조건, 그리고 사회를 통치하는 새로운 방법으로 보는 것이 타당하다고 하였다. 이에 1980년 이후 정보통신기술혁명으로 인한 후기산업사회(정보화사회)로 진입하면서 정부와 거버넌스는 구별되는 개념으로서 거버넌스가 정부보다 넓은 의미로 개념화하고 있다고 볼 수 있다, 예컨대, 거버넌스에 대한 학자들의 정의를 보면, Rhodes(1997: 15)는 상호의존성, 자원교환, 게임규칙, 그리고 국가로부터 자율성을 가진 자기 조직화된 조직 간 네트워크로, Stoker(1998: 18)는 사회경제적 쟁점에 관련되는 정부 내와 정부 외의 제도들과 행위자들의 집합으로, Muleman(2010: 50)은 사회문제를 해결하거나 사회기회를 창조하기 위하여 자원을 할당하고 통제하며 조종하는 통치방법이라고 하였고, Bogason & Musso(2006: 5)는 거버넌스를 구조와 과정, 즉 제도적 차원과 절차적 차원을 포용하는 것으로 보고 있다.

따라서 거버넌스를 강조하는 학자들의 주장을 보면, "우리 시대의 공공행정과 공공정책이론은 거버넌스이론을 의미한다"고 이야기하고 있다. 이것의 의미는 크게 두 가지 범주로 나눌 수 있다. B. Guy Peters가 '구 거버넌스(old governance)'라고 말하는 정부관료제모형은 국가(정부)가 목표를 정의하고 우선순위를 결정하여 경제와 사회를 이끌어 가는 것을 말한다, 거버넌스의 다른 모형은 이른바 '뉴 거버넌스(new governance)'라고 말하는 신공공관리의 시장중심적 통치방법과 네트워크거버넌스의 공사 행위자들의 상호작용을 통한 통치방법이 있다. 시장거버넌스는 1970년대까지 진행되었던 큰 정부에 대한 혁신의 배경이 되는 정부관료제에 대한 대안모형으로 등장한 것으로서 민간부문의 시장(기업이나 시민)이 주체가 되어 통치하는 모형이다. 이 모형은 신공공관리론에 이론적 토대를 두고, 자본주의경제의 작동기제인 시장이 다른 어떤 통치형태보다 가장 능률적인 통치방법이라고 한다.

계층제거버넌스와 시장거버넌스는 국가와 사회 또는 국가와 시장을 이분법적으로 분리한 상태에서 논의를 전개하고 있다. 그러나 오늘날 국가와 사회의 경계가 모호해지고 상호 침투하는 상황에서 이들의 연결영역이나 중간영역을 설명할 수 있는 이론으로 등장한 것이 네트워크거버넌스이다(배응환, 2003: 72;

남궁근, 2017: 306－307). 이러한 네트워크거버넌스는 1990년 이후 선진화된 국가에서 통치방법의 중요한 모형으로 등장하여 활용되고 있다. Stoker(2006)에 따르면, 네트워크거버넌스이론은 효율성을 추구하는 베버리안 관료제모형과 신공공관리모형에 대조적인 위치에서 민주성을 이념으로 하는 새로운 공공가치관리 패러다임으로 등장하였다고 한다. 이 이론은 정치나 정책과정에서 정치나 행정의 역할을 재정립하려고 하고 다양한 이해관계자들을 포함시켜 이들 간의 협상이나 담론의 네트워크를 강조한다. 그러므로 네트워크거버넌스는 거버넌스로서의 계층제와 시장이 한계를 가지고 있는 맥락에서 새로운 거버넌스 대안으로 등장한 것으로서, 공공부문과 민간부문 및 제3부문(자원부문)의 행위자들이 네트워크나 파트너십 및 협력을 통하여 통치하는 모형이다. 이러한 거버넌스 패러다임의 통치방법이란 통치주체로 정부 외에 민간부문이나 제3부문의 행위자들을 포함시키고 통치대상이나 국민을 위하여 활동하는 통치과정(정치과정이나 행정과정, 또는 정책과정)으로 의미가 변화하고 있다.

결국, 어원을 추적하여 보면, 거버넌스라는 용어 또는 개념은 매우 오래된 것이지만, 최근에 부활하여 다수의 의미를 가지는 것으로 인식되고 있다고 볼 수 있다. 거버넌스는 공공부문과 민간부문 및 비수익부문(자원부문, 제3부문)에 적용할 수가 있다. 일반적으로 거버넌스는 통치하는 방법을 말하지만, 그것의 본질은 변화하여 왔다. 거버넌스의 의미가 확대됨에 따라 학자들이나 실무가들의 용어 사용은 이에 보조를 맞추고 있다. Frederickson(1999)은 “공공행정의 연구와 실제는 거버넌스의 연구와 실제이다”라고 선언하였다. Goldsmith & Eggers (2004: 7)에 따르면, 전통적인 정부의 계층제모형은 오늘날의 복잡하고 급속히 변화하는 시대의 요구에 적응하지 못한다고 한다. 계층제의 명령통제 절차와 좁은 업무영역 및 폐쇄체제에서 운영되는 관료제모형은 조직경계를 초월하는 문제에 대응하는 데 실패하고 있다. 이러한 정부관료제의 한계는 단순히 계층제조직보다는 공공부문과 민간부문 및 비수익부문이 관여하는 네트워크나 협력과 같은 새로운 거버넌스(new governance)를 등장하게 하였다. 현대 거버넌스에서는 조직이나 정책영역 등의 경계를 초월하는 협력거버넌스가 인기를 얻고 있다.

2. 협력거버넌스의 개념 정의

현대 거버넌스의 협력적 본질은 협력거버넌스 논의의 출발점이 되었다. 그러면 협력거버넌스란 무엇인가? 이러한 협력거버넌스 개념을 명확히 하기 위해서는 그것에 관련되는 유사 용어를 살펴보고 그것에 대한 개념 정의를 하는 것이 요구된다.

위에서 살펴본 바와 같이, 협력거버넌스와 관련한 유사 용어는 통합하거나 정의하기 어려운 만큼 학자와 실무자들이 사용하고 있다. 이를테면 협력적 정책결정, 협력적 공공관리, 정책네트워크, 공사파트너십, 이해관계자 거버넌스, 상호작용적 정책결정, 참여적 관리 등이 그들이다.

이러한 여러 유사 용어를 포용하는 협력거버넌스란 환경에서 발생하는 사회문제를 해결하는 데 관련되는 행위자들의 공동행동을 분석하는 개념으로 넓게 정의할 수 있다. 이러한 차원의 넓은 협력거버넌스 개념 정의를 한 학자인 Huxham (2000: 339)은 논문 "협력거버넌스의 도전"에서 최초로 협력거버넌스라는 용어를 사용한 학자로서 이 개념을 어떤 행위자가 다른 조직에 있는 행위자들과의 관계 속에서 과업을 수행하는 거버넌스의 모든 형태나 용어로 보고 있다.

그러나 그 이후의 학자들의 개념은 좀 더 실증연구에 사용할 수 있도록 명목적 정의를 하는 방향으로 세련화되고 있다. 협력거버넌스(collaborative governance)는 협력(collaboration)과 거버넌스(governance)의 합성어이다. 여기서 협력 개념은 Gray(1989)와 Wood & Gray(1991)의 협력에 대한 정의 – 어떤 문제의 자율적인 이해관계자들이 그 영역에 관련된 쟁점들을 결정하거나 행동하기 위하여 공유된 규칙과 규범 속에서 상호작용을 통하여 결과를 도출하는 것 – 를 도입하여 다양한 이해관계자들이 동의를 형성하는 결과를 유도하기 위한 네트워크를 발달시키는 것을 통하여 복잡한 문제를 해결하는 접근으로 정의하였다(Margerum, 2011: 6). 그리고 거버넌스는 일반적으로 통치하는 방법을 말하지만, 구체적으로는 공공정책결정과 공공관리의 제도와 과정을 말한다(Emerson & Nabatchi, 2015: 15–16). 이러한 협력과 거버넌스 개념은 이후의 협력거버넌스를 논의하는 학자들의 기본토대가 되었다.

협력거버넌스를 연구하는 학자들의 협력거버넌스에 대한 개념을 살펴보면 다음과 같다. Bryson, Crosby, & Stone(2006: 44)은 협력거버넌스를 어느 한 부문의 조직에 의하여 달성할 수 없는 결과를 공동으로 달성하기 위하여 둘 또는 그 이상의 부문에 있는 조직들의 정보, 자원, 활동, 그리고 역량을 연결하거나 공유하는 것으로 정의한다.

이후 협력거버넌스를 좀 더 체계화하는 모형을 만든 Ansell & Gash(2008: 544)는 협력거버넌스를 하나 또는 그 이상의 공공기관들이 공공정책을 결정하고 집행하거나 공공프로그램을 관리하는 것에 목표를 두고, 공식적이고 동의지향적이며 담론적인 집합적 정책결정과정에 비정부적 이해관계자들을 직접적으로 참여시키는 통치배열로 정의하고, 다음과 같은 특성을 도출하고 있다. 첫째, 거버넌스는 공공기관에 의하여 발의된다. 둘째, 거버넌스 참여자는 공공기관 외에 비정부행위자도 포함될 수 있다. 셋째, 참여자는 정책결정에 직접 참여한다. 넷째, 거버넌스는 공식적으로 조직화되고 집합적으로 활동한다. 다섯째, 거버넌스는 동의가 실제로 달성되지 못할지라도 합의에 의한 결정을 하는 것을 목표로 한다. 여섯째, 협력의 초점은 복잡한 사회문제를 해결하고 관리하는 공공정책과 공공관리이다.

또한 Ansell & Gash의 협력거버넌스 논의를 토대로 좀 더 넓고 보편적인 개념 정의를 시도한 Emerson, Nabatchi, & Balogh(2011: 2-3)는 협력거버넌스를 그렇지 않으면 달성할 수 없는 공공목표를 수행하기 위하여 공공기관의 경계나 정부수준 그리고 공공과 민간 및 시민영역을 초월하여 행위자들을 관여시키는 공공정책결정과 공공관리의 구조와 과정으로 정의하였다. 이러한 정의는 협력거버넌스를 공공행정과 공공정책에서 분석 개념으로 광범위하게 사용할 수 있게 한다. 이들의 협력거버넌스 개념은 공공관리와 공공부문의 고전적 초점을 넘어서 경계를 초월하는 거버넌스의 다양한 형태를 포함하고 있다. 따라서 그것은 Ansell & Gash의 개념보다 넓은 개념이라고 할 수 있다. Ansell & Gash의 정의와 달리, 이들의 정의는 협력거버넌스를 오로지 공식적이고 정부발의의 배열에 한

정하는 것이 아니라 다양한 정부와 비정부행위자들의 관여와 비공식적 배열까지 포함시키고 있다. 예를 들면 이들의 정의는 국가, 민간부문, 시민사회, 그리고 공동체들 간의 파트너십을 포함하는 다수준 파트너 거버넌스(multipartner governance)뿐 아니라 공공과 민간 및 민간-사회 파트너십과 같은 결합정부(joined-up government)와 혼합배열(hybrid arrangement)을 포함한다(Agrawal & Lemos, 2007). 이것은 또한 (종종 공공기관의 참여를 초대하여) 집합적 자원관리에 관련되는 공동체기반 협력(community-based collaboration)뿐 아니라 주정부와 연방정부에 의하여 관리되는 주정부 간 강유역위원회와 연방기관 간 협력과 같은 정부간 협력구조(intergovernmental collaborative structures) 및 민간이나 시민부문에 의하여 주도되는 다른 유형의 협력배열을 포함한다(Emerson & Murchie, 2010). 그것은 또한 참여거버넌스와 시민관리에도 적용할 수 있다. 따라서 협력거버넌스는 공공행정과 민주주의의의 중심에 있다고 한다. 많은 공공행정학자들은 협력거버넌스를 민주적 시스템에서 통치를 위한 새로운 패러다임으로 보고 있다(Frederickson, 1991; Jun, 2002; Kettl, 2002).

이후에, Emerson & Nabatchi(2015: 14-18)에 따르면, 협력거버넌스는 21세

표 2-1 협력거버넌스의 개념

학자	개념 정의
Huxham (2000: 339)	어떤 행위자가 다른 조직에 있는 행위자들과의 관계 속에서 과업을 수행하는 거버넌스의 모든 형태나 용어
Bryson, Crosby, & Stone (2006: 44)	어느 한 부문의 조직에 의하여 달성할 수 없는 결과를 공동으로 달성하기 위하여 둘 또는 그 이상의 부문에 있는 조직들의 정보, 자원, 활동, 그리고 역량을 연결하거나 공유하는 것
Ansell & Gash (2008: 544)	공식적이고 합의지향적이며 상호적인 집합적 정책결정과정에 하나 또는 그 이상의 공공기관들이 직접적으로 비공식적인 이해관계자들을 관여시키는 통치배열
Emerson, Nabatchi, & Balogh (2011: 2-3)	그렇지 않으면 달성할 수 없는 공공목표를 수행하기 위하여 공공기관의 경계나 정부수준 그리고 공공과 민간 및 시민 영역을 초월하여 행위자들을 관여시키는 공공정책결정과 공공관리의 구조와 과정
Emerson & Nabatchi (2015: 17)	조직들과 관할영역들 및 부문을 초월하여 협력할 수 있는 기관과 구조와 과정 그리고 행동의 좀 더 넓은 집합들을 포함하는 것

기 공공행정과 공공정책분야에서 인기 있는 유행어가 되고 있다고 하면서, 공공정책이슈와 공공관리이슈의 활동에 관련되는 모든 종류의 노력을 언급하는 데 사용하고 있다고 한다. 이들의 협력거버넌스 개념은 Ansell & Gash(2008)의 개념에 기반을 두고, 조직과 관할영역 및 부문을 초월하여 협력할 수 있는 기관, 구조, 과정, 그리고 행동의 좀 더 넓은 범주를 포함하는 것으로 확대하고 있다. 이러한 협력거버넌스의 넓은 정의는 이론적, 규범적, 그리고 응용된 시각을 초월하는 경험적 분석을 위한 통합적 틀을 개발하는 토대를 제공한다고 한다.

제4절

협력거버넌스의 모형

협력거버넌스의 이론 또는 모형은 어디로부터 출발하는지에 관하여 여러 학자들은 1960년대 정부 간 협동연구(Agranoff & McGuire, 2003)나 가장 지속적인 협력적 문제해결모형이라고 할 수 있는 연방주의(McGuire, 2006)로 거슬러 올라간다. 협력거버넌스는 또한 Bentley(1949)의 집단이론과 그 후의 이론발달, 즉 Olsen(1965)의 집합적 행동논리로부터 죄수의 딜레마와 게임이론까지의 진화(Dawes, 1973; Axelrod, 1984)와 확장적인 공유자원이론(Ostrom, 1990)까지 연결시켜 왔다.

협력거버넌스는 또한 관리 실제에 뿌리를 두고 있다, Kettl(2006)은 협력시도가 경계를 초월하는 것이라고 기술하고 있고, McGuire(2006)는 공유된 행정의 중요성이 정책집행분야에서 인식되어 왔다고 한다(Pressman & Wildavsky, 1973). 정부 간 관계와 네트워크이론은 수평적 네트워크관리와 협력적 공공관리 및 협력적 정책결정에 대한 연구가 부상하는 데 도움을 주었다(Agranoff & McGuire, 2001; Kamensky & Burlin, 2004). 게임이론은 행위자의 이익에 기반을 둔 흥정에 대한 관심을 불러왔고(Raiffa, 1982), 그리고 대안적 분쟁해결과 갈등관리 및 동의형성의 실무에 도움을 주었다(Goldberg, Sanders, & Rogers, 1992; Susskind, McKearman, & Thomas-Larmer, 1999; O'Leary & Bingham, 2003; Emerson, Nabatchi, & Balog, 2011: 3-4).

이와 같이, 협력거버넌스의 이론적 기원에 대해서는 다양한 논의와 주장이 있어 왔지만, 1990년 초반 이후 시작된 협력연구를 토대로 협력거버넌스모형에 대한 연구가 이루어졌다고 볼 수 있다. 이 시기까지의 협력연구를 종합하여 협력모형을 설계한 Wood & Gray(1991)는 협력모형의 구성요소로 선행조건→과정→결과의 선형적 인과모형을 제시하였다.

그러나, 2000년대 Huxham(2000)에 의하여 협력거버넌스라는 용어가 처음 사용되면서 협력거버넌스모형에 대한 논의가 확산되어 왔다. 여러 협력거버넌스 학자들의 협력거버넌스모형은 Wood & Gray의 선형적 인과모형에 토대를 두면서, 좀 더 세련되고 종합적인 개념적 틀을 설계하는 방향으로 발전하여 왔다. 따라서 여기서 살펴보고자 하는 대표적인 협력거버넌스모형들은 역사적인 진화 과정 속에서 설계되었다고 볼 수 있다.

1. Wood & Gray(1991)의 모형

협력거버넌스의 이론적 논의를 거슬러 올라가면, 1990년대부터 발전하기 시작하는 협력연구(Gray, 1989, 1996; Wood & Gray, 1991; Huxham, 1996, 2000; Huxham & Vangen, 2005)와 연결된다.

Gray(1989)는 자신의 저서 *Collaborating: Finding Common Ground for Multi-party Problems*에서 다수 조직이 관련되는 문제에 접근하는 방법으로 협력에 대한 필요성과 개념을 제시하였다.

그 후 Wood & Gray(1991)는 응용행태과학저널 특별 이슈로 *Collaborative Alliances: Moving Practice to Theory*에 게재된 논문들을 메타분석하여 협력의 포괄적 이론을 모색하였다. 이 저널에 실린 9개의 연구 논문은 협력의 의미와 과정 및 협력적 동맹의 형태에 대한 다양한 이론적, 경험적 시각을 제공하고 있다. 연구논문의 개요부분에서는 단일조직 혼자서는 수행할 수 없는 소망하는 목표를 달성하기 위하여 조직 간 차원에서 협력의 중요성을 강조하고 있다. 협력적 이슈에 관련된 대부분의 연구논문에서 협력의 개념 정의는 Gray(1989: 5)의 정의, 즉 어떤 문제에 대해 상이한 측면을 보는 조직들이 가능한 그들 자신의 제한된 비전을 초월하여 그들의 차이를 인식하고 해결책을 모색하는 과정으로 보고 있다. 이러한 개념 정의를 토대로 협력적 행동을 검증하고 설명하는 데 여섯

표 2-2 Wood & Gray(1991)의 협력일반이론(모형)

이론 협력이슈	자원의존	기업사회성과/ 제도경제학	전략적 관리/ 사회생태학	미시경제	제도적/ 협상된 질서	정치학
전제조건	Logson – 높은 이해 관계와 상호의존성	Pasquero –거시사회적 조건	Westley & Vredenburg – 문제영역의 조직과 협력 동기	Fleisher – 효율성을 극대화하고 거래비용을 축소할 필요	Natham & Mitroff – 문제에 대한 공유된 이해와 반응 필요 Sharfman, Gray, & Yan – 제도적 정당성과 환경과 동형화 필요	Golich – 공유사건에서 이익보호와 거버넌스 규범 필요 Roberts & Bradley – 공유된 목표
과정	무	Pasquero – 이념과 실제 문제에 대한 중재자로 회의 제도화와 공유된 책임성원칙	무	암상자	Natham & Mitroff – 협상된 질서문화 Sharfman, Gray, & Yan – 환경에 적실한 동맹 재배열	Roberts & Bradley – 분명하고 자발적인 구성원, 결합의사결정, 동의규칙, 상호작용 과정, 임시 구조
결과	Logsdon – 문제해결	Psquero – 목표달성	Selsky – 집합적 이익	Fleisher – 효율적 결과	Sharfman, Gray, & Yan – 생존	Westley & Vredenburg – 기관구성, 정당성 Golich – 이익 Roberts & Bradley – 정책혁신

자료: Wood & Gray(1991: 144–145).

개의 이론적 시각으로 자원의존, 기업사회성과/제도경제학, 전략적 관리/사회생태학, 미시경제학, 제도적/협상적 질서, 그리고 정치학 등이 소개되었다. 여섯 개의 이론적 시각에 기반한 사례연구들은 협력의 세 가지 쟁점으로 이해관계자들이 참여하도록 동기화하는 전제조건(preconditions), 협력이 발생하는 과정(process), 그리고 협력의 결과(outcomes)를 제시하였다.

2. Huxam(2000; 2003)의 모형

Chris Huxham은 2000년 논문 “협력거버넌스의 도전”에서 개념적으로 협력은 공동 목적을 달성하는 데 상호관계 속에서 활동하는 조직들로 구성되는 것으로 인식하고, 협력거버넌스의 체계는 매우 복잡한 특징을 가지는 복잡한 구조를 가지고 있다고 한다. 이것은 통치구조를 말하는데, 구조적 복잡성의 차원으로 다섯 가지가 있다.

첫째, 활동관계는 조직들 간의 상호작용을 말한다. 개념적으로 단순한 협력 형태는 개별조직들 간의 직접적인 상호작용이다. 그리고 좀 더 복잡한 형태의 상호작용은 다양한 방법으로 여러 조직이 관여하는 것이다. 실제로 어떤 조직들 간의 활동관계는 이러한 스펙트럼상에 위치한다.

둘째, 협력의 구성원이 되는 실체로서 조직이나 조직구성원을 고려할 수 있다. 조직구성원은 조직의 하위부분으로 협력의 목적을 위하여 관련된다.

셋째, 협력구조이다. 구조의 발달은 그것이 해결하여야 할 과업으로부터 출현한다.

넷째, 다원주의이다. 이것은 복잡한 사회문제는 여러 조직의 관여를 통하여 해결하여야 한다는 것을 의미한다.

다섯째, 모호성이다. 이것은 협력구성원들이 실질적으로 누구인가에 대한 명료성이 부족하다는 것에 관련된다. 문제에 관련되는 행위자들을 확인하는 것은 협력의 중요한 정의적 요소라고 할 수 있다.

이후에 Huxham은 2003년 논문 “협력관행의 이론화”에서 협력거버넌스의 핵심주제로 공동목표, 권력, 신뢰, 구성원구조, 그리고 리더십을 들고 있다. 이들 주제는 협력구조와 협력과정에 관련된 요인들이다.

첫째, 공동목표 – 전형적으로 학자들은 협력의 출발점으로 공통적인 또는 최소한 타협할 수 있는 목표를 주장한다. 만일 이해당사자들이 정책을 결정하기 위하여 함께 활동하려면 공통의 목표를 명료화하여야 한다.

둘째, 권력 – 협력적 상황에서 권력은 행위자들이 협력과정, 즉 협력적 활동에서 가지는 영향력 행사방법을 말한다.

셋째, 신뢰－많은 실무자는 신뢰가 성공적인 협력의 전제조건이라고 한다.

넷째, 구성원구조－협력구조를 설계하는 데는 구성원구조가 중요하다. 그러나 협력구조에서 누가 협력에 관여하는가에 대하여 모호하고 복잡하며 동적이라고 할 수 있다.

다섯째, 리더십－협력에서 리더십은 어떤 일이 수행되게 하는 기제와 관련된다. 이것은 구조와 과정을 설계하여 운용하는 데 핵심요인으로 기능한다.

3. Thomson & Perry(2006)의 모형

Thomson & Perry(2006: 21－30)의 협력의 다차원모형은 Wood & Gray(1991)가 설계한 협력이론에 토대를 두고, 특히 블랙박스로 남아 있던 협력과정의 차원들(변수들)을 제시하고 있다. 이를테면 Wood & Gray(1991)는 그동안의 협력연구들을 분석하여 선행요인(조건)→과정→결과의 선형적인 협력모형을 설계하였으나, 협력을 하는 과정을 블랙박스로 남겨두었다. 그러나 Thomson & Perry(2006)에 따르면, 공공관리자는 협력과정의 블랙박스를 해부하여 볼 수 있으며,

그림 2-1 Thomson & Perry(2006)의 협력거버넌스모형

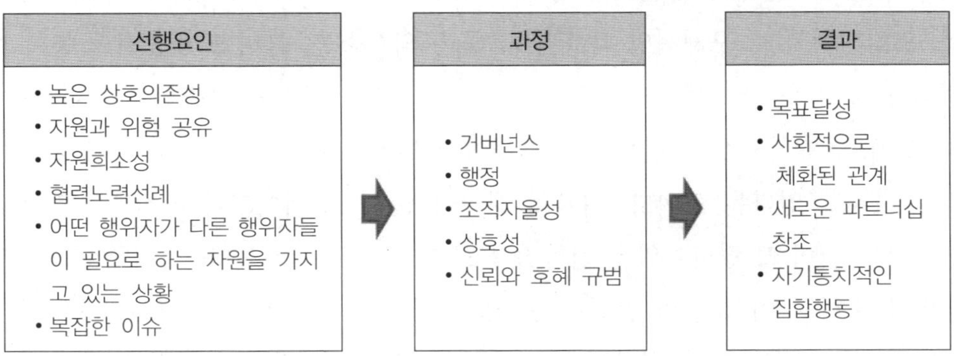

자료: Thomson & Perry(2006: 21).

그들은 다섯 가지 변수로 구성된다고 한다.

위의 모형에서 협력거버넌스의 선행요인과 결과는 선행연구의 검토를 토대로 일정한 변수들을 제시하고 있고, 협력과정을 구성하는 다섯 가지 차원(변수들)에 초점을 두고 있다. 우선, 협력의 선행요인으로는 높은 의존성(Logsdon, 1991), 자원과 위험공유(Alter & Hage, 1993), 자원희소성(Levine & White, 1961), 협력노력의 선례(사전역사)(Radin et al., 1996), 어떤 행위자가 다른 행위자들이 필요로 하는 자원을 가지고 있는 상황(Gray, 1989; Wood & Gray, 1991; Pfeffer & Salanick, 1978; Thomson, 2001). 복잡한 이슈(O'Toole, 1997) 등이고, 협력결과의 변수로는 목표 달성(Bardach, 1998; Gray, 2000), 사회적으로 체화된 관계(Ring & Van de Ven, 1994), 새로운 파트너십 창조(Sagawa & Segal, 2000), 자기통치적인 집합행동(Ostrom, 1990) 등을 제시하였다. 그리고 협력과정의 다섯 가지 차원 중에서 세 가지는 구조적 차원(거버넌스, 행정, 조직자율성)이고, 두 가지는 사회자본 차원(상호성과 규범)이다.

첫째, 거버넌스 차원은 통치를 하기 위한 구조, 즉 협력을 추구하는 행위자들의 활동과 관계를 지배하는 구조를 만드는 것을 말한다.

둘째, 행정 차원은 거버넌스를 행동으로 전환할 때 필요한 행정의 구조와 기능이다. 이들 행정구조는 거버넌스 구조와 개념적으로 다른 것으로 제도적 구조보다는 목표를 달성하기 위한 과업을 수행하는 집행과 관리에 더 초점을 둔다. 전통적 관리학문에서 확인되는 중요한 행정기능들 — 조정, 역할과 책임의 명료화, 모니터링기제, 구체적인 목표달성, 좋은 의사소통, 그리고 계층제를 통한 행정역량, 관계를 만드는 사회역량 등 — 은 협력연구에서도 강조되고 있다.

셋째, 조직자율성 차원은 행위자들이 개별적으로 또는 공동의 정체성과 이익을 가지고 있다는 것이다. 여기서 개인이익은 개인적이거나 조직적인 과업을 성취하는 것이고, 집합이익은 집합적 목표를 추구하는 것이다. 이러한 개인적인 이익과 집합적 이익 간의 긴장은 협력연구에서 지속적으로 나타나는 쟁점이다. 일반적으로 개인이익과 집합이익을 타협시키는 것은 많은 협력적 노력에도 불구하고 어려운 일이라고 할 수 있다.

넷째, 상호성 차원은 사회자본의 변수로서 행위자들의 상호의존성에 토대를 두고 공유된 이익을 추구하는 것이다. 상호성은 여러 조직이 공통된 관점을 구축하는 토대를 제공한다. 협력에서 상호성은 상이한 이익에 내재하는 갈등을 해결하는 문제해결기술로 볼 수 있다.

다섯째, 신뢰와 호혜의 규범 차원은 또한 사회자본의 핵심변수이다. 호혜성은 행위자들이 공평한 거래를 하는 것이다. 개인행위자들은 만일 다른 행위자들이 동일한 의지를 가지고 있다면 나도 의지를 가지고 있다는 것이다. 만일 네가 한다면 나도 한다는 사고방식은 인지된 의무정도에 기반한 상호 인정을 말한다. 이러한 호혜성은 성공적인 집합적 행동을 위한 중요한 요인이다. 호혜성에 관련되는 다른 규범으로는 신뢰가 있다. 신뢰는 어떤 행위자가 다른 집단의 행동을 인정하는 것과 같은 개인들 또는 집단 간의 공통신념을 말한다. 이것은 복잡성과 거래비용을 감소시키기 때문에 협력의 중요한 구성요소로 볼 수 있다.

4. Bryson, Crosby, & Stone(2006)의 모형

Bryson, Crosby, & Stone의 모형(2006: 45-52)은 그동안 조직 간 관계와 같은 협력에 관련되는 학자들의 여러 연구결과를 토대로 일련의 협력거버넌스에 대한 변수와 명제를 제시한 것으로서, 모형의 구성요소로 초기조건, 구조와 거버넌스 차원, 과정 차원, 결과를 들고 있다.

1) 초기조건

이것은 협력을 발생시키는 조건으로 협력에 대한 일반적 환경과 협력의 구체적 조건으로 부문실패와 기타 직접적 조건(연결기제)을 말한다.

첫째, 환경요인-조직 간 관계연구는 어떤 조직이 다른 조직들과 결합할 필요성으로 환경조건을 들고 있다. Emery & Trist(1965)는 증가하는 불확실성으로 인하여 이를 감소시키고 조직안정성을 확보하기 위하여 조직 간의 연결을 필요로 한다고 한다. 또한 협력은 그들의 형성뿐 아니라 장기적 지속성에 영향을 주

그림 2-2 Bryson, Crosby, & Stone(2006)의 협력거버넌스모형

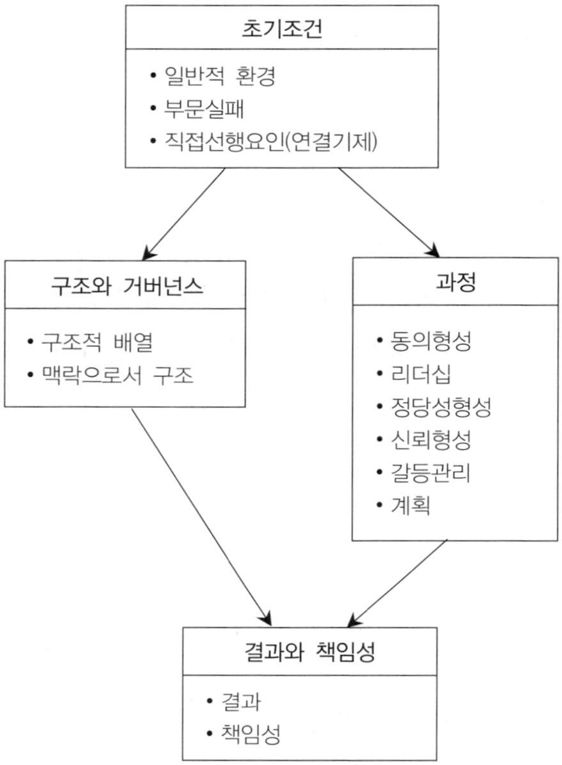

자료: Bryson, Crosby, & Stone(2006: 45).

는 제도적 압력의 영향을 받는다(Oliver, 1990; Sharfman, Gray, & Yan, 1991). 제도적 환경은 조직이 생존을 위하여 필요한 정당성을 얻기 위하여 순응하여야 하는 규범적·법적·규제적 요소들을 말한다. 공공문제해결을 위한 파트너십을 위하여 제도적 환경은 특히 중요하다. 그것은 협력의 목적과 구조와 결과에 직접적으로 영향을 줄 수 있는 공공관할영역 간의 관계시스템을 포함하기 때문이다. 예컨대 Sharfman, Gray, & Yan(1991)의 의료사업에 대한 공사파트너십의 연구결과에 따르면, 제도적 환경의 추진력은 파트너십을 자극하는 데 도움을 줄 수도 있지만 그것의 지속성을 방해하는 제약요인이 된다.

둘째, 부문실패-환경요인이 조직 간 관계에 간접적으로 영향을 미친다고 한다면, 부문 간 협력은 어떤 단일조직이 혼자서 공공문제를 해결하려는 노력이 실패하는 것, 즉 부문실패에 의하여 영향을 받는다. 이러한 상황에서 어떤 조직은 다른 부문의 약점이나 실패를 극복하거나 공공가치를 창조하기 위하여 수익·공공 그리고 비수익부문의 장점을 활용한다. Salamon(1995)에 따르면, 역사적으로 미국은 공공문제를 해결하기 위하여 시장이나 자발적 부문에 의존하다가 이들의 실패로 정부개입을 통한 서비스공급을 하였다.

셋째, 연결기제-공공협력의 다른 구체적 조건으로 연결기제가 있는데, 그것에는 다음과 같은 것을 들 수 있다. 중개조직이나 정당한 회의주재자는 협력행동을 촉진할 수 있다(Gray, 1989; Waddock, 1986). 힘 있는 중개조직은 중요 공공문제에 주의를 기울이고 그것에 대하여 이해관계자들에게 정당성을 부여한다. 시장이나 상위 공무원과 같은 리더는 문제와 관련된 이해관계자들을 함께 모을 수 있다. 또 다른 중요한 연결기제로 문제 정의에 대한 일반적 동의이다. 이러한 동의는 사회문제를 해결하는 데 가지는 이익을 명료화하는 데 도움을 준다. 그리고 이전에 존재하던 관계나 네트워크는 파트너들 간의 신뢰나 중요 이해관계자들의 정당성을 판단하는 토대가 되므로 중요하다. 이것을 구조적 체화의 정도라고 한다. 파트너들이 과거에 좀 더 적극적인 방법으로 상호작용을 하였을수록 사회기제는 조정과 안전한 교환을 가능하게 할 수 있다.

2) 구조와 거버넌스 차원

Bryson, Crosby, & Stone은 협력구조의 차원으로 구조적 배열과 맥락으로서의 구조를 제시한다. 협력학문에서 구조는 좀 더 공식적 구조배열과 같은 조직화를 강조하고, 구조에 포함되는 행위자들의 이익의 다양성을 강조한다. 즉, 행위자들은 동일한 이익을 가지고 있지 않다.

그리고 구조는 시스템 안정성이나 자원의 풍부함과 같은 맥락에 따라 영향을 받는다. 구조는 협력에 본질적인 모호성과 복잡성 때문에 동태적이다. 모호성은 협력에 관여하는 구성원들이 대표성이 있는가와 구성원의 재편성 등에 대한 행위자들의 인식과 같은 구성원들의 여러 특성에서 발생한다.

이러한 구조적 배열은 협력의 효과성에 영향을 준다. 효과성은 고객의 관점에서 소망스러운 결과를 달성하는 것이다.

3) 과정 차원

Bryson, Crosby, & Stone은 협력과정의 변수에 초기동의형성, 리더십형성, 정당성형성, 신뢰형성, 갈등관리, 계획 등을 포함시킨다.

첫째, 초기동의형성으로서, 협력을 시도하기 위해서는 비공식동의와 공식동의가 요구된다. 비공식동의는 협력의 구조와 임무 및 과정에 관련되는 것이고(Donahue, 2004), 공식적 동의요소로는 공유된 목표 · 자원몰입 · 공식 리더십설계 · 구성원범주 · 의사결정구조 및 신축성을 포함한다(Arino & de la Torre, 1998; Page, 2004; Crosby & Bryson, 2005). 파트너들이 공유된 목적에 완전히 동의하지 않을 때 그들은 다음 단계에 동의할 수 없다. 협력연구들은 고도로 참여적인, 즉 중요한 이해관계자들을 관여시키는 설계과정의 중요성을 강조한다.

둘째, 리더십형성으로서, 협력을 위해서는 공식적 · 비공식적 리더의 다양한 역할을 설정하여야 한다(Agranoff & Mcguire, 2003; Crosby & Bryson, 2005). 공식적 리더의 지위는 조정위원회의 공동의장과 협력적 조정자 및 사업지도자를 포함한다. 이들은 효과적으로 활동하기 위하여 공식적 · 비공식적 권위와 비전, 협력에 대한 장기몰입, 통합, 그리고 관계적 · 정치적 기술이 필요하다. 한편, 협력에서 비공식적 리더십은 참여자들이 공식적 행동에만 의존할 수 없기 때문에 중요하다.

셋째, 정당성형성으로서, 협력은 전통적 관료제보다 덜 인식되어 있기 때문에 조직내부 구성원이나 외부행위자들로부터 조직실체에 대하여 정당성을 획득하여야 한다. Human & Provan(2000)에 따르면, 협력구조가 정당성을 얻기 위해서는 세 가지 네트워크, 즉 내부와 외부의 지원과 자원을 이끌어낼 수 있는 형태로서 네트워크의 정당성, 내부와 외부행위자들이 인정하는 실체로서 네트워크의 정당성, 네트워크 내에서 자유롭게 소통할 수 있도록 구성원들 사이에 신뢰를 형성하는 상호작용으로서의 네트워크의 정당성이 중요하다고 한다.

넷째, 신뢰형성으로서, 신뢰관계는 협력의 본질로서 종종 묘사된다. 신뢰는 협력의 작동을 촉진시키고 협력하게 하는 윤활유나 접착제이다. 신뢰는 상호의존적 행동, 조직역량에 대한 확신, 기대된 성과, 그리고 공통유대 등을 포함한다(Chen & Graddy, 2005). 협력은 어느 정도의 신뢰와 함께 시작되고 그것은 성공적인 협력을 위한 지속적인 필요조건이다(Ring & Van de Ven, 1994; Huxham & Vangen, 2005). 협력적 파트너들은 공유된 정보와 지식 그리고 역량과 좋은 의도를 입증함으로써 신뢰를 형성한다. 반대로 일방적 행동은 신뢰를 해친다.

다섯째, 갈등관리로서, 협력은 갈등을 관리하거나 치유하는 것이다. 협력과정에서 갈등은 파트너들이 협력에서 초래되는 상이한 목표나 기대 그리고 전략과 책략에 대한 상이한 견해에서 발생한다. 갈등은 파트너십에서 공통적이기 때문에, 협력은 파트너들이 권력을 균등화하는 차원과 갈등을 효과적으로 관리할 때 성공할 수 있다.

여섯째, 계획으로서, 협력적 맥락은 담론적이고 공식적인 계획을 강조한다. 임무, 목표, 역할과 책임, 그리고 집행을 포함하는 단계의 명료화는 협력을 성공으로 이끈 중요한 요인이라고 한다.

4) 결과

Innes & Booher(1999)에 따르면, 협력거버넌스는 첫 번째와 두 번째 그리고 세 번째 차원의 긍정적 결과를 가져온다고 한다. 첫 번째 차원의 결과는 협력과정의 직접적 결과로서 사회적·지적·정치적 자본의 창조와 높은 수준의 동의 그리고 혁신적 전략을 포함한다.

두 번째 차원의 결과는 협력적 노력의 공식적 경계를 초월하여 발생하는 것으로, 새로운 파트너십과 조정 그리고 결합행동 및 공동학습을 말한다.

세 번째 차원의 결과는 일정한 시간의 흐름 속에서 발생하는 효과로 파트너들 사이의 덜 파괴적인 갈등, 공공문제를 해결하기 위한 새로운 제도와 규칙 및 휴리스틱, 그리고 새로운 담론모형 등을 포함한다.

5. Ansell & Gash(2008)의 모형

Ansell & Gash(2008: 548-562)에 따르면, 지난 수십 년 동안 새로운 거버너스형태가 정부관료제의 대안으로 출현하여 왔는데, 이러한 대안모형의 하나가 협력거버넌스라고 한다. 이들은 협력거버넌스모형을 설계하기 위하여 협력거버넌스 개념의 조작적 정의를 한 후에, 협력에 관련되는 여러 학문으로부터 다양한 사례연구들을 수집하였다. 이를 위하여 공공건강, 교육, 사회복지, 국제관계 등을 포함하는 다양한 범위의 학술논문들을 검토하였다. 검토된 대부분의 논문은 특정한 정책부문에서 협력을 결정하거나 집행 및 관리를 시도한 미국과 영국의 13개 사례이고, 이러한 사례들을 메타분석하여, 개념적 모형을 세련화하는 중요한 변수들을 확인하였다. 이러한 과정을 통하여 만들어진 협력거버넌스모형은 중요한 변수들과 그들 간의 관계를 대표하는 다중인과모형으로 볼 수 있다. 이 모형은 학자들과 실무가들에게 협력거버넌스의 소망스러운 결과를 촉진하거나 저해하는 맥락적 조건들을 제시함으로써 실무자들이 협력전략을 구상하는 데나 학자들이 미래 연구를 설계하는 데 유용한 상황의존적인 모형이라고 할 수 있다.

종합하면, Ansell & Gash의 협력거버넌스모형은 미국과 영국에서 연구된 137 사례에 대한 종합분석을 통하여 만들어진 것으로, 크게 다섯 개의 차원 — 출발조건, 제도설계, 리더십, 협력과정, 그리고 결과 — 으로 구성되어 있다.

1) 출발조건

Ansell & Gash는 협력의 출발조건으로 세 개의 변수를 들고 있다.

첫째, 권력이나 자원 불균형으로, 이해관계자들 간의 권력불균형은 협력거버넌스에서 공통적으로 주목하는 문제이다(Gray, 1989; Tett, Crowther, & O'Hara, 2003; Warner, 2006). 만일 어떤 행위자가 참여할 능력이나 조직과 지위 또는 자원을 가지고 있지 않아서 다른 행위자와 동등한 상태에서 참여할 수 없다면 협력과정은 좀 더 강한 행위자에 의하여 조정되는 경향이 있다. Bradford(1998)에

그림 2-3 Ansell & Gash(2008)의 협력거버넌스모형

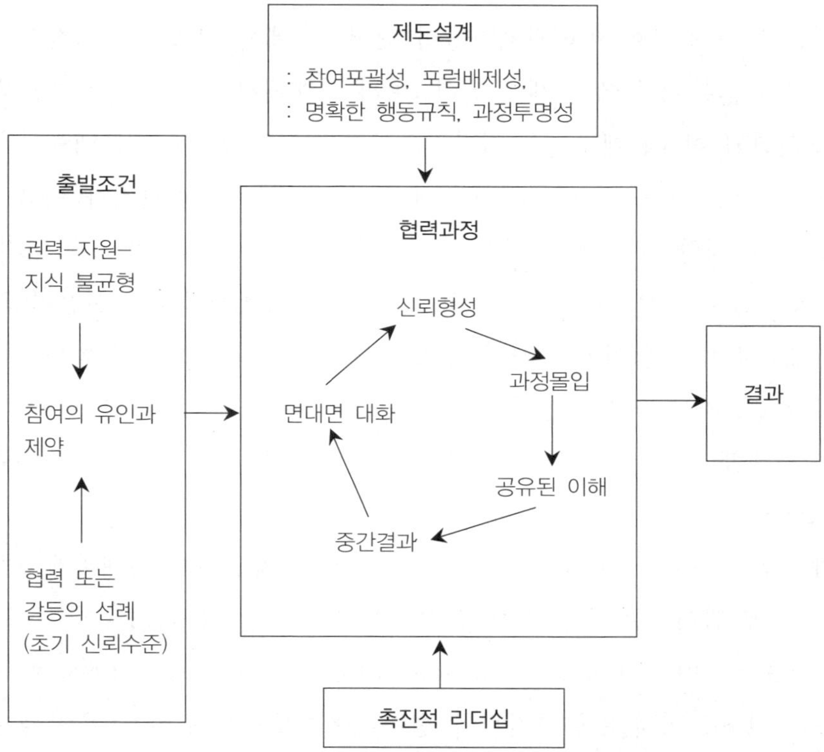

자료: Ansell & Gash(2008: 550).

따르면, 직업훈련과 직업건강안정정책를 만들려는 캐나다 온타리오 주정부의 시도는 비록 비공식 채널이지만 고위공무원에 접근할 수 있는 기업들에 의하여 좌절되었다. 궁극적으로 이러한 불균형은 불신이나 약한 몰입을 가져온다(Gray, 1989; Warner, 2006). 미국 환경집단은 협력거버넌스에 매우 회의적인데, 그것은 산업집단에 유리하다고 생각하기 때문이다. Echeverria(2001)는 플래트강 협력수로계획과정을 비판하고 있는데, 협상테이블이 불균등하고 개발이익에 편중되었다고 한다. 개발론자들과 환경옹호론자들은 상이한 조직과 능력을 가지고 있어 보존론자들은 개발이익의 대표자들과의 경쟁에서 불이익을 가지고 있다. Schucakman(2001)은 덜 힘있는 목소리를 대변하는 강한 대응책이나 중립적인 기관 리더십이 없는 상태에서 협력과정은 환경집단에 불리하였다고 한다. 권력불균형 문제는 특히 중요한 이해관계자들이 협력과정에서 대표되는 조직적 기반을 가지고 있지 않은 경우에 문제가 된다. 여러 사례에서 발견되는 문제들을 보면 첫째, 조직화된 이해관계자들은 집합적으로 개별이해관계자들을 대표하지 않는다(Rogers et al., 1993; Buanes et al., 2004). 둘째, 어떤 이해관계자는 고도로 기술적 문제에 대한 토론에 관여하는 데 기술과 전문성을 가지고 있지 않다(Lasker & Weiss, 2003; Warner, 2006). 셋째, 어떤 이해관계자는 시간이 많이 소요되는 협력과정에 참여할 시간과 정력 및 자유를 가지고 있지 않다(Yaffee & Wondolleck, 2003). 따라서 협력의 제안자들은 약한 또는 과소평가된 집단들이 권한을 사용할 수 있는 전략범주를 지적한다(Schucakman, 2001; Lasker & Weiss, 2003).

둘째, 참여의 유인으로서, 참여의 자발적 본질 차원에서 이해관계자들이 협력거버넌스에 관여하는 유인과 이들 유인을 형성하는 요인들을 이해하는 것이 중요하다(Gray, 1989; Chislip & Larson, 1998; Andrasnovich, 1995; Nelson & Weschler, 1998). 이것은 공공기관이 협력거버넌스에 지원하는 유인의 분석을 포함한다. 예컨대 Ebrahim(2004)은 인도의 숲과 관개기관이 직면하는 상이한 유인을 비교하고 적극적인 재정적 유인이 매우 중요하다고 한다.

협력거버넌스 학자들은 권력과 자원 불균형이 협력과정에 참여하는 집단의 유인에 영향을 줄 것이라고 한다(Ganton & Day, 2003; Imperial, 2005). Gray(1989)는 행위자들 간의 권력차이가 협상에 참여하는 그들의 의지에 영향을 준다고 한다. 참여유인은 협력과정이 의미 있는 결과를 가져올 것인가에 대한 이해관계자의 기대에 의존한다(Warner, 2006). 유인은 이해관계자들의 참여와 구체적이고 만질 수 있는 정책결과 사이의 직접적인 관계를 의미한다(Brown, 2002). 참여유인은 이해관계자가 그들의 목표를 단독으로 또는 대안적 수단을 통하여 달성할 수 있을 때에는 낮아지는 반면, 이해관계자가 그들의 목표를 다른 이해관계자와 협동을 통하여 성취할 수 있다면 증가할 것이다(Logdson, 1991). 예를 들면, 지역자원관리 분쟁에서 협력거버넌스는 공유된 자원에 대한 지역행위자들의 상호의존성에 관련된다.

셋째, 갈등과 협동의 사전역사로, 이해관계자들 간의 갈등과 협력의 이전역사는 협력을 방해하거나 촉진시킬 것이다(Gray, 1989; Margerum, 2002). 이해관계자들이 상호의존적일 때, 높은 갈등수준은 실질적으로 협력거버넌스에 대한 강력한 유인을 제공한다. 여러 사례에서 정책교착상태(policy deadlock)는 협력거버넌스를 위한 강한 자극을 가져온다는 것을 보여주고 있다(Furterll, 2003). 이러한 상황은 그 교착상태 자체가 분쟁당사자에게 심각한 비용을 초래하는 자원관리상황에서 종종 발생한다. 그러므로 높은 갈등은 반드시 협력의 장애요인이 아니라고 할 수 있다. 성공적인 협력사례들은 이해관계자들이 자신의 이익과 매우 대립되는 다른 행위자와 협동을 하지 않고서는 그들의 목표를 달성할 수 없다는 것을 보여준다.

2) 제도설계

Ansell & Gash는 제도설계 조건으로 이해관계자의 참여범주와 이들의 행동규칙에 관련되는 네 가지 변수를 제시한다.

첫째, 참여의 개방성은 협력구조에 포함되는 이해관계자의 개방성과 포괄성을 말한다. Chrislip & Larson(1994)에 따르면, 성공적인 협력의 첫째 조건은 쟁점에 의하여 영향을 받거나 그것에 관심을 가지는 모든 이해관계자를 포함시켜야 한다. 이것은 잠재적으로 다루기 힘든 이해관계자들을 포함한다. 어떤 이해관계자들을 배제하는 것은 궁극적으로 협력과정의 정당성을 저해한다. Reilly (2001)에 따르면, 성공적인 협력을 위해서는 이해관계자들을 참여시키는 데 상당한 주의를 기울여야 한다. 중요한 이해관계자의 배제는 실패의 원인이 된다고 한다. 약하거나 비포괄적인 대표성은 협력결과의 정당성을 해치게 된다.

둘째, 포럼배제성은 참여포괄성과 밀접하게 연결되는 개념이다(Tett, Crowther, & O'Hara, 2003). 협력포럼에 배제되는 이해관계자들은 대안적 포럼을 통하여 자신의 논리를 주장한다. 예컨대, Kraft & Johnson(1999: 136)은 환경집단이 미국

위스콘신의 폭스강동맹으로부터 배제된 후 대안적 포럼을 만들어 활동하였다는 것이다. 이러한 대안적 포럼은 효과적인 협력을 저해하게 된다.

셋째, 행동규칙으로는 협력거버넌스가 동의지향적일지라도 동의규칙의 중요성을 반드시 강조하는 것은 아니다. 동의는 개인관점의 대표를 촉진하고 좀 더 협동을 유도하는 것이다(Margerum, 2002). 그러나 동의규칙은 최대 공약수의 결과를 유도하는 데 중요하지만, 결정의 교착상태를 가져올 수도 있다.

넷째, 과정투명성은 이해관계자들로 하여금 공공협상이 실질적이고 협력과정이 밀실거래가 아니라는 것을 신뢰할 수 있게 하는 것을 의미한다.

3) 리더십

리더십은 이해관계자들을 협상테이블에 모이게 하여 조정하는 중요한 요소이다(Burger et al., 2001; Margerum, 2002; Vangen & Huxham, 2003). 특히 촉진적 리더십은 이해관계자들이 서로 협력정신으로 활동하게 하는 데 중요하다(Susskind & Cruikshank, 1987; Chilislip & Larson, 1994; Reilly, 2001). 촉진자의 역할은 동의형성과정 자체의 통합을 하는 것이다. Susskind & Cruikshank(1987)는 이해관계자들이 직접 협력할 수 없을 때 개입주의적인 중재기술을 제시한다. 이해관계자들이 가능한 승자게임을 탐색하는 데 실패할 때, 실질적인 협상과정에서 제3자 개입의 역할을 증가시킨다. 만일 이해관계자들이 중재에 의하여 동의에 도달할 수 없을 때 제3자는 해결책을 제시할 수 있다. Vangen & Huxham (2003)은 협력을 진전시키기 위하여 지도자는 의제를 형성하는 데 좀 더 직접적 방법으로 개입하여야 한다고 주장한다.

리더십은 명확한 행동규칙을 설계하여 유지하고 신뢰를 형성하며 대화를 촉진하고 상호이익을 탐색하는 데 중요하다. 여러 학자는 협력거버넌스를 위한 리더십 유형을 제시한다. 예를 들면 Ryan(2001: 241)은 효과적인 협력적 리더십의 구성요소로 협력과정의 적절한 관리와 기술적 신뢰성 유지 및 협력을 모두가 수용할 수 있도록 신뢰할 수 있고, 확신적인 결정을 할 수 있는 권한을 주는 것을 제시한다. Lasker & Weiss(2001: 31)에 따르면, 협력적 리더는 광범위하고 적극적인 참여를 촉진하고, 광범위한 영향력과 통제를 하고, 생산적인 집단동학을 조장하며, 과정의 영역을 확장하는 기술을 가져야 한다.

4) 협력과정

Ansell & Gash는 협력과정의 변수로 면대면 대화, 신뢰형성, 과정몰입, 공유된 이해, 중간결과를 들고 있다.

첫째, 면대면 대화로서, 모든 협력거버넌스는 이해관계자들 간의 면대면 대화를 시도한다. 이해관계자들 간의 대화는 상호이득의 기회를 확인하게 하고, 의사소통에서 고정관념과 다른 장애를 제거해 준다. 이것은 신뢰와 상호존경, 공유된 이해, 그리고 과정몰입의 중심에 위치한다. 반면에 면대면 대화는 고정관념이나 지위차이를 강화하거나 적대감과 상호불신을 증가시킬 수도 있다. 따라서 면대면 대화는 협력을 위한 필요조건이지만 충분조건은 아니다. 그러나 면대면 대화 없이 효과적인 협력을 달성하기는 어렵다.

둘째, 신뢰형성으로서, 이해관계자들 간의 신뢰부족은 협력거버넌스를 위한 출발 조건이다. 협력거버넌스 학자들은 협력과정을 협상에 대한 것뿐 아니라 신뢰를 형성하는 것이라고 한다(Brinkerhoff, 1999; Short & Winter, 1999; Tett, Crowther, & O'Hara, 2003; Imperial, 2005). 이해관계자들 간의 대립이 존재하였을 때, 신뢰형성은 초기 협력과정의 중요한 측면이 된다. 여러 사례에서 증명된 바에 따르면, 신뢰형성은 협력결과를 성취하기 위한 장기적 몰입을 요구하는 시간소비 과정이라고 한다.

셋째, 과정몰입으로서, 이해관계자들의 협력에 대한 몰입수준은 성공과 실패를 설명하는 중요한 변수이다(Margerum, 2001, 2002; Tett et al., 2003). Margerum (2002)의 미국과 오스트레일리아의 협력연구결과에 따르면, 이해관계자의 몰입은 협력을 촉진하는 가장 중요한 요소라고 한다. 특히 공공기관의 협력에 대한 약한 몰입은 매우 심각한 문제라고 한다(Yaffe & Wondolleck, 2003). 몰입은 협력거버넌스에 참여하려는 기본동기에 관련된다. 협력과정에 몰입은 상호이익을 위한 건전한 흥정이 소망스러운 정책성과를 달성하는 최선의 방법이라는 신념을 발달시키는 것을 의미한다(Burger et al., 2001). 협력에 몰입을 하기 위해서는 이해관계자들 사이에 상호인정과 신뢰라는 심리적 이동이 필요하다.

넷째, 공유된 이해로서, 협력과정에서 이해관계자들은 공동으로 어떤 결과를 성취할 수 있다는 공유된 이해를 발달시켜야 한다. 공유된 이해는 공통임무, 공통영역, 공동목적, 공유된 비전, 공유된 이념, 명확한 목표, 명료한 전략, 핵심가치의 공유, 문제정의에 대한 동의, 문제를 해결하기 위하여 필요한 지식 등으로 다양하게 묘사되고 있다. 공유된 이해의 발달은 협력적 학습과정의 부분으로 볼 수 있다(Blatner et al., 2001).

다섯째, 중간결과는 눈에 보이는 산출일 수도 있지만, 여기서는 성공적인 협력을 유도하는 필수적이고 중요한 과정결과를 말한다.

5) 결과

협력결과는 출발조건에서 제도설계와 촉진적 리더십을 토대로 협력과정을 통하여 산출한 결과물을 의미한다.

6. Emerson, Nabatchi, & Balogh(2011; 2015)의 모형

Emerson, Nabatchi, & Balogh(2011: 2-18)에 따르면, 다양한 협력거버넌스의 시각과 변수에서의 다양성과 변이는 연구자들에게 이론을 발달시키고 검증하는 것을 제약하고 있다고 하면서, 미래연구와 이론형성을 위하여 협력거버넌스의 통합틀을 설계하고자 하였다.

이론을 이해하고 발달시키며 검증할 뿐 아니라 실무를 개선하기 위한 협력거버넌스의 통합틀을 개발하기 위해서는 다양한 학문영역을 탐색하여 통합할 필요가 있다. 이것은 공공행정, 계획, 갈등관리, 그리고 환경거버넌스와 같은 여러 분야를 포함한다. 경험적 연구에서 사용된 개념적 틀로는 부문 간 협력(Bryson, Crosby, & Stone, 2006), 협력적 계획(Innes & Booher, 1995; Selin & Chavez, 1995; Bentrup, 2001), 협력과정(Wood & Gray, 1991; Ring & Van de Ven, 1994; Daniels

& Walker, 2001; Thomson & Perry, 2006), 네트워크관리(Milward & Provan, 2000; Koppenjan & Klijn, 2004), 협력적 공공관리(Agranoff & McGuire, 2001; Coper, Bryer, & Meek, 2006; Leach, 2006), 환경거버넌스와 갈등해결(Agrawal & Lemos, 2007; Emerson et al., 2009), 그리고 협력거버넌스(Ansell & Gash, 2008) 등이다. 이러한 개념적 틀의 비교에서 발견한 점은 예상된 중복과 변이가 나타났다는 점이다. 변이는 학자들이 연구하는 상이한 연구전통과 정책영역 및 변수로부터 초래되는 것이다. 그리고 여기서 마주치는 또 하나의 도전은 개념적 모형의 일반화의 부족이다. 이러한 변이에 불구하고 여러 연구의 개념적 모형은 통합틀을 설계할 때 범주와 변수들에 대한 가정을 세련화하는 데 도움을 주었다.

그림 2-4 Emerson, Nabatchi, & Balogh(2011, 2015)의 협력거버넌스모형

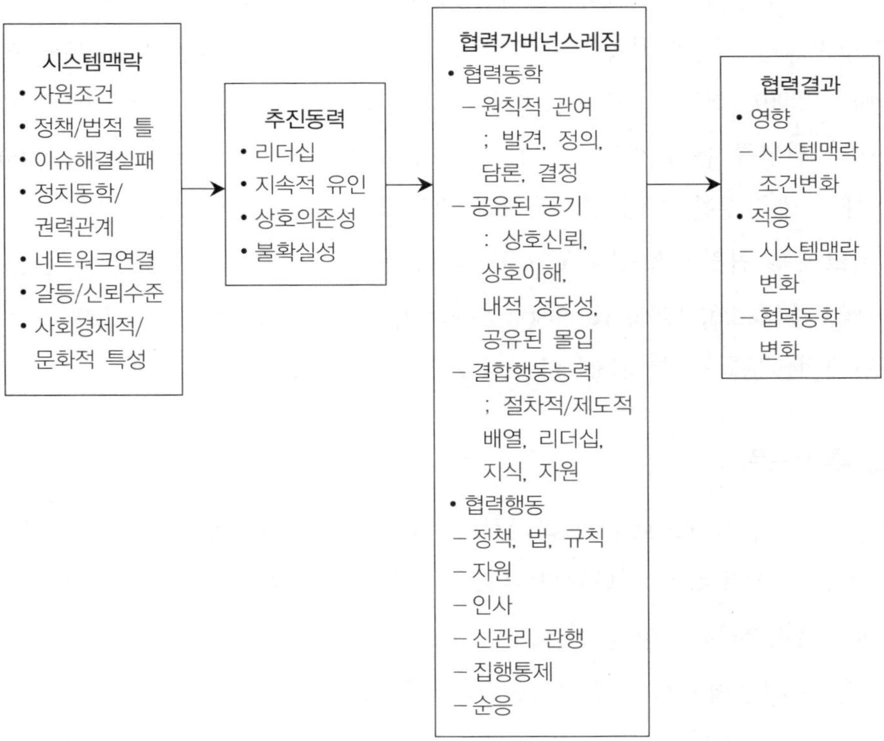

자료: Emerson, Nabatchi, & Balogh(2011: 7).

우리의 협력거버넌스의 통합틀은 지금까지 논의한 공공행정과 갈등관리 및 환경관리와 같은 여러 학문분야의 이론 및 개념과 경험적 연구에서 사용한 연구에서 개념적 틀을 결합하여 설계한 것으로, 크게 시스템맥락, 추진동력, 협력거버넌스레짐(협력 동학과 협력 행동), 및 협력결과의 네 가지 차원으로 구성되어 있다.

1) 시스템맥락

협력거버넌스는 정치적, 법적, 사회경제적, 환경적, 그리고 다른 영향력의 다층화된 맥락에서 발의되고 진화한다(Borrini-Feyerabend, 1996). 이러한 외부시스템맥락은 협력거버넌스레짐이 전개되는 매개변수들에 기회나 제약 요인으로 작용한다. 시스템맥락은 전반적인 협력거버넌스레짐을 형성할 뿐만 아니라 그 레짐 자체 또는 그것의 협력행동에 영향을 줄 수 있다.

연구자들은 시스템맥락의 주요한 요소로 개선이나 제약이 되는 자원조건들(Ostrom, 1990), 행정적, 규제적, 또는 관할적인 정책과 법적 틀(Bingham, 2008), 관습이나 권위를 통한 쟁점을 해결하는 데 사전실패(Bryson & Crosby, 2008), 공동체 내나 정부수준 간에 정치동학과 권력관계(Ansell & Gash, 2008), 현존하는 네트워크에서 연결성정도(Selin & Chavez, 1995), 인지된 이익들 간의 갈등수준과 신뢰수준(Radin, 1996; Thomson & Perry, 2006; Ansell & Gash, 2008), 그리고 사회경제적 · 문화적 특성(Sabatier et al., 2005) 등을 인식하여 왔다.

2) 추진동력

위의 시스템맥락으로부터 리더십, 지속적 유인, 상호의존성, 그리고 불확실성과 같은 추진동력이 나타난다. 이들 추진동력은 협력거버넌스레짐의 방향을 발의하고 설정하는 역할을 한다.

첫째, 추진동력으로서 리더십은 협력거버넌스레짐을 발의하고 자원과 지원을 할 수 있는 지위를 가진 지도자의 존재와 역할을 말한다. 지도자는 특정한 해결을 옹호하거나 참여자의 선호에 편향적인 것이 아니라 협력적인 문제해결에 헌신하여야 한다(Selin & Chavez, 1995; Bryson, Crosby, & Stone, 2006).

둘째, 추진동력으로서 지속적 유인은 협력적 행동을 위한 내적(문제, 자원요구, 이익 또는 기회) 또는 외적(상황적 또는 제도적 위기, 위협 또는 기회)인 편익 제공을 말한다. 유인에 대한 부재는 협력에 부정적인 영향을 가져올 수 있기 때문에 이러한 유인은 지속적이어야 한다(Selin & Chavez, 1995).

셋째, 추진동력으로서 상호의존성은 개인이나 조직이 그들 자신 혼자서는 어떤 일을 성취할 수 없을 때, 협력행동을 위하여 넓게 인식되는 조건이다(Gray, 1989; Thomson & Perry, 2006). 이러한 상호의존성은 부문실패(Bryson, Crosby, & Stone, 2006)나 참여 제약(Ansell & Gash, 2008)으로 언급되고 있다.

마지막 추진동력인 불확실성은 사악한 문제를 관리하기 위한 기본도전이다(Rittel & Webber, 1973; Koppenjan & Klijn, 2004). 내부적으로 해결할 수 없는 불확실성은 집단들이 위험을 감소시키거나 확산 또는 공유하기 위하여 협력을 추진할 필요가 있다. 사회문제를 관리하는 것에 대한 불확실성은 또한 상호의존성에 관련된다.

3) 협력거버넌스레짐

협력거버넌스레짐은 통합틀의 중심특성으로서, 경계를 넘는 협력이 태동하여 활동하는 공공의사결정의 특정한 모형이나 체계를 말한다. 이 레짐의 형태나 방향은 시스템맥락으로부터 출현하는 추진동력에 의하여 형성되는 것으로, 두 개의 차원 — 협력동학과 협력행동 — 으로 구성된다.

첫째, 협력동학(collaborative dynamics)은 협력과정에서 참여자들 사이의 상호작용을 말한다. 여러 학자는 협력과정을 문제 정의로부터 방향설정과 집행까지 시간흐름에 따라서 일어나는 선형적인 연속과정으로 기술한다(Gray, 1989; Selin & Chavez, 1995; Daniels & Walker, 2001). 이와 대조적으로, Thomson & Perry(2006)와 Ansell & Gash(2008)는 협력동학의 단계를 순환적 또는 반복적인 상호작용으로 인식한다. 여기서는 협력동학의 세 가지 상호작용하는 구성요소들 — 원칙적 관여, 공유된 동기, 그리고 결합행동능력 — 에 초점을 둔다.

원칙적 관여(principled engagement)는 참여자들 사이의 행태적 상호작용에 대한 규범적인 가정이다. 전형적으로 효과적인 관여는 모든 관련되고 중요한 이익들의 균형된 대표를 요구한다(Innes & Booher, 1999: 419). 균형된 대표는 문제해결모임에 참여자로서뿐 아니라 이슈에 관련되는 이념과 신념 및 시각에서 다양성을 나타내는 지표이다. 이러한 원칙적 관여과정은 참여자들 사이의 갈등을 확산시키려고 의도하는 것이 아니라 다양한 참여자들 사이에 차이점과 긴장을 노출시키려고 하는 것이다. 원칙적 관여의 구성요소는 Daniels & Walker (2003)의 협력적 학습단계로부터 가져왔고, 발견, 정의, 담론, 그리고 결정으로 구성되어 있다. 여기서 발견(discovery)은 참여자들이 그들의 이익과 관심 및 가치를 표출하거나 설명하는 것이고, 정의(definition)는 참여자들이 문제를 기술하고 토론하는 데 사용하는 개념이나 용어의 공유된 의미와 이해를 만드는 것이다. 그리고 담론(deliberation)은 그들이 문제해결을 위하여 솔직하고 합리적인 소통과 정보교환에 관여하는 것이다. 이것은 세밀한 이슈검증, 다른 시각의 경청 및 공익을 대표하는 것에 대한 공적 판단을 하는 것이다. 마지막으로 결정(determination)은 절차적 결정(의제형성, 토론테이블)과 실질적 결정(행동에 대한 동의나 최종 추천)을 포함하는 다수의 결합적인 산출을 만드는 것이다.

공유된 동기(shared motivation)는 원칙적 관여가 효과적이도록 참여자들이 협력과정에 지속적으로 참여하게 인도하는 것이다. 이러한 동기는 네 가지의 상호작용적 구성요소(신뢰, 상호이해, 내적 정당성, 몰입)의 자기 강화적이고 순환적인 진행이라고 할 수 있다. 공유된 동기 사이클의 첫째 요소는 신뢰의 발달이다. 신뢰(trust)는 사람들이 다른 사람들과 차이를 인정하는 것으로, 장기적 관계에서 필요로 하는 사회적 유대를 형성한다. 이러한 신뢰는 상호이해의 기반이 된다. 상호이해(mutual understanding)는 참여자들이 다른 사람의 지위와 이익을 이해하고 존경하는 것이다. 이러한 상호이해는 이른바 내적 정당성(internal legitimacy)으로 언급되는 개인 간의 타당성과 관계정당성을 가져온다. 정당성의 발달과 확신은 참여자들이 이전에 분리되어 있던 관할적, 조직적, 그리고 부문적 관계를 넘어 결합행동을 하도록 하는 몰입(commitment)의 토대가 된다.

결합행동능력(capacity for joint action)은 참여자들이 공통된 목적을 달성하기 위하여 공동으로 행동하는 것으로, 네 가지 구성요소(절차적/제도적 배열, 리더십, 지식, 그리고 자원)의 결합에 의하여 좌우된다. 여기서 절차적/제도적 배열은 시간흐름에서 반복된 상호작용을 관리하기 위하여 필요한 규약과 조직구조를 포함한다. 협력네트워크는 과업의 행정과 관리를 위하여 좀 더 명료한 규약과 구조가 요구된다(Milward & Provan, 2000, 2006). 협력적 노력을 지배하는 규약은 네트워크 상호작용의 공식규칙이나 상호성의 규범을 말한다(Thomson & Perry, 2006). 리더십이란 우리가 앞에서 제시한 바와 같이 외부 추진동력, 협력거버넌스 자체의 필수요소, 그리고 협력의 중요한 결과물일 수 있다. 더욱이, 협력거버넌스는 리더의 다양한 기회와 역할을 강조한다(Bryson, Crosby, & Stone, 2006). 리더의 역할은 후원자, 회의주재자, 촉진자/중재자, 조직구성원의 대표자, 기술자, 그리고 공공주창자 등으로 다양하다. 리더십은 협력의 출발이나 담론 및 갈등수준에서 중요한 역할을 할 수가 있다. 지식(knowledge)은 협력의 윤활유로써 공동으로 과업을 수행할 때 필요하다. 이러한 지식은 이해와 능력이 결합된 정보로서 참여자의 행동을 유도한다. 마지막으로, 자원(resources)은 돈, 시간, 기술적 지원, 행정적/조직적 도움, 전문성 등을 말한다. 이러한 자원들은 공통의 목표를 달성하기 위하여 필요한 수단이다. 협력의 이익은 희소한 자원을 공유하는 것이기 때문이다(Thomson & Perry, 2006).

둘째, 협력행동(collaborative action)은 협력거버넌스의 중심에 있지만 커다란 주목을 끌지 못하였고, 이것이 무엇인가에 대하여 구체화되어 있지 않은 상태이다(Thomas & Koontz, 2011). 이미 기술한 바와 같이, 협력행동은 선형과정의 주요한 결과로 볼 수 있고, 때로는 영향과 결합된다. 왜냐하면 과정과 결과는 동의형성과 협력거버넌스레짐에서 분리할 수 없고 함께 연결되어 있기 때문이다(Innes & Booher, 1999). 그러나 협력거버넌스레짐에서는 협력행동을 위한 새로운 메커니즘을 강조한다. 예컨대, 지지확보, 구성원이나 대중교육, 정책도구제정(새로운 법이나 규제), 외부지원 모음, 인력배치, 새로운 관리관행, 집행통제, 그리고 순응확보 등이다.

4) 협력결과

협력거버넌스의 작동결과는 영향과 적응을 포함한다. 협력거버넌스레짐으로부터 파생되는 영향(impact)은 산출, 효과, 그리고 결과에 대한 개념에서 혼란이 있기 때문에 조작화하는 데 어려움이 있다. Innes & Booher(1999)는 협력적 시도로부터 나타날 수 있는 직간접적인 영향을 제1차, 제2차, 그리고 제3차 효과로 분류하였다. 비슷하게, Lubell, Leach, & Sabatier(2009)는 제1차, 제2차, 그리고 제3차 산출로 분류하였다. 그러나 영향은 협력조직에 의하여 자극된 행동으로부터 결과한 것이다. 결과의 범위는 다양한데, 시스템맥락 조건의 변화나 협력거버넌스레짐의 형성을 촉진하는 조건에서 변화일 수 있다.

그리고 적응(adaptation)은 협력거버넌스레짐의 진화와 성과를 이해하기 위한 개념으로 중요성이 증가되고 있다. 적응은 집합적 행동의 결과 또는 영향에 대한 반응으로 전환적인 변화나 중요한 조정을 의미한다. 이것은 간접적으로 시스템맥락에서 변화의 결과로서 또는 직접적으로 새로운 행동과 변동의 영향으로 발생한다. Innes & Booher(1999)는 이러한 적응을 제3차 효과로 분류하고 있다. 이러한 적응은 환류기제와 같은 것이다.

생각해 보기

1. 협력거버넌스는 왜 등장하고 있는가?
2. 사악한 문제(wicked problems)란 무엇인가?
3. 협력거버넌스와 유사하게 사용되는 용어들을 나열하여 보라.
4. 정부와 거버넌스는 같은 개념인가?
5. 거버넌스의 의미변화를 설명하라.
6. 협력거버넌스의 개념을 정의하여 보라.
7. 협력이란 어떤 개념인가?
8. 여러 학자의 협력거버넌스모형 중 두 가지를 예를 들어 비교하여 보라.
9. Wood & Gray의 협력모형의 내용과 한계는?
10. Ansell & Gash의 협력거버넌스모형을 설명하여 보라.
11. Ansell & Gash의 모형과 Emerson & Nanatchi의 모형을 비교하여 보라.

참고문헌

남궁근(2017). 『정책학』. 서울: 법문사.

배응환(2001). 정책네트워크모형의 행정학연구에 적용탐색. 『한국행정연구』, 10(3): 258-298.

배응환(2003). 거버넌스의 실험: 네트워크조직의 이론과 실제. 『한국행정학보』, 37(3): 67-93.

배응환(2016). 협업행정의 실증분석: 님비사업 의사결정의 성공요인. 『한국행정연구』, 25(3): 1-37.

안성호 · 배응환(2004). 『지방거버넌스와 지방정책; 네트워크관점에서 본 지방정책사례』. 서울: 도서출판 다운샘.

정용덕(2001). 『현대국가의 행정학』. 서울: 법문사.

Agranoff, R. & McGuire, M. (1998). Multinetwork Management: Collaboration and the Hollow State in Local Economic Development. *Journal of Public Administration*

Research and Theory, 8(1): 67–91.

Agranoff, R. & McGuire, M. (2003). *Collaborative Public Management: New Strategies for Local Governments*. Washington, DC: Gorgetown University Press.

Agrawal, A. & Lemos, M. C. (2007). A Greener Revolution in the Making? Environmental Governance in the 21st Century. *Environment: Science and Policy for Sustainable Development*, 49(5): 36–45.

Alter, C. & Hage, J. (1993). *Organizations Working Together*. Newbury Park, CA: Sage.

Ansell, Chris & Gash, Alison (2007). Collaborative Governance in Theory and Practice. *Journal of Public Administration Research and Theory*, 18: 543–571.

Arino, A. & de la Torre, J. (1998). Learning from Failure: Towards an Evolutionary Model of Collaborative Ventures. *Organization Science*, 9(3): 306–325.

Axelrod, Robert (1984). *The Evolution of Cooperation*. New York: Basic Books.

Bardach, Eugene (1998). *Getting Agencies to Work Together: The Practice and Theory of Managerial Craftsmanship*. Washington, DC: Brookings Institution Press.

Bentley, Arthur (1949). *The Process of Government*. Evanston, IL: Principia Press.

Bentrup, Gray (2001). Evaluation of a Collaborative Model: A Casev Study Analysis of Watershed Planning in the Intermountain West. *Environmental Management*, 27(5): 739–748.

Bingham, Lisa Blomgren (2008). Legal Frameworks for Collaboration in Governance and Public Management. In L. B. Bingham & R. O'Leary(ed.), *Big Ideas in Collaborative Public Management*. Armonk: M. E. Sharpe.

Blatner, K., Carroll, M., Daniels, S., & Walker, G. (2001). Evaluating the Application of Collaborative Learning to the Wenatchee Fire Recovery Planning Effort. *Environmental Impact Assessment Review*, 21: 221–236.

Bogason, P. & Musso, J. A. (2005). The Democratic Prospects of Network Governance. *American Review of Public Administration*, 36(1): 3–18.

Brown, A. J. (2002). Collaborative Governance Versus Constitutional Politics: Decision Rules for Sustainability from Australia's South East Queensland Forest Agreement. *Environmental Science and Policy*, 5: 19–32.

Bryson, J. M., Crosby, B. C., & Stone, M. M. (2006). The Design and Implementation of Cross–Sector Collaborations: Propositions from the Literature. *Public Admin-*

istration Review, 26 Special Issue: 44－55.

Buanes, A. Jentoft, S., Karlsen, R., Maurstad, A., & Soreng, S. (2004). In Whose Interest? An Exploratory Analysis of Stakeholders in Norwegian Coastal Zone Planning. *Ocean & Coastal Management*, 47: 207－223.

Burger, J., Gochfeld, W., Powers, C. W., Waishwell, L., & Goldstein, B. D. (2001). Science, Policy, Stakeholders and Fish Consumption Advisories: Developing a Fish Fact Sheet for Savannah River. *Environmental Management*, 27: 501－514.

Chen, Bin & Graddy, E. A. (2005). Interorganizational Collaborations for Public Service Delivery: A Framework of Preconditions, Processes, and Perceived Outcomes. *Paper Presented at the 2005 ARNOVA Conference*, November 17－19, Wachington, DC.

Chrislip, David & Larson, Carl E. (1994). *Collaborative Leadership: How Citizens and Civic Leaders Can Make a Difference*. San Francisco, CA: Jossey－Bass.

Cleveland, Harlan (1972). *The Future Executive: A Guide for Tomorrow's Managers*. New York: Harper & Row.

Cooper, T. L., Bryer, T. A., & Meek, J. W. (2006). Citizen－Centered Collaborative Public Management. *PAR*, s1: 76－88.

Crosby, Barbara C. & Bryson, John M. (2005). *Leadership for the Common Good: Tackling Public Problems in a Shared Power World*. San Franscisco: Jossey－Bass.

Daniels, Steven E. & Walker, Gregg (2001). *Working through Environmental Conflict: The Collaborative Approach*. Washington, DC: Prager.

Dawes, R. N. (1973). The Commons Dilemma Game: An N－person Mixed－Motive Game with a Dominating Strategy for Defection. *ORI Research Bulletin*, 13: 1－12.

deLeon, Peter & Varda, Danielle M. (2009). Toward a Theory of Collaborative Policy Networks: Identifying Structural Tendencies. *Policy Studies Journal*, 37(1): 59－74.

Ebrahim, A. (2001). Institutional Preconditions to Collaboration: Indian Forest and Irrigation Policy in Historical Perspective. *Administration & Society*, 36: 208－242.

Echeverria, J. D. (2001). No success like Failure: The Platte River Collaborative Watershed Planning Process. *William and Mary Environmental Law and Policy Review*, 25: 559.

Edelembos, J. & Klijn, E－H. (2006). Managing Stakeholder Involvement in Decision Making: Analysis of Six Interactive Processes in the Netherlands. *Journal of Public Administration Research and Theory*, 16(3): 417－440.

Elazar, Daniel J. (1962). *The American Partnership: Intergovernmental Cooperation in the Nineteenth Century United States*. Chicago: University of Chicago Press.

Elazar, Daniel J. (1984). *American Federalism: A View from the States*. New York: Harper & Row.

Emerson, Kirk & Nabatchi, Tina (2015). *Collaborative Governance Regimes*. Washington, DC: Georgetown University Press.

Emerson, Kirk, Nabatchi, Tina, & Balogh, Steve (2011). An Integrative Framework for Collaborative Governance. *Journal of Public Administration Research and Theory*, 22: 1－29.

Emerson, K., Orr, P. J., Keyes, D. L., & McKnight, K. M. (2009). Environmental Conflict Resolution: Evaluating Performance and Contributing Factors. *Conflict Resolution Quarterly*, 27(10: 27－64

Emery, F. & Trist, E. (1965). The Causal Texture of Organizational Environments. *Human Relations*, 18: 21－32.

Finer, Samuel E. (1970). *Comparative Government*. London: Allen Lane, Penguin.

Frederickson, H. George (1991). Toward a Theory of the Public for Public Administration. *Administration & Society*, 22(4): 395－417.

Frederickson, H. George (1999). The Repositioning of American Public Administration. *Political Science and Politics*, 32(4): 701－712.

Fukuyama, Francis (2014). *Political Order and Political Decay: From the Industrial Revolution to the Globalization of Democracy*. New York: Farrar, Straus & Giroux.

Fung, Archon & Wright, Erik O. (2001). *Deepening Democracy: Institutional Innovations in Empowered Participatory Governance*. New York: Verso.

Futrell, R. (2003). Technical Adversarialism and Participatory Collaboration in the U.S. Chemical Weapons Disposal Program. *Science, Technology and Human Values*,

28(4): 451-482.

Goldberg, Stphen B., Sanders, F. E. A., & Rogers, N. C.(eds.). *Dispute Resolution, Negotiation, Mediation and Other Process*. New York: Aspen Law and Business.

Goldsmith, Stephen & Eggers, Willam D. (2004). *Governing by Network; The New Shape of the Public Sector*. Washington, DC: Brookings Institution Press: 이명석 · 오수길 · 배재현 · 양세진 역(2014). 『공공부문의 새로운 모습: 네트워크정부』, 28-30. 서울: 도서출한 한울.

Gray, Barbara (1989). *Collaborating: Finding Common Ground for Multi-Party Problems*. San Francisco, CA: Jossey-Bass.

Gray, Barbara (2000). Assessing Inter-Organizational Collaboration: Multiple Conceptions and Multiple Methods. In David. Faulker and Mark de Bond(ed.), *Cooperative Strategy; Economic, Business, and Organizational Issues*. New York. Oxford University Press.

Human, S. E. & Provan, K. (1997). An Emergent Theory of Structure and Outcomes in Small-Firm Strategic Manufacturing Networks. *Academy Of Management Journal*, 45(2): 327-365.

Huxham, Chris (2000). The Challenge of Collaborative Governance. *Public Management*, 2(3): 337-357.

Huxham, Chris (2003). Theorizing Collaborative Practice. *Public Management Review*, 593: 401-423.

Huxham, Chris & Vangen, Siv (2001). Leadership in the Shaping and Implementation of Collaboration Agendas: How Things Happen in a Joined Up World. *Academy of Management Journal*, 43: 1159-75.

Huxham, Chris & Vangen, Siv (2005). *Managing to Collaborative: The Theory and Practice of Collaborative Advantage*. New York: Routledge.

Imperial, Mark (2005). Using Collaboration as a Governance Strategy: Lessons from Six Watershed Management Programs. *Administration & Society*, 37: 281-320.

Innes, J. E. & Booher, D. E. (1999). Consensus Building and Complex Adaptive and Systems: A Framework Evaluating Collaborative Planning. *Journal of the American Planning Association*, 65(4): 412-423.

Jun, Jong S.(ed.) (2002). *Rethinking Administrative Theory: The Challenge of the New*

Century. Westport, CT: Prager.

Kamensky, John M. & Burlin, Thomas J. (2004). *Collaboration: Using Networks and Partnerships*. Lanham, MD: Rowman and Littlefield.

Kettl, Donald F. (2002). *The Transformation of Governance; Public Administration Twenty-First Century America*. Baltimore and London: The Johns Hopkins University Press.

Kettl, Donald F. (2006). Managing Boundaries in American Administration: The Collaborative Imperative. *PAR*, s1: 10-19.

Kier, Anne Metle (2004). *Governance*. Cambridge: Polity Press.

Koppenjan, Joop. & Klijn, Erik-Hans. (2004). *Managing Uncertainty in Networks; A Network Approach to Problem Solving and Decision Making*. New York: Routledge.

Kraft, M. & Johnson, B. N. (1999). Clean Water and the Promise of Collaborative Decision Making: The Case of the Fox-Wolf Basin in Wisconsin, in D. Mazmanian & M. Kraft(ed.), *Toward Sustainable Communities: Transition and Transformations in Environmental Policy*. Boston, MA: MIT Press.

Lasker, R. D. & Weiss, E. S. (2001). Partenrship Synergy: A Practical Framework for Studying and Strengthening the Collaborative Advantage. *The Milbank Quarterly*, 79(2): 179-205.

Leach, William. D. (2006). Collaborative Public Management and Democracy: Evidence from Western Watershed Partnerships. *PAR*, s1: 100-110.

Leach, W. D., Pelkey, N. W., & Sabatier, P. A. (2002). Stakeholder Partnerships as Collaborative Policy Making: Evaluation Criteria Applied to Watershed Management in California and Washington. *Journal of Policy Analysis and Management*, 21(4): 645-671.

Levine, S. & White, P. E. (1961). Exchange as a Conceptual Framework for the Study of Interorganizational Relationships. *Administrative Science Quarterly*, 5(4): 581-601.

Light, Paul (2002). *The True Size of Government*. Washington, DC: Brookings Institution Press.

Logsdon, J. (1991). Interests and Interdependence in the Formation of Social Problem-Solving Collaborations. *Journal of Applied Behavioral Science*, 27(1): 23-37.

Magerum, Richard D. (2002). Collaborative Planning: Building Consensus and Building a Distinct Model for Practice. *Journal of Planning Education and Research*, 21: 237–253.

Margerum, Rrichard D. (2011). *Beyond Consensus: Improving Collaborative Planning and Management*. Cambridge, MA: MIT Press.

McGuire, M. (2006). Collaborative Public Management: Assessing What We Know and How We Know It. *PAR*, s1: 33–43.

Meuleman, L. (2010). The Cultural Dimension of Metagovernance: Why Governance Doctrines May Fail?. *Public Organization Review*, 10(1): 49–70.

Milward, H. B. & Provan, K. G. (2000). How Networks Are Governed, in C. J. Heinrich & L. E. Lynn Jr. (ed.), *Governance and Performance; New Perspectives*. Washington, DC: Georgetown University Press.

Nabatchi, Tina (2010). Addressing the Citizenship and Democratic Deficits: Exploring the Potential of Deliberative Democracy for the Public Administration. *American Review of Public Administration*, 40(4): 376–399.

Nelson, L. & Weschler, L. (1998). Institutional Readiness for Integrated Watershed Management: The Case of the Maumee River. *Social Science Journal*, 35: 565–576.

O'Leary, R. & Bingham, L. B. (2003). *The Promise and Performance of Environmental Conflict Resolution*, Washington, DC: Resources for the Future.

O'Leary, R., Gerard, C., & Binham, L. B. (2006). Introduction to the Symposium of Collaborative Public Management. *PAR*, 66, s1: 6–9.

O'Toole, Laurence Jr. (1997). Implementing Public Innovations in Network Settings. *Administration and Society*, 29(2): 115–138.

Oliver, C. (1990). Determinants of Interorganizational Relationships; Integration and Future Directions. *Academy of Management Review*, 15(2): 241–265.

Olsen, Mancur (1965). *The Logic of Collective Action: Public Goods and the Theory of Groups*. Cambridge, MA: Harvard University Press.

Ostrom, Elinor (1990). *Governing the Commons: The Evolution of Institutions for Collective Action*. Cambridge: Cambridge University Press.

Page, Stephen (2004). Measuring Accountability for Results in Interagency Collaborations. *Public Administration Review*, 64(5): 591－606.

Peters, B. Guy & Pierre, J. (1998). Government without Government? Rethinking Public Administration. *J－PART*, 8(2): 223－243.

Pfeffer, Jeffrey & Salancik, Gerald R. (1978). *The External Control of Organizations; A Resource Dependence Perspective*. New York: Harper & Row.

Pierre, Jon (2000). Introduction: Understanding Governance. In Jon, Pierre(ed.), *Debating Governance*. Oxford: Oxford University Press.

Pressman, Jeffrey L. & Wildavsky, Aaron B. (1973). *Implementation*, Berkeley, CA: University of California Press.

Radin, Beryl A. (1996). Managing across Boundaries. In D. F. Kettl & H. B. Milward, *The State of Public Management*. Baltimore: Johns－Hopkins University Press.

Radin, Beryl A., Agranoff, Robert., Ann O'M, Bowman, C., Bunz, C.G., Ott, S., Romzek, B. S., & Wilson, Robert, H. (1996). *New Governance for Rural America: Creating Intergovernmental Partnerships*. Lawrence: University Press of Kansas.

Raffia, Howard (1982). *The Art and Science of Negotiation*. Cambridge, MA: Harvard University Press.

Reilly, Thom (2001). Collaboration in Action: An Uncertain Process. *Administration in Social Work*, 25(1): 53－73.

Rhodes, R. A. W. (1997). *Understanding Governance; Policy Networks, Governance, Reflexivity and Accountability*. Buckingham: Open University Press.

Ring, P. S. & Van de Ven, A. H. (1994). Development Processes of Cooperative Interorganizational Relationships. *Academy of Management Review*, 19(1): 90－118.

Rittel, H. & Webber, M. (1973). Dilemmas in a General Theory of Planning. *Policy Science*, 4(2): 155－169.

Roussos, S. T. & Fawcett, S. B. (2000). A Review of Collaborative Partnerships as a Strategy for Improving Community Health. *Annual Review of Public Health*, 21(1): 369－402.

Ryan, C. (2001). Leadership for Collaborative Policy Making; An Analysis of Agency Roles in Regulatory Negotiations. *Policy Sciences*, 34: 221－245.

Sagawa, Shirley & Segal, Eli (2000). *Common Interest, Common Good: Creating Value through Business and Social Sector Partnerships*. Boston: Harvard Business School Press.

Salamon, L. M. (1995). *Partners in Public Service: Government–Nonprofit Relations in the Modern Welfare State*. Baltimore: Johns Hopkins University Press.

Schucakman, M. (2001). Making Hard Choices: A Collaborative Governance Model for the Biodiversity Context. *Washington University Law Quarterly*, 79: 343.

Sharfman, M. P., Gray, B., & Yan, A. (1991). The Context of Interorganizational Collaboration in the Garment Industry: An Instituitonal Perspective. *Journal of Applied Behavioral Science*, 27(2): 181–208.

Sirianni, Carman (2009). *Investing in Democracy: Engaging Citizens in Collaborative Governance*. Washington, DC: Brookings Institution Press.

Stoker, G. (2006). Public Value Management: A New Narrative for Networked Governance. *American Review of Public Administration*, 36: 41–56.

Susskind, L. & Cruikshank, J. (1987). *Breaking the Impasse: Consensual Approaches to Resolving Public Disputes*. New York: Basic Books.

Susskind, L., McKearnan, S., & Thomas–Larmer, J. (eds.)(1999). *The Consensus–Building Hasdbook: A Comprehensive Guide to Reaching Agreement*. Thousand Oaks, CA: Sage Books.

Tett, L., Crowther, J. & O'Hara, P. (2003). Collaborative Partnerships in Community Education, *Journal of Education Policy*, 18: 37–51.

Thomson, A. M. & Perry, J. L. (2006). Collaboration Processes; Inside the Black Box. *PAR*, s1: 20–32.

Thomson, A. R. (2001). *Collaboration: Meaning and Measurement*. Ph. D. diss. Indiana University - Bloomington.

Trist, E. (1983). Referent Organizations and the Development of Inter–Organizational Domains. *Human Relations*, 36(3): 269–284.

Vangen, S. & Huxham, C. (2003). Enacting Leadership for Collaborative Advantage: Dilemmas of Ideology and Pragmatism in the Activities of Partnership Managers. *British Journal of Management*, 14: 61–76.

Waddock, S. (1986). Public–Private Partnership as Social Product and Process. *Research in Corporate Social Performance and Policy*, 8: 273–300.

Warner, J. F. (2006). More Sustainable Participation? Multi-stakeholder Platforms for Integrated Catchment Management. *Water Resources Development*, 22(1): 15-35.

Wright, Deil S. (1988). *Understanding Intergovernmental Relations*. Belmont, CA: Duxbury Press.

Yaffee, S. L. & Wondolleck, J. (2003). Collaborative Ecosystem Planning Processes in the United States: Evolution and Challenges. *Environments*, 31(2): 59-72.

제 3 장

협력거버넌스의 실제: 지역정책 사례연구

제1절 님비사업 성공사례: 청주시 화장장 건립사례[1)]

1. 서론

2010년 7월 23일 동아일보에 "All or Nothing이 문제다"라는 주제로 다음과 같은 갈등 관련 기사가 실려 있다.

> "갈등은 언제 어느 사회나 존재한다. 갈등을 피할 수는 없지만 어떻게 접근하느냐에 따라 결과는 천양지차다. 극단적 파국으로 끝나기도 하지만 상생의 계기가 된 경우도 있다. 안타깝게도 부안방사성폐기물처분장사태, 용산철거민사태 등에서 보듯이 아직까지 한국사회에서는 갈등을 상생으로 변화시킨 사례는 많지 않다. 갈등 완화를 위한 사회적 시스템도 미흡하다. 무엇보다 의식 자체가 부족했다. 하지만 최근 사회갈등이 심화되면서 이 문제에 적극적으로 지혜롭게 접근하려는 움직임도 나타난다."

이러한 기사는 우리나라에서 산업화를 토대로 민주화와 지방화가 진행되면서 나타나는 사회현상을 기술하는 동시에 국가나 지방정부는 어떻게 문제를 해결할 것인가에 대한 화두를 제시하는 것이다.

1990년 이후 지방자치가 부활되어 실시를 하여 오는 과정에서 지방정부 간, 지방정부와 지역주민 간, 지방정부와 지역시민단체 사이에 사업을 둘러싸고 무수한 갈등이 발생하여 왔다. 민선 이후 2005년까지 정부간 갈등발생현황을 보

---

1) 이 정책사례는 『한국행정연구』 제25권 3호(2016년)에 실린 배봉준(구명: 배응환)의 "협업행정의 실증분석: 님비사업 의사결정의 성공요인"에 관한 논문임.

면, 총 139건으로 평균 15.8건으로 나타나고 있고, 분쟁주체별로는 광역지방정부 간 72건, 기초지방정부 간 60건, 광역과 기초지방정부 간 7건 순이다. 갈등유형별로는 폐기물처리시설이나 납골시설 등 비선호시설이 45건(32.3%), 지역개발이 31건(22.3%), 일반행정(경계조정 포함)이 29건(20.8%) 순으로 나타났다(행정자치부, 2007).

이 연구 대상인 청주장사시설사업 의사결정사례도 기초지방정부에서 시와 지역주민 간에 님비시설입지를 둘러싸고 발생한 대표적인 갈등사례이다. 폐기물처리시설이나 쓰레기매립장 및 화장장이나 납골시설 등과 같은 님비시설은 입지지역에 살고 있는 지역주민들에게는 경제적·환경적·정신적 측면 등에서 들어오지 말아야 할 혐오시설로 인식되어 왔다. 그러나 그 지역을 통치하는 지방정부 입장에서는 반드시 필요한 공공재나 준공공재라고 할 수도 있으므로 시설을 특정 지역에 입지시켜야 하는 결정상황에 처하게 된다. 의사결정상황에서 시는 주민의 이해관계를 무시할 것인가 아니면 주민의 이해관계를 수용할 것인가를 고려하여야 한다. 여기서 정책결과를 도출하는 과정에서 이해관계자들을 어떻게 협력으로 이끌 것인가 하는 문제가 제기된다.

정부3.0에서 강조하는 바와 같이, 중앙정부 차원의 문제해결과정에서 칸막이 없애기와 같은 부처 간 장벽을 허물어야 한다고 강조하지만 협력이 제대로 되지 않고 있고, 지방정부에서도 같은 현상이 반복되고 있다. 민선지방자치가 실시된 이후 2007년까지 지방정부 간 협력현황을 보면, 광역지방정부 간 협력이 187건, 기초지방정부 간 협력이 82건으로 동종지방정부 간 협력이 92.5%를 차지하였고, 협력유형별로는 전체 협력사업 281건 중 행정기능과 지역개발이 71.9%이고, 갈등의 주요대상이 되는 환경관련사업에서는 협력이 매우 낮게 나타나고 있다(한국지방행정연구원, 2008). 행정안전부에서는 지방정부 차원의 협력을 유도하기 위하여 『상생협력·갈등관리우수사례집』(2008)을 발간하였고, 행정자치부는 『칸막이 없는 유능한 정부 구현을 위한 협업행정매뉴얼』(2014)을 발간하였지만, 중앙정부나 지방정부에서는 사업을 결정하고 집행하는 과정에서 갈등이 지속되는 경우가 나타나고 있다.

따라서 박근혜정부에서 강조하는 협업행정이 실제로 어떻게 진행되고 있는가를 연구하는 것은 매우 중요하다고 본다. 이의 연구는 분석대상사례에 관련되는 다양한 행위자들에 대한 설문조사를 통한 협력에 대한 인식조사도 가능하지만, 실제 현실에서 결정이나 집행되는 사업에 대한 사례연구를 통하여 할 수도 있다. 이 논문은 사례연구방법으로 외국의 협력거버넌스모형이 한국의 정책사례에 적실한가를 검증하는 이론확증적 사례연구[2)]를 시도한다.

이를 통하여 이 연구는 협업행정의 이론으로 협력거버넌스모형을 님비사업 의사결정과정 사례에 적용하여 협력의 성공요인을 도출하는 데 연구목적을 두고 있다.

2. 협업행정의 이론적 논의: 선행연구 검토와 협력거버넌스모형

1) 협업행정의 선행연구 검토

오늘날 행정학의 패러다임은 '정부(government)'에서 '거버넌스(governance)'로 이동하고 있다. 1980년대 이후 논의된 거버넌스이론은 기존의 정부관료제의 한계를 배경으로 등장한 신공공관리론이었다. 신공공관리론적 정부혁신은 개별기관의 성과와 기관 간 경쟁을 강조함으로써 행위자 간의 협력을 어렵게 하는 한계가 있었다(Peters, 2006: 115-122). 그러나 행정이 수행하여야 할 사회문제나 서비스는 서로 연결되어 있어 행위자 간의 경계를 초월하는 협력이 요구되고 있다. 이러한 맥락에서 신공공공리론적 혁신을 추구하였던 선진국에서는 협력거버넌스에 대한 논의가 이루어져 왔다. 이를테면 영국의 연결형 정부나 캐나다의 수평적 관리 및 미국의 협력적 공공관리가 그것들이다(행정안전부, 2012: 49-52; 박천오, 2013: 160). 우리나라도 여러 조직 간의 연결을 통한 문제해결을 위하여 협업행정의 논의가 이루어져 왔다. 특히 박근혜정부에서는 정부3.0[3)]을

2) 이론확증적 사례연구는 Lijphart(1971)가 사례연구유형을 이론화 정도에 따라 범주화한 것 중의 하나로, 이미 정립된 일반이론의 범위 내에서 개별사례를 분석하는 것으로 일반이론을 검증하는 작업이다(남궁근, 2011: 400-402).

제시하고 이를 실현하는 방법으로 협업행정을 강조하고 있다. 이러한 협업행정은 문제해결영역을 다루는 조직관리나 정책분석에서 논의되고 있다.

이와 같이 외국이나 국내에서 실무적으로 협업(또는 협력)행정의 필요성이 증가하고 있는 상황에서, 외국학자들은 2000년대 이후 협업행정(collaborative administration)에 대한 논의와 연구를 증가시켜 왔는데, 개별사례연구들도 존재하지만 다양한 사례연구들에 대한 메타분석을 토대로 일반화된 협력거버넌스모형을 제시하는 경우까지 발전하고 있다. 이를테면 Innes & Booher(2003), Bryson, Crosby, & Stone의 모형(2006), Ansell & Gash의 모형(2007), Emerson, Nabatchi, & Balogh의 모형(2011) 등이 그것이다.

한편, 국내 행정학에서 협업행정과 관련된 연구로는 협력거버넌스 학자들이 논의하는 협력거버넌스모형을 전제로 하지 않는 연구(배응환, 2005; 하미승 외, 2007; 이명석 외, 2009; 박형준 외, 2009; 정문기 외, 2009; 김흥희, 2011; 유낙근 외, 2012)와 그것을 전제로 한 연구들(조만형 외, 2009; 배응환, 2010; 김이수, 2011; 오철호 외, 2012; 최문형 외, 2015)이 서서히 나타나고 있다(<표 3-1>).

표 3-1 국내의 협업행정(협력거버넌스)에 대한 선행연구현황

연구자	연구대상	연구방법	연구내용	분석모형
배응환 (2005)	환경기초시설	사례연구	갈등을 협력으로 해결하는 과정	로컬거버넌스이론
하미승 · 전영상 (2007)	중앙정부와 지방정부의 공무원	설문지	협력거버넌스에 대한 공무원태도의 결정요인	공무원태도결정의 선행이론
이명석 · 배재현 · 양세진(2009)	사회적기업	사례연구	협력거버넌스에서 정부역할관리	협력거버넌스의 설계와 관리
조만형 · 김이수 (2009)	환경기초시설	사례연구	협력거버넌스 구축	Ansell & Gash의 모형 수정
박형준 · 이인원 (2009)	지역개발정책	이론연구	지역개발정책수단으로서 협력거버넌스모형형성	게임이론

3) 정부3.0은 공공정보를 적극적으로 개방하여 국민과 공유하고 부처 간 칸막이를 없애고 협력하는 새로운 정부운영 패러다임이다(행정자치부, 2014: 2-3).

정문기 (2009)	지역개발정책	설문지	지역 내 협력의 양상과 협력요인 탐색	거래비용이론 제도적 집단행동이론
배응환 (2010)	광역경제권 정책	사례연구	광역경제권 설계의 전제로서 협력거버넌스의 결정과정	Ansell & Gash의 모형 수정
김이수 (2011)	지역공동체 비즈니스정책	사례연구	공동체비즈니스 관련 정책의 결정과 집행과정	Ansell & Gash의 모형 적용
김흥희 (2011)	위험안전정책	사례연구	경주방폐장 결정과정	여러 협력거버넌스이론의 통합
유낙근 · 이원섭 (2012)	낙동강물관리	사례연구	갈등해소를 위한 협력거버넌스 탐색	갈등 원인과 대응과정분석, 협력거버넌스방안 모색
오철호 · 고숙희 (2012)	출소예정자의 취업창업지원 정책	사례연구	협력거버넌스의 구축과 운영	Ansell & Gash의 모형 수정
최문형 · 김인제 · 정문기(2015)	주거환경사업	사례연구	협력거버넌스의 운영	Ansell & Gash의 모형 적용

이상의 국내연구들은 연구대상에서 환경정책이나 지역개발정책 및 위험안전정책 등의 여러 정책영역에서 정책결정이나 집행을 분석하고 있는데, 설문조사보다는 사례연구방법을 대부분 사용하고 있고, 사례에 적용할 이론으로 Ansell & Gash의 모형과 같은 외국에서 개발한 협력거버넌스모형을 활용하는 경우와 활용하지 않는 경우로 나뉘고 있다. 그리고 연구내용은 협력거버넌스의 구축이나 운영에 초점을 두고 협력거버넌스모형의 검증이나 협력거버넌스모형을 적용한 사례연구에서 발견되는 협력의 성공요인이나 실패요인의 도출은 부족한 실정이다. 또한 모든 연구는 박근혜정부에서 강조하는 협업행정에 유사한 연구들이지만 협업행정과 협력거버넌스의 개념적 관계에 대한 논의를 하고 있지 않은 상태이다.

이러한 선행연구와 차별화하여 이 연구는 협업행정과 협력거버넌스에 대한 이론적 논의를 토대로 외국에서 다양한 사례연구들을 종합분석하여 만들어진 협력거버넌스모형을 님비사업 의사결정사례에 적용하여, 외국이론이 국내정책사례에 적합한가를 검증하고 갈등이 지속되어온 사업을 어떻게 협력으로 유도하였는가 하는 성공요인을 탐색하는 데 초점을 두고 있다.

2) 협업행정의 이론: 협력거버넌스모형

(1) 협력거버넌스모형의 의의

그러면 님비사업 입지문제를 둘러싼 정책갈등사례는 어떠한 이론 또는 모형으로 연구할 것인가가 논의되어야 한다. 박근혜정부에서 사용하고 있는 협업행정은 collaborative public administration을 의미하고, 외국에서 협업행정으로 논의하는 collaborative governance는 협력거버넌스로 번역하고 있다. 그러면 협업행정은 협력거버넌스와 같은 개념인가가 논의대상이다.

박근혜정부 초기 정부3.0의 유능한 정부추진전략으로 도입하여 사용하고 있는 협업행정은 개념에 대한 학문적 공감대가 형성되어 있지 않았고, 정부도 구체적인 개념 정의를 하지 않았다(이명석, 2013: 9). 안전행정부(2013: 399-410)의 학술대회 발표논문에 따르면, 협업행정은 기존부처 단위의 칸막이구조로 해결하기 어려운 복합적 문제, 즉 부처 간 권한다툼이나 이해관계가 존재하는 사업을 정부부처 간의 협력을 통하여 해결하는 것으로 유추해 볼 수 있다. 또한 한국행정연구원(2013: 4)의 연구보고서는 행정협업을 다수의 부처가 공통의 목표를 달성하거나 공동의 문제를 해결하기 위한 집합적 역할수행방법으로 정의하였다.

그러나 박근혜정부의 정부3.0에서 협업행정의 실무 필요성이 인정됨에 따라 행정학자들의 협업행정에 대한 관심과 연구가 증가하고 있다. 행정자치부(2014: 5-11)의 협업행정 매뉴얼에 따르면, 협업행정의 필요성으로 복잡한 행정환경하에서 사회문제가 복잡해짐에 따라 다수기관, 즉 정부 내부의 행정기관 간과 정부와 민관 간의 경계를 넘는 협업을 통한 문제해결을 들고 있다, 그리고 협업행정은 다수기관이 관련된 복잡한 정책문제해결을 위하여 기관 간 협력을 통하여 중요한 정책이나 국가적 목표를 달성하는 업무처리방식 또는 수요자 관점에서 행정기관 간, 민과 관 사이에 협력을 통하여 시설과 정보 등을 공유하고 기능을 연계하여 새로운 가치를 창출하는 창조적 업무처리방식으로 정의하였다.

한편, 행정학자들의 연구를 보면, 협업행정을 협력거버넌스와 유사한 개념으로 인식하고 개념 정의를 하고 있다. 오철호(2013: 32-33)는 협업(collaboration)을 신공공관리론적 개혁의 한계를 해결하고자 후기신공공관리(예: 협업, 협력 등으로 표현)의 일환으로 등장한 것으로 보고, 자율적인 행위자 또는 조직들 사이의 상호작용을 통하여 기존의 인위적인 조직 간 경계와 정책영역을 초월하여 새로운 공공가치를 창조하는 의도적인 행위로 이해한다. 협업행정(collaborative public administration)은 다양한 유형의 사악한 문제를 해결하기 위하여 중앙정부 외에 지방자치단체는 물론이고 민간부문을 포함하는 조직 간 협업으로 정의한다. 이와 유사하게 김윤권(2015: 61)에 따르면, 정부3.0의 일하는 방식이 협업적 접근이라고 하면서, 협업을 다수의 행위자가 공동의 목적을 달성하기 위하여 자원과 노력을 투입하여 시너지 효과를 얻기 위한 집합적 행위로 보고, 협업행정이란 다수 행위자(조직, 부서, 부처, 부문)가 공공의 공통목적을 달성하기 위하여 행정자원이나 정책수단을 활용하여 시너지 결과를 추구하는 집합적 행위로 정의한다.

또한 이명석(2013: 5; 9-10)은 협업과 유사한 개념으로 협력거버넌스(collaborative governance)가 있다고 하면서, 협업행정을 협력거버넌스를 통하여 정의하고 있다. 협력거버넌스 개념을 통하여 정의된 협업행정은 초기 국내연구에 의하여 강조된 정부 간의 협업뿐 아니라 Ansell & Gash에 의하여 정의된 정부와 민간부문 간의 협업까지 포함되는 것으로, 다양한 유형의 사악한 문제를 해결하기 위하여 정부부처 간, 정부와 지방정부 간 및 정부와 민간부문 간의 상호작용을 통하여 새로운 공공가치를 창조하는 것으로 정의한다.

이상의 국내의 정부와 학자들의 협업행정 논의를 종합하면, 협업행정은 조직관리나 담론적 정책분석영역에 속하는 것으로서, 처음에 중앙부처 간의 협업에서 범위를 확대하여 중앙정부와 지방정부 간 협업뿐 아니라 (중앙과 지방)정부와 민간부문 간의 협업까지 포함시키고 있다. 궁극적으로 협업행정은 외국에서 협업행정으로 논의되어 온 협력거버넌스를 지향하고 있다고 볼 수 있다. 따라서 협업행정 개념은 외국에서 논의되고 국내 실증연구에 적용되어 온 협력거버넌스모형을 의미한다고 볼 수 있다.

거버넌스[4)]에 대한 논의로는 신공공관리론과 정책네트워크모형 등 여러 가지가 존재하지만, 이 연구대상을 분석하는 데 적합한 이론으로는 외국과 국내의 선행연구에서 개발하여 적용하고 있는 협력거버넌스모형이 있다. 협력거버넌스모형(collaborative governance model)은 환경에서 발생하는 사회문제를 해결하는 데 관련되는 행위자들의 공동행동을 분석하는 이론이라고 할 수 있다. 우리 주위에서 발생하는 중요한 사회문제들은 조직 간 영역에 위치하여 어떤 단일조직 혼자만으로는 해결할 수 없고(Trist, 1983), 여러 이해관계자의 협력이 필요한 상황으로 유도하고 있다. 이처럼 여러 이해관계자 간의 공동활동과 관련되어 나타난 이론이 협력거버넌스라고 할 수 있다(배응환, 2010: 206).

협력거버넌스에 대한 여러 연구는 이 개념을 공공정책의 문제해결이나 공공관리 차원에서 정부행위자들과 비정부행위자들 사이의 여러 종류의 관계를 암시하는 것으로 사용한다[5)](배응환, 2010: 207). 이러한 측면은 다음과 같은 여러 학자의 협력거버넌스에 대한 개념 정의에서 나타난다(<표 3-2>).

표 3-2 협력거버넌스의 개념

학자	개념 정의
Huxham (2000: 339)	어떤 행위자가 다른 조직에 있는 행위자들과의 관계 속에서 과업을 수행하는 거버넌스의 모든 형태나 용어
Bryson, Crosby, & Stone (2006: 44)	어느 한 부문의 조직에 의해서는 달성할 수 없는 결과를 공동으로 이루기 위하여 둘 또는 그 이상의 부문들에 속하는 조직들에 의하여 정보와 자원 및 활동 그리고 역량을 연결하거나 공유하는 과정
Ansell & Gash (2007: 544)	공식적이고 합의지향적이며 상호적인 집합적 정책결정과정에 하나 또는 그 이상의 공공기관이 직접적으로 비공식적인 이해관계자들을 관여시키는 통치배열

4) 현대정부에서 유행하는 거버넌스 관련 용어는 파트너십, 동맹, 조정, 협력, 협동, 네트워크, 여러 기관의 공동활동 등이 있어 개념적 혼란상태에 있다.

5) 따라서 협력거버넌스와 유사한 용어가 혼용되고 있다. 예를 들면, 정책네트워크, 참여적 관리, 상호작용적 정책결정, 협력적 정책결정, 협력적 관리, 이해관계자 거버넌스(stakeholder governance) 등이 그것이다(Ansell & Gash, 2007: 548).

Emerson, Nabatchi, & Balogh (2011: 2-3)	그렇지 않으면 달성할 수 없는 공공목표를 수행하기 위하여 공공기관의 경계나 정부수준 그리고 공공과 민간 및 시민영역을 초월하여 행위자들을 관여시키는 공공정책결정과 관리의 구조와 과정
하미승 · 전영상 (2007: 6)	국가 · 시민사회 · 시장의 3대 주체 중 어느 하나에 치우치는 것이 아니라 3대 주체를 중심으로 다양한 행위주체들의 참여를 통해 사회적 이해관계의 조정과 공공서비스의 공급을 수행하는 주체
정문기 (2009: 232)	다수의 이해관계자들이 공동목적 및 사회문제를 해결을 달성하기 위하여 어느 정도 공식화된 구조와 권한을 가지는 공동행위
박형준 · 이인원 (2009: 11)	지역 내에 광범위하게 존재하는 다양한 욕구들을 만족시키기 위한 실행계획을 개발할 때 다양한 층위에 존재하는 정부조직뿐 아니라 민간 혹은 비영리조직까지가 네트워크로 포함된 통치구조
이명석 · 배재현 · 양세원 (2009: 147)	다양한 조직 간의 수평적인 협력을 통하여 문제를 해결하는 방법

자료: 배응환(2010: 206-207) 보완.

Ansell & Gash(2007: 544-555)는 그동안의 협력거버넌스에 대한 논의로부터 다음과 같은 특징을 도출하고 있다. 첫째, 그 거버넌스는 공공기관에 의하여 발의된다. 둘째, 거버넌스에 참여자는 공공기관 외에 비정부행위자들도 포함될 수 있다. 셋째, 참여자들은 정책결정에 직접 참여한다. 넷째, 거버넌스는 공식적으로 조직화되고 집합적으로 활동한다. 다섯째, 거버넌스는 동의가 실제로 달성되지 못할지라도 합의에 의한 결정을 하는 것을 목표로 한다. 여섯째, 협력의 초점은 공공정책과 공공관리이다. 그것은 복잡한 사회문제를 해결하고 관리하는 방법이다(배응환, 2010: 207).

반면에, Emerson, Nabatchi, & Balogh(2011: 2-3)는 협력거버넌스를 그렇지 않으면 달성할 수 없는 공공목표를 수행하기 위하여 공공기관의 경계나 정부수준 그리고 공공과 민간 및 시민영역을 초월하여 행위자들을 관여시키는 공공정책결정과 관리의 구조와 과정으로 넓게 정의한다. 이러한 정의는 Ansell & Gash의 정의보다 넓은 개념으로, 공식적인 정부주도 배열뿐 아니라 정부와 비정부 이해관계자들 간의 관여를 포함시키는 것이다.

이 연구에서는 협력거버넌스를 지방의사결정과정에서 지방정부와 NGO나

시민 등과 같은 이해관계자들이 자신들의 이익을 조정하는 것을 통하여 바람직한 결과를 산출하는 것으로 정의한다. 그 이유는 이 연구가 청주장사시설사례의 의사결정을 분석하는 데 협력거버넌스의 다음과 같은 차원들을 전제하기 때문이다. 첫째, 거버넌스는 지역에서 발생한 다양한 이해관계가 투영된 문제를 해결하기 위하여 시도된다. 둘째, 거버넌스의 참여자들은 지방정부와 같은 순수공공부문 외에 지역주민이나 지역시민단체 등 순수민간부문이나 준민간부문을 포함한다. 셋째, 참여자들은 자신의 이익을 반영하는 것을 목표로 한다. 넷째, 참여자들은 공통문제에 대한 해답을 도출하기 위하여 지속적인 상호작용을 통하여 상호 조정을 한다.

2) 분석틀: 협력거버넌스모형의 분석변수

앞의 선행연구에서 개관한 외국에서의 체계적인 협력거버넌스모형을 보면, Innes & Booher(2003)는 이해관계자와 이익의 다양성 및 상호의존성, 진실한 대화, 상호성, 연결관계, 학습, 창조성을, Bryson, Crosby, & Stone(2007)은 맥락으로서의 구조적 배열, 초기동의형성, 리더십형성, 정당성형성, 신뢰형성, 갈등관리, 계획을 들고 있다(배응환, 2010: 208: 212). 그리고 Emerson, Nabatchi, & Balogh(2011)는 시스템맥락(자원조건, 법적 틀, 이슈해결의 사전실패, 정치동학/권력관계, 네트워크연결성, 갈등/신뢰수준, 사회경제적/문화적 건강도와 다양성)과 협력거버넌스레짐에 속하는 협력동학(원칙적 관여－발견, 정의, 신중, 결정, 공유된 동기－상호신뢰, 상호이해, 내적 정당성, 공유된 몰입, 결합행동역량－절차적/제도적 배열, 리더십, 자원, 지식), 협력결과(영향, 적응)라는 가장 넓은 범주의 통합분석틀을 제시하고 있다.

한편, 국내에서 외국의 협력거버넌스모형을 적용한 연구를 보면, Ansell & Gash의 모형을 그대로 적용한 경우(김이수, 2011; 최문형 · 김인제 · 정문기, 2015)와 일부 수정하여 사례분석을 한 경우(조만형 · 김이수, 2009; 배응환, 2010; 오철호 · 고숙희, 2012)로 나눌 수 있다. 이를테면, 조만형 · 김이수(2009)는 Ansell & Gash의 모형 중 초기조건과 제도설계 및 결과는 그대로 적용하면서 협력과정의

순서를 변형시키고 있고, 오철호 · 고숙희(2012)는 Ansell & Gash의 모형의 초기 조건과 결과를 수용하면서 협력과정을 제도설계(기관 간 책임 권한의 명확화)와 운용(상호협력교환, 제3기관의 지지와 지원)으로 나누고 있다. 한편 배응환(2010)은 협력거버넌스모형을 구성하는 데 Ansell & Gash의 모형에 Innes & Booher (2003)와 Bryson, Crosby, & Stone(2007)의 일부 변수를 조합하여 협력구조(정책행위자와 이익)와 협력과정(대화, 상호성, 연결관계, 학습, 창조성) 및 협력결과(정책)로 재배열하고 있다.

이들 국내외의 협력거버넌스모형을 비교하여 보면, 변수들의 중복과 변이를 발견할 수가 있다. 변이는 학자들이 연구하는 상이한 연구전통과 정책영역 및 척도에서 나온다. 이러한 개념적 틀에서 발견되는 문제는 일반성의 부족이다. 그러나 국내외의 모든 협력거버넌스 연구에서 사용하는 개념적 틀은 Ansell & Gash가 설계한 출발조건, 협력구조, 협력과정 및 협력결과 등에 포함시킬 수 있고, 여기에 포함되는 변수들의 변이가 있을 뿐이다. 이에 이 연구의 사례분석모형으로는 Ansell & Gash(2007)가 제시한 협력거버넌스모형을 활용하고자 한다. 이들이 만든 모형은 미국과 영국의 다수 사례연구에 대한 종합분석을 통하여 도출한 일반화된 협력거버넌스모형으로서, 이 연구가 추구하는 이론확증적 사례연구를 위한 의사결정사례를 분석하는 데 적실한 대표적인 모형으로 볼 수 있다. 이들은 자신의 모형이 협력거버넌스가 작동할 수 있는 맥락적 조건(변수)을 제시하는 분석틀로써, 미래의 경험적 검증과 이론적 정교화를 위한 토대를 제공할 수 있다고 한다. 이를테면 학자와 실무자들은 이 모형을 통하여 협력거버넌스의 소망스러운 결과를 촉진하거나 저해하는 맥락적 조건을 검증할 수 있다(Ansell & Gash, 2007: 562). 또한 박근혜정부의 정부3.0가 추구하는 협업행정은 한국에서의 실제 사례를 토대로 협력거버넌스모형의 검증이 가능함을 암시한다. 실제로 국내 학자들은 실증사례연구를 통하여 모형의 검증을 하려는 시도가 나타나고 있다.

Ansell & Gash(2007: 549−550)의 모형은 네 개의 넓은 변수들인 출발조건(권력이나 자원 불균형, 갈등과 협동의 선례, 참여의 유인과 제약), 제도설계(참여의 개방성, 포럼배제성, 행동규칙, 과정투명성), 리더십(특히 촉진적 리더십)과 협력과정(면대면 대화, 신뢰형성, 과정몰입, 공유된 이해, 중간결과), 그리고 결과로 구성되어 있다. 출발조건과 제도설계 및 리더십은 협력과정이 작동하기 위한 맥락이나 중요한 조건들이고, 이들이 결합하여 협력결과를 산출하게 된다. 이러한 Ansell & Gash의 모형은 협력거버넌스가 작동할 수 있는, 즉 성공적인 협력을 촉진하거나 저해하는 조건들을 구체화하는 공통분석틀이라고 할 수 있다.

그러나 이 연구에서는 Ansell & Gash의 모형에서 출발조건과 협력과정 및 협력결과의 변수들은 그대로 수용하면서 제도적 설계와 리더십을 협력구조로 범주화한다. 이들 두 가지 변수는 행위자들 간의 협력을 촉진하는 데 작용하는 구조형성요인으로 볼 수 있기 때문이다. 이렇게 일부 재배열된 Ansell & Gash의 협력거버넌스모형은 출발조건(권력과 자원 불균형, 협력과 갈등의 선례, 참여에

그림 3-1 분석틀: Ansell & Gash의 협력거버넌스모형

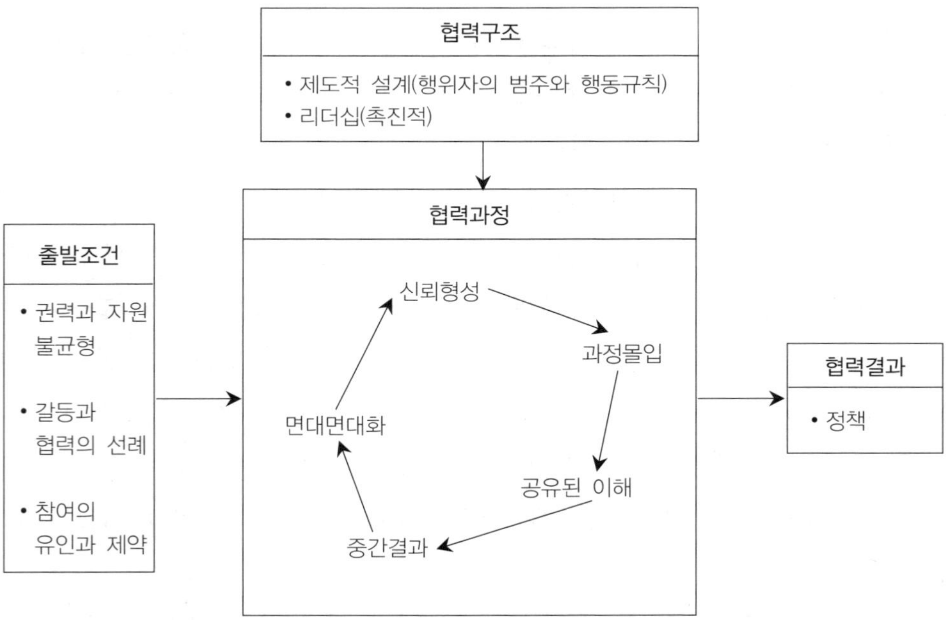

자료: Ansell & Gash(2007: 550).

대한 유인과 제약), 협력구조(제도적 설계와 리더십), 협력과정(면대면 대화, 신뢰형성, 과정몰입, 공유된 이해, 중간결과), 그리고 협력결과 등의 개념적 틀로 앞의 [그림 3-1]과 같이 체계화할 수 있다(Ansell & Gash, 2007: 550-561; 배응환, 2010: 208-212).

(1) 출발조건

출발조건은 이해관계자들 간의 협력을 촉진하거나 좌절시킬 수 있는 변수들로, 상이한 이해관계자들 간의 권력이나 자원 불균형과 갈등과 협력의 선례 및 참여의 유인과 제약의 세 가지 하위변수가 있다.

첫째, 권력이나 자원 불균형으로, 이해관계자들 간의 권력이나 자원 불균형은 협력거버넌스에서 공통적으로 주목하는 문제이다(Gray, 1989; Tett, Crowther, & O'Hara, 2003; Warner, 2006). 만일 어떤 행위자가 참여할 능력이나 조직과 지위 또는 자원을 가지고 있지 않아서 다른 행위자와 동등한 상태에서 참여할 수 없다면 협력과정은 좀 더 강한 행위자에 의하여 조정되는 경향이 있다. 이러한 불균형은 불신이나 약한 몰입을 가져온다(Gray, 1989; Warner, 2006). 미국 환경집단은 협력거버넌스에 매우 회의적인데, 그것은 산업집단에 유리하다고 생각하기 때문이다(Echeverria, 2001).

둘째, 갈등과 협동의 선례로, 이해관계자들 간의 갈등과 협력의 이전역사는 협력을 방해하거나 촉진시킬 것이다(Gray, 1989; Margerum, 2002). 여러 사례에서 정책교착상태는 협력거버넌스를 위한 강한 자극을 가져온다는 것을 보여주고 있다(Furterll, 2003). 이러한 상황은 그 교착상태 자체가 분쟁당사자에게 심각한 비용을 초래하는 자원관리상황에서 종종 발생한다. 높은 갈등은 반드시 협력의 장애요인이 아니라고 할 수 있다. 성공적인 협력사례들은 이해관계자가 자신의 이익과 매우 대립되는 다른 행위자와 협동을 하지 않고서는 그들의 목표를 달성할 수 없다는 것을 보여준다.

셋째, 참여의 유인과 제약으로, 협력거버넌스 학자들은 권력과 자원 불균형이 협력과정에 참여하는 집단의 유인에 영향을 줄 것이라고 한다(Gray, 1989;

Chislip & Larson, 1998; Andrasnovich, 1995; Nelson & Weschler, 1998; Ganton & Day, 2003; Imperial, 2005). 참여에 유인은 협력과정이 의미 있는 결과를 가져올 것인가에 대한 이해관계자의 기대에 의존한다(Warner, 2006). 유인은 이해관계자들의 참여와 구체적이고 만질 수 있는 정책결과 사이의 직접적인 관계를 의미한다(Brown, 2002). 이를테면 사업을 시행할 때 어떤 행위자에게는 편익이 있는 반면에 다른 행위자들에게는 비용이 발생한다. 행위자들에게 발생하는 유무형의 편익과 비용은 협력의 유인이나 제약요인으로 작용한다.

(2) 협력구조

협력구조는 누가 관여하는가와 이들 행위자들이 행동하는 데 관련되는 규약을 정하는 것으로서, 제도설계와 리더십이라는 두 가지 하위변수가 있다.

첫째, 제도설계로, 이것은 협력을 위한 기본적인 구조와 규정을 의미하는 것으로, 참여개방성과 포럼배제성 및 행동규칙 및 과정투명성 등의 네 가지 변수가 있다. 그러나 참여개방성과 포럼배제성은 서로 연결되는 것으로 행위자의 참여범주로 묶을 수 있고, 행동규칙에는 과정투명성을 포함시킬 수 있으므로 제도설계 변수는 행위자의 참여범주와 행동규칙으로 구분할 수 있다. 다수의 협력거버넌스 학자들은 행위자의 참여범주(개방성과 배제성)에 대하여 행위자들이 개방적이고 내포적이어야 한다는 것인데, 이것은 참여할 정당한 기회를 가지고 있다고 느끼는 집단들이 과정몰입을 발달시킬 수 있기 때문이다. Chrislip & Larson(1994)에 따르면, 성공적인 협력의 첫째 조건은 쟁점에 의하여 영향을 받거나 그것에 관심을 가지는 모든 이해관계자를 포함시켜야 한다. 어떤 이해관계자들을 배제하는 것은 협력과정의 정당성을 저해하고 실패의 원인이 된다. 그러므로 참여포괄성과 포럼배제성은 밀접하게 연결된다(Tett, Crowther, & O'Hara, 2003). 협력포럼에 배제되는 이해관계자들은 대안적 포럼을 통하여 자신의 논리를 주장한다(Kraft & Johnson, 1999: 136). 이러한 대안적 포럼은 효과적인 협력을 저해하게 된다. 그리고 협력거버넌스 학문은 명확한 행동규칙과 과정투명성을 중요한 제도설계의 특성이라고 한다. 여기서 행동규칙은 이해관계자들이 이익을 증진할 수 있는 방향으로 교환이나 협력을 위한 규정이나 절차, 즉 이해관계자들의 행동을 제약하는 게임규정을 의미하는 것으로서, 공식적인 법이나 규정과 비공식적인 규범과 관행을 포함한다. 이러한 명확하고 일관적인 행동규칙은 과정이 공평하고 개방적이라는 것을 이해관계자들에게 확인시켜 준다. 과정투명성은 이해관계자들로 하여금 공공협상이 실질적이고 협력과정이 밀실거래가 아니라는 것을 신뢰할 수 있게 하는 것을 말한다.

둘째, 리더십으로, 이것은 이해관계자들을 협상테이블에 모이게 하여 조정하는 중요한 요소이다(Burger et al., 2001; Margerum, 2002; Vangen & Huxham, 2003). 특히 촉진적 리더십은 이해관계자들이 서로 협력정신으로 활동하게 하는데 중요하다(Susskind & Cruikshank, 1987; Chilislip & Larson, 1994; Reilly, 2001). 촉진자의 역할은 동의형성과정 자체의 통합을 하는 것이다. 또한 리더십은 명확한 행동규칙을 설계하여 유지하고 신뢰를 형성하며 대화를 촉진하고 상호이익을 탐색하는 데 중요하다. Lasker & Weiss(2001: 31)에 따르면, 협력적 리더는 광범위하고 적극적인 참여를 촉진하고, 광범위한 영향력과 통제를 하고, 생산적인 집단동학을 조장하며, 과정의 영역을 확장하는 기술을 가져야 한다.

(3) 협력과정

협력과정은 출발조건과 협력구조에서 행위자들이 바람직한 결과를 산출하기 위한 상호작용을 하는 것으로, 반복적이고 비선형적인 사이클을 가지는 일정한 단계들로 구성된다. 이러한 협력과정은 의사소통, 신뢰, 몰입, 이해, 그리고 결과 사이의 긍정적 순환에 의존한다(Huxham, 2003; Imperial, 2005). 따라서 협력과정의 변수로는 면대면 대화, 신뢰형성, 과정몰입, 공유된 이해, 중간결과 등의 다섯 가지 하위변수를 들고 있다.

첫째, 면대면 대화로, 모든 협력거버넌스는 이해관계자들 간의 면대면 대화를 시도한다. 면대면 대화는 이해관계자들이 가지고 있는 이익을 토대로 소통과 담론을 하는 것으로, 위원회나 간담회, 회의, 공청회 등과 같은 다양한 연결기제를 통하여 이루어진다. 이해관계자들 간의 대화는 상호이득의 기회를 확인하게 하고, 의사소통에서 고정관념과 다른 장애를 제거해 준다. 이것은 신뢰와 상호존경, 공유된 이해, 그리고 과정몰입의 중심에 위치한다. 반면에 면대면 대화는 고정관념이나 지위차이를 강화하거나 적대감과 상호불신을 증가시킬 수도 있다. 따라서 면대면 대화는 협력을 위한 필요조건이지만 충분조건은 아니다. 그러나 면대면 대화 없이 효과적인 협력을 달성하기는 어렵다.

둘째, 신뢰형성으로, 협력거버넌스 학자들은 협력과정을 협상에 대한 것뿐 아니라 신뢰를 형성하는 것이라고 한다(Brinkerhoff, 1999; Short & Winter, 1999; Tett, Crowther, & O'Hara, 2003; Imperial, 2005). 신뢰란 행위자들 간에 원하는 기대가 발생하리라는 상호인정을 의미한다. 이해관계자들 간의 대립이 존재하였을 때, 신뢰형성은 초기 협력과정의 중요한 측면이 된다. 여러 사례에서 증명된 바에 따르면, 신뢰형성은 협력결과를 성취하기 위한 장기적 몰입을 요구하는 시간 소비 과정이라고 한다.

셋째, 과정몰입으로, 이해관계자들의 협력에 대한 몰입수준은 성공과 실패를 설명하는 중요한 변수이다(Margerum, 2001, 2002; Tett et al., 2003; Yaffe & Wondolleck, 2003). 몰입은 협력거버넌스에 참여하려는 기본동기에 관련된다. 협력과정에 몰입은 상호이익을 위한 건전한 흥정이 소망스러운 정책성과를 달성하는 최선의 방법이라는 신념을 발달시키는 것을 의미한다(Burger et al., 2001). 협력에 몰입을 위해서는 이해관계자들 사이에 상호인정과 신뢰라는 심리적 이동이 필요하다.

넷째, 공유된 이해로, 협력과정에서 이해관계자들은 공동으로 어떤 결과를 성취할 수 있다는 공유된 이해를 발달시켜야 한다. 공유된 이해는 공통임무, 공통영역, 공동목적, 공유된 비전, 공유된 이념, 명확한 목표, 명료한 전략, 핵심 가치의 공유, 문제 정의에 대한 동의, 문제를 해결하기 위하여 필요한 지식 등으로 다양하게 묘사되고 있다. 공유된 이해의 발달은 협력적 학습과정의 부분으로 볼 수 있다(Blatner et al., 2001). 여기서 학습은 오류를 발견하고 이를 수정하는 것으로서, 어떤 문제에 대한 공유된 이해의 토대가 된다.

다섯째, 중간결과는 눈에 보이는 산출일 수도 있지만, 여기서는 성공적인 협력을 유도하는 필수적이고 중요한 과정결과를 말한다.

(4) 협력결과

협력결과는 출발조건에서 제도설계와 촉진적 리더십을 토대로 협력과정을 통하여 도출한 최종산물을 말한다.

다음 부분에서는 위에서 사례분석틀로 제시한 [그림 3-1] Ansell & Gash의 협력거버넌스모형을 님비사업 의사결정사례에 적용하여 분석하고자 한다.

3. 님비사업 의사결정 사례분석: 청주장사시설사업을 중심으로

1) 청주장사시설(묘지공원과 화장장)사업 의사결정사례 개요

청주시가 상당구 월오동에 입지시키려는 묘지공원(청주목련공원)과 화장장(청주목련원)은 주민들이 자기 지역에 오는 것을 반대하는 대표적인 님비(NIMBY) 시설이다. 경기도 하남시의 화장장사업에서 주민소환투표까지 실시한 경우와 달리, 청주의 묘지공원과 화장장사업은 주민과 갈등을 협력으로 이끈 대표적인 성공사례이다. 특히 청주목련원은 행정안전부로부터 갈등관리 우수사례로 선정되었으며, 한국보건복지인력개발원의 장사시설건립 모범사례로 뽑혀 화장장 건립을 시도하는 하남과 용인, 평택, 춘천, 원주, 안산 등 전국 지방자치단체의 벤치마킹 대상이 되고 있다.

청주화장장사업이 이처럼 협력거버넌스를 통하여 정책성공을 거둘 수 있게 된 것은 청주시와 지역주민 및 지역시민단체 등의 공동노력이 있었기 때문이다. 청주목련원은 2003년 청주시가 화장장 입지예정지를 발표하였을 때만 하여도 주민들의 반대로 큰 어려움을 겪었다. 주민들은 반대추진위원회를 만들어 조직적으로 반발하였다.

이에 대응하여 청주시는 화장장 건립추진팀을 만들고 주민설득작업을 지속적으로 하였다. 매일 밤 열리는 주민대책회의장 앞에서 밤 12시까지 기다리다 귀가하는 주민들과 술잔을 기울이고 마을의 대소사에도 일일이 참가하였다. 그러자 주민들은 서서히 청주시의 의견을 듣기 시작하였고, 시는 매달 열리는 화장장 건립 관련 회의내용 전부를 주민들에게 보고하여 신뢰를 확보하였다. 또한 경기 수원과 일본 후쿠오카 등 국내외 장사시설 10여 곳을 견학시켜 학습을 하게 하였으며, 경로당 신개축과 어린이놀이터 조성·농로 포장과 진출입로 확장·목련장에 마을주민 채용 등과 같은 다양한 유인책을 제시하였다. 결국에는 주민투표에서 지역주민들의 찬성을 얻어 2005년 착공하게 되었다(청주시, 2008).

좀 더 구체적인 청주시의 장사시설(묘지공원과 화장장)사업 의사결정의 추진 경위는 [부록](이 책, 116면)에 제시되어 있다.

2) 초기(출발)조건 분석

(1) 권력이나 자원 불균형

민선자치단체장시대의 출범은 지방행정에서 이전과는 다른 모습으로 나타나게 한다. 지방자치시대란 지방정부시대에서 로컬거버넌스시대로의 진화를 의미한다. 이러한 실질적인 지방자치의 실시는 중앙집권적 관치행정에서 지역주민의 요구가 반영되는 분권적이고 자율적인 통치가 이루어지게 되었다.

자치행정을 하는 데 청주시는 공식적 권력과 자원을 가지고 있는 반면, 지역주민이나 지역시민단체는 비공식적 권력이나 자원을 가지고 있다. 이를테면, 청주시는 화장장 건립계획을 수립하여 집행할 수 있는 정책결정권, 집행권과 이를 뒷받침하는 유인책인 예산 등과 같은 다양한 공식적 자원을 가지고 있다. 반면, 지역주민은 자신들의 의견이나 이익을 시에 건의하거나 시의 정책에 대한 정치적 지지나 반대를 할 수 있는 비공식 권한을 가지고 있고, 또한 화장장 입지가 들어설 토지와 쾌적한 자연환경이라는 자원을 가지고 있다.

한편 지역시민단체들도 다양한 비공식적 권한과 자원을 가지고 있다. 김준기(2006)는 정부와 NGO 관계를 자원의존 관점에서 교환자원의 유형을 정부가 NGO에 제공할 수 있는 자원과 NGO가 정부에 제공할 수 있는 자원으로 분류하였다. 후자의 경우 긍정적 자원으로는 정부정책에 대한 적극적 지원 및 참여·순응·지지·협력, 정책에 대한 아이디어와 정보제공(정책건의 등), 전문인력 및 조직동원, 정책의제형성과 결정·집행·평가 참여, 갈등중재자 기능이 있고, 부정적 자원에는 정부정책에 대한 반대(비제도적 참여-시위, 집회, 캠페인, 서명운동, 성명서 발표, 기자회견, 전화, 투고, 방문, 감시활동 등), 언론을 통한 비판적 여론조성, 정부퇴진과 반정부시위, NGO의 서비스 중단 및 퇴출압력 등이 있다.

이처럼 공식적 정부인 청주시와 비공식 행위자인 지역주민과 지역시민단체들은 공식적·비공식적 권력과 자원에서 상호연계성을 가지고 있다는 점은 상호협력을 촉진하는 조건이 될 수 있다. 만약 시가 공식적 정책결정권한을 사용하여 밀어붙이기식 화장장사업추진을 하는 것에 대하여 지역주민이 불응한다면 사업추진이 원활하게 이루어지지 않을 수 있다.

(2) 갈등과 협동의 선례

청주시에서도 지방자치가 실시된 이후 무수한 정책갈등이 발생하였는데, 특히 님비시설사업과 관련된 갈등은 오랜 역사를 가지고 있다. 청주시의 묘지공원이나 화장장사업과 관련한 갈등지속은 과거 관선 지방행정시대부터 존재하여 왔다. 청주시는 1984년 12월 가경동 산 91-5번지(11,505평)에 묘지공원 조성을 추진하였으나 인근 주민반발로 1985년 중지하였고, 1986년에는 진천군 문백면 은탄리 일원 350,000평을 후보지로 선정하였으나 주민반발로 무산되었다. 1987년에는 청원군 낭성면 무성리와 현암리를 후보지로 선정하였지만 역시 주민반발로 무산되었으며, 1988년 1월 청원군 옥산면 장동리 산 75-2번지 일원 35,280평에 정수원과 공원묘지 조성계획을 수립하였으나 주민반발로 무산되었다.

이후 민선 지방자치시대가 열리면서 청주시에서는 1990년 초반부터 묘지문제를 해결하기 위하여 묘지공원의 설치를 위한 후보지로 상당구 월동 산 2-1번지 일원에 매장묘지 조성을 추진하였으나, 월오지역주민을 비롯한 인근주민들의 거센 반발로 순탄치 못하였다. 그러나 시공무원들은 월오동주민과 대화를 통하여 지역이미지 개선사업과 목련공원 내 식당 및 석물운영권을 월오동주민협의체에 위탁한다는 약속을 한 후, 1995년 5월16일 목련공원조성사업을 착공하게 되었다. 그러나 관선 지방행정시대인 1984년부터 청주시가 추진하였던 화장장 건립사업은 지역주민의 반발로 추진되지 못하고, 어언 20여 년의 세월이 흘러 민선 지방자치시대까지 정책갈등이 지속되었다(청주시, 2008: 15－19).

이처럼 그동안의 관선 지방행정시대와 민선 지방자치시대에 청주시는 화장장사업결정에서 실패를 경험하고 새로운 정책결정을 시도하게 된다. 이러한 갈등 지속사례는 청주시가 지역문제를 해결하는 데 중요한 학습자료가 되었다고 볼 수 있다

3) 협력구조 분석

(1) 제도설계(행위자의 참여범주와 행동규칙)

우선, 화장장사업결정에서 행위자의 참여범주는 배제적이기보다는 개방적이고 포괄적이라고 할 수 있다. 공식적 행위자로는 충북도와 청주시와 청주시의회가 있다. 충북도는 청주시의 상급 행정기관으로 도시계획이나 재정투융자 등에 관여하고 있고, 청주시와 시의회는 자신의 관할구역에 장사시설을 결정하고 집행하는 역할을 하고 있다.

그리고 화장장사업에 직접적인 이해관계를 가지고 있는 비공식적 행위자로는 지역주민이 있는데, 이들은 입지지역주민(월오동 일원－ 월오동과 운동동)과 인근지역주민(상당구 용암·용정·방성 주민, 청원군 낭성면주민)으로 나눌 수 있다. 월오동 일원의 세대와 인구현황은 <표 3－3>과 같다.

표 3-3 월오동 일원의 세대 및 인구현황

(단위: 명)

법정동명	통	반	세대 수	인구 수
월오동	3개통 (65통, 19통, 13통)	6개반	200	765
운동동	2개통 (18통, 17통)	8개반	190	650
총계	5개통	14개반	390	1,415

자료: 청주시(2008: 55).

이들 지역주민은 시의 사업에 대응하기 위하여 지역주민조직을 만들었는데, 화장장 건립예정지인 월오동주민들이 조직한 화장장건립반대대책위원회(위원장: 박○○)가 반대활동을 하다가 이후 월오동주민협의체(위원장: 박○○)로 전환되어 시와 대화채널로 작동하였다. 또한 인근지역인 청원군 낭성면주민들도 화장장저지대책위원회를 구성하였다.

그리고 화장장 건립사업에 관여한 지역시민단체로는 청주환경운동연합, 청주청원을 사랑하는 모임, 청주YMCA, 청주YWCA, 청주경실련 등이 있는데, 이들은 주민과 시 사이에서 일정한 역할을 하고 있다.

또한 화장장 건립사업에는 기업이나 전문가집단도 참여하고 있다. 기업은 건축설계나 화장장공사를 담당하였고, 전문가집단은 대학교의 교수나 지방연구원의 연구원들로서, 시로부터 화장장사업의 용역을 맡아 계획설계를 하거나 토론회나 공청회 등에서 사업에 대한 전문적 의견을 자문하거나 토론하고 있다.

다음으로, 화장장사업 의사결정에 대한 행동규칙은 '청주화장장사업 종합추진계획'에 잘 설계되어 있다. 이 계획에 따르면, 화장장사업의 완벽한 추진을 위한 TF팀을 구성하여 운영하고, 화장장입지 지역주민들과의 대화와 협조체제를 구축하여 미래지향적인 지역개발사업을 추진할 것이라고 추진방침을 정하고 지역주민과의 협력을 위한 단계를 제시하였다.

그러나 청주시가 종합추진계획에서 의도하였던 사업추진일정은 지역주민과의 갈등 및 협상 등으로 지연되었다. 화장장사업이 지속적으로 추진되는 과정에서, 지역시민단체들은 이번 사업의 여론수렴과정에서의 절차상 미흡을 지적하

표 3-4 청주화장장사업 종합추진계획상의 행동규칙

사업계획단계	행동규칙
지역주민 설득단계	1단계(2003.3.~4.) 대화체제 구축 2단계(2003.5.~6.) 주민위원회 성격 전환 3단계(2003.7.~8.) 지역주민과 대화와 협상
지역개발사업 추진단계	4단계(2003.10.12.) 지역개발사업 확정 5단계(2004.1.) 지역개발사업 시행

자료: 청주시(2008: 159-164).

고 계획추진의 과정투명성이 부족하다고 비판하고 있다.

"본 공청회를 개최하기 전에 화장장 후보지 6개소의 해당 지역주민들의 동의나 협의가 없이 사업이 추진되고 입지선정 시 시의 충분한 사전 협의가 없었다는 것이 아쉬운 점입니다"(청주YMCA).

이에 대하여 청주시는 화장장사업 결정과정을 좀 더 투명하게 운영할 것임을 시민토론회에서 다음과 같이 약속하고 있다.

"본 화장장 건립사업은 사업 전부를 공개한 후 지역주민, 전문가 그리고 청주시가 서로 충분한 협의를 거쳐 상호 신뢰할 수 있도록 추진할 계획입니다. 또한 지역주민을 대표하는 협의체가 구성되면 각종 지원사업을 협의를 토대로 결정하고 추진할 계획입니다"(청주시 답변).

(2) 리더십

민선3기에 들어선 청주시장은 강력한 의지로 그동안 지지부진하던 화장장 건립계획을 적극적으로 추진하게 되었다. 이러한 청주시장의 정책을 구체화하여 실행하는 집행부 공무원들은 독단적이고 일방적인 행동을 보이기보다는 지역주민과 지역시민단체의 의견을 수렴하는 민주적 리더십을 보였다.

우선, 화장장 건립사업은 그동안의 청주시의 미해결문제를 해결한다는 차원에서, 시장의 상층리더십이 작동하였다. 시장은 화장장 건립계획을 핵심사업으로 지시하고, 지역주민이나 시민단체와의 대화를 추진하였다 이를테면 민선3기 지방자치시대에 들어선 청주시는 한대수 시장의 지시로 2002년 10월부터 2003년 1월까지 4개월간 사회과 직원을 중심으로 청주시와 청원군의 산과 전답 등 전 지역을 대상으로 조사를 하여 최적입지 예정지 15개소를 선정하였으며, 이후 입지별 장단점 등을 비교분석하여 6개소로 압축하였고(제1, 2, 3후보지: 상당구 월오동 산 4번지, 33번지, 산 6-1번지, 4후보지: 흥덕구 휴암동 산 10번지, 5후보지: 강내면 학천리, 6후보지: 옥산면 소로리), 마침내 2003년 1월 23일 청주화장장 조성계획을 수립하게 되었다.

시는 화장장 건립예정지 6개소 중 상당구 월오동지역을 확정하고, 청주시장과 부시장은 세 차례에 걸친 주민간담회(2003.5.16; 6.24; 7.21)에서 다수의 관련 이해관계자를 참여시킨 가운데 회의를 직접 주재하면서 시민의 요구에 대한 답변을 하였다.

> "지역주민들을 위해 무척 고심하고 있습니다. 선거나 화장장을 위해서가 아니라, 낙후된 지역을 개발하기 위해 2억 원을 투자하여 기본계획을 수립 중에 있습니다"(청주시장 답변).

이처럼 시장과 부시장이 화장장 건립사업의 정당성과 공감대 형성을 시도하는 과정에서, 이들 상층리더십의 지휘를 받는 시국장이나 과장 및 담당공무원은 중층 및 하층리더십을 발휘하여 화장장 건립추진의 협력을 시도하였다. 특히 화장장사업의 원활한 추진을 위하여 '화장장사업추진단(TF팀)을 구성하였는데, 부시장을 단장으로 그 아래에 총괄부장으로 복지환경국장을, 사업부장으로 도시건설국장을 임명하여 그 산하의 담당과장과 담당공무원을 배치하였다(청주시, 2008: 163-164). 이들 중간관리자는 시장과 부시장이 주재하는 간담회와 세미나에 참여하여 시장이나 부시장을 지원하거나 간담회나 토론회에서 지역주민이나 시민단체의 주장에 대하여 시의 입장을 설명하거나 의견을 제시하는 역할을 하였다.

> "목련공원 조성 시 주민과 의견을 나눈 사업 중 일부가 이행되지 못하였으나, 현재 제시된 월오종합개발계획은 아직 미정사항으로 심도 있는 검토와 주민의견 수렴 후 실질적인 사업이 되도록 추진할 계획입니다"(청주시 사회과장 답변).

시민공청회에서 청주시는 화장장 건립사업을 시 단독으로가 아니라 지역주민 및 전문가 등과 협의를 거쳐 추진할 것임을 밝히고 있다. 이러한 노력이 어느 정도 결실을 거두어 지역주민과의 화장장 건립에 대한 진지한 대화가 이루어지는 과정에 화장장추진팀은 지역주민이나 월오동주민협의체와 지속적으로 합의를 통한 문제해결을 위하여 상호 이해관계를 토대로 고민을 하였다.

한편, 지역주민들을 대표하는 통장들은 자신들의 이익을 대변하기 위한 조직화를 시도하였다. 2003년 2월 26일 오후 1시에 화장장 설치로 가장 피해를 입을 우려가 있는 월오동 65통 주민들은 '화장장반대대책위원회' 명단을 구성하여 시에 제출하였고, 같은 날 저녁 7시에는 화장장 건립과 관련하여 월오동 13통장, 19통장, 65통장과 운동동 17통장과 18통장 등 통장 5명과 지역주민 15명이 '유임촌'에서 모임을 갖고 화장장 건립을 반대할 것과 건립반대를 조직적으로 할 수 있도록 대책기구 구성의 필요성을 처음으로 논의하였다.

시민공청회가 끝나고 화장장 건립예정지가 월오동 산 4번지 일원으로 유력시됨에 따라 월오지역 5개통은 통별 이해관계로 인하여 '화장장반대추진위원회'를 각각 구성(화장장과 가장 근접한 월오동 1통 대책위원회(위원장: 박 ○○)와 화장장 인근에 위치한 월오동 2,3,4,5통 대책위원회(위원장: 월오 3통 김 ○○)하여 개별적으로 건립반대운동을 하였다. 이처럼 분열되어 파행적으로 운영되던 월오지역 화장장설치반대추진위원회는 2003년 3월 24일 오후 8시 서원마을회관에서 대책회의를 갖고 각 통별로 5명씩 25명의 임원을 선출하여 '월오동화장장반대추진위원회(위원장: 월오3통 김 ○○)'로 조직을 통합하고 수시로 월오 1통 마을회관 앞 광장(버스 종점)에 마을주민을 모이게 하여 반대시위를 하면서 서원교 교각에 '화장장 결사반대'라는 글귀가 새겨진 천하대장군과 지하대장군을 세워 반대의지를 고취하였다.

그러나 시가 개최한 장사문화 간담회와 각종 시민토론회 등 홍보활동 강화로 화장장의 필요성에 대한 시민공감대가 형성되자, 2003년 10월 16일 화장장건립반대추진원회도 온건성향의 김○○ 위원장을 강성인 월오 1통 박○○로 교체하고 시청의 소공원 집회와 항의방문 및 진정서와 건의서를 제출하는 등의 강도 높은 반대운동을 벌였다. 화장장 건립의 당위성과 필요성이 확산되자 반대추진위원회는 2004년 6월 자체회의를 열고 반대추진위원회를 '월오동주민협의체(위원장: 박○○)'로 그 성격을 전환하였다. 주민협의체는 화장장 건립문제에 대하여 시와 협의에 들어가게 되었다.

한편, 인근지역인 청원군 낭성면주민들도 화장장건립반대대책위원회를 구성한 후 월오동주민과 연합하여 화장장 건립반대운동을 결의하였다. 그러나 청주시가 화장장 건립을 위한 협정을 월오동주민협의체와 체결하자, 당초 이들과 연대하여 반대운동을 추진하던 낭성면주민들은 화장장 협정체결 시 낭성면지역이 소외된 것에 대한 불만을 표출하였다. 이들은 낭성면 지역도 화장장 건립예정지와 인접하고 있어 화장장이 건립되면 선의의 피해가 예상된다며 화장장 반대집회와 낭성면 주민요구사항을 청주시와 충북도에 제출하고 국민고충처리위원회에 진정서를 제출하는 등의 집단행동을 하였다(청주시, 2008: 109-110).

이상에서 살펴본 바와 같이, 화장장 건립사업에서는 상층리더십(청주시장), 중층리더십(집행부 국과장), 하층리더십(담당공무원과 통장)이 복합적으로 작용하고 있다. 집행부공무원과 지역통장의 민주적 리더십과 네트워크적 리더십은 문제해결에 중요한 기여를 하였다.

4) 협력과정 분석

(1) 신뢰형성

Ansell & Gash의 모형에서는 신뢰형성이 면대면 대화를 계기로 나타난다고 하지만, 화장장사업 결정과정에서는 신뢰가 형성되어야 대화가 이루어짐을 알 수가 있다.

위에서 설명한 바와 같이, 초기 화장장 건립을 시작할 즈음에는 시와 지역주민 간의 불신이 내재되어 상호 거리감이 존재하였다. 청주시의 화장장 건립에 대한 월오동주민의 입장은 시에 대한 신뢰가 약한 상태였다. 월오동주민들은 청주시가 목련공원 인근마을에 농촌문화회관 건축·다목적광장 조성·주민숙원사업 지원 등 많은 혜택을 주었음에도, 월오동에 목련공원을 조성할 당시 주민들의 요구사항 중 식당운영권과 석물운영권 등이 아직까지 이행되지 않아 청주시 행정에 많은 불신을 드러내고 있는 상태이다. 또한 지방언론 등에 화장장 건립예정지를 보도하면서 월오동주민들에게는 전혀 알리지 않은 것에 대하여 분개하여 월오동 목련묘지공원 내에 화장장 건립반대를 대외적으로 표명하면서도, 일부에서는 목련묘지공원 내에 화장장이 건립될 수밖에 없다면 무조건 반대만 하는 것도 적절치 않다는 속내를 감추고 있었다(청주시, 2008: 35).

우리는 여기서 지방정부와 지역주민 간에 신뢰가 형성되지 않은 이유를 발견할 수 있는데, 시가 묘지공원사업을 추진할 때 약속하였던 사항을 불이행한 것과 정보공개를 하지 않은 것을 들 수가 있다. 이러한 차원은 시민공청회에서 화장장 건립 제1후보지인 월오동 지역주민들에 의하여 또다시 표출되었는데, 이들은 화장장 건립의 경우도 이러한 상황이 되풀이될 것을 우려하고 있다.

> "월오동에 목련묘지공원 조성 당시 시가 약속했던 사항을 이행하지 않은 것에 대한 불신을 드러내고 있다"(월오동주민).
>
> "청주시의 경우 월오동 목련묘지공원을 조성할 당시 지역주민과 약속한 사항을 제대로 이행하지 않아 지금도 월오지역주민들은 청주시에 대한 불신이 큰 상태입니다"(청주환경운동연합).
>
> "지역주민과의 대화결과 행정기관을 불신하고 있다"(청주경실련).

지역주민의 신뢰를 얻지 못한 시는 화장장 건립의 당위성과 지역주민의 불신을 해소하기 위하여 지역주민을 비롯한 각종 시민단체와 다양한 토론회를 개최하여 화장장 건립에 대한 시민공감대 형성에 노력을 하였다. 2003년 4월 11일과 9월 22일 및 10월 23일 열린 시와 지역주민 및 시민단체와의 토론회와 세미나에서 시에 대한 주민의 불신문제가 다시 제기되었다.

> "주민들의 불신의 골이 깊으며, 지역개발사업을 예산에 반영하여 지역주민들에게 신뢰를 보여야 한다"(청주시 B의원).
>
> "청주화장장사업은 신뢰의 문제로 보이며, 청주시와 지역주민 간의 신뢰회복이 먼저 선행되어야 한다"(H대학 교수).

우리는 여기서 정부가 사업을 추진할 때 지역주민들에게 과거에 약속하였던 사항을 이행하지 않는다는 것은 새로운 사업을 추진할 때 시에 대한 신뢰형성에 커다란 영향을 준다는 것을 알 수 있다. 주민들은 시에 대한 과거 불신을 학습하기 때문이다. 따라서 지역주민과 시와의 신뢰형성은 대화의 전제조건으로 작용함을 알 수가 있다.

(2) 면대면 대화

이러한 지역주민의 불신을 인식한 청주시는 상당구 월오동주민들을 설득하기 위한 지역주민과의 대화를 시작하였다(청주시, 2008; 35). 시는 화장장 건립후보지 지역주민과의 두 차례에 걸친 대화를 하였다. 1차 대화는 2003년 1월 29일 20시 상당구 동 소재 가든에서 13명(시의원 1인, 지역주민 7명, 공무원 5명)이 참석한 가운데, 청주시가 건립후보지별 검토결과와 타시도 화장장 운영실태 및 시 건립방침 등을 설명하고, 지역주민은 자신들의 의견과 요구사항을 제시하였다. 2차 대화는 동년 2월 7일 12시에 월오동 인근지역 통장 7명과 공무원 5명이 참석한 가운데 주민의 의견과 요구사항이 제시되고, 이에 대하여 시의 입장을 제시하였다(<표 3-5>).

표 3-5 화장장 건립후보지 인근주민과의 대화내용

구분	지역주민 의견과 요구	청주시의 설명과 답변
1차 대화	화장장 건립 예정지임을 인식하고 있었으며, 실질적인 주민혜택 차원의 지역개발 지원대책 요구	건립 후보지별 검토결과와 다른 시·도 화장장 운영 실태 및 우리 시 건립 방침 등 설명
2차 대화	월오동주민 중 젊은층은 화장시설 필요성과 건립에 공감을 표시하고 있으나, 노년층은 목련묘지공원을 회상하여 부정적 견해를 보이고 있는 실정으로 화장장 건립에 대한 주민의 공감대가 형성된 이후 사업추진을 하도록 요구	1차 대화 시 설명을 반복하고, 시는 해당 지역주민과의 지속적 대화를 하고 장사시설 선진지 견학을 통한 이미지 개선과 공감대 형성에 노력할 것임.

자료: 청주시(2008: 35-36).

1차와 2차 대화결과, 시는 지역주민과의 대화를 개설할 수 있는 계기로 만들었고, 인근지역주민과의 대화와 일반시민을 대상으로 한 사업설명회를 2003년 2월에 갖기로 하였다.

그러나 제1후보지인 월오동 산4번지 일원이 최적지로 검토되고, 해당 지역에 대한 현지확인과 주민접촉이 빈번해지자, 월오동 65통장 주관으로 2003년 2

월 25일 '화장장 결사반대'라는 플래카드가 월오동 서원마을 주민일동 명의로 청원군 군민회관 앞과 서월마을 입구에 처음으로 게시되었고, 2월 26일에는 월오동 65통장이 주민 4명과 함께 사회과를 방문하여 화장장을 목련공원 내에 설치할 경우 가장 인접한 월오동 65통이 많은 피해를 입을 것을 주장하면서 월오

표 3-6 시민공청회에서 이해관계자들의 의견과 답변내용

시민과 시민단체의 의견		시의 답변
상당구 월오동주민	• 월오동은 목련공원이 조성되어 있어 지역에 피해를 주고 있는 상황으로 화장장 설치에 결사반대함 • 월오동에 목련공원을 조성할 당시 약속했던 사항을 이행하고 있지 않다.	• 공청회를 마친 후 시민들의 의견을 수렴하여 화장장 부지가 확정되면 모든 사항을 해당 지역주민들에게 공개하고 협의하여 추진하고, • 조속한 시일 내에 주민협의체 구성을 희망하며 주민숙원사업 요구 시에는 지원 가능여부를 검토하여 지원이 가능할 경우 우선하여 사업을 추진함. • 화장장건립사업은 사업 전부를 공개한 후 지역주민과 전문가 및 청주시가 서로 충분한 협의를 거쳐 상호 신뢰할 수 있도록 추진할 계획임.
청원군 낭성면주민	• 화장장 설치를 근본적으로 반대하는 것은 아니나, • 그것이 설치되면 지역의 피해가 우려되므로 이에 대한 대책을 요구	
청주환경운동연합, 청사모, 청주YMCA	• 매장으로 인한 국토의 훼손을 최소화하고 장묘문화의 개선을 위해서는 화장장 설치는 당연하나, • 시가 목련묘지공원을 조성하려면 당시 약속하였던 사항을 이행하지 않아 시에 대한 주민불신이 큰 상태임을 주지시키고, • 화장장 건립지역의 피해보상대책을 수립할 것을 요구함. • 공청회를 개최하기 전에 6개 지역주민들의 동의나 협의 없이 사업이 추진된 점이 아쉬운 점이고, • 화장장건립계획을 늦추더라도 입지후보지 주민의 의견을 충분히 수렴해서 추진하는 것이 바람직함.	
기타 의견	산미분장동 오씨는 화장장과 같은 공익사업의 경우에는 개인의 사유재산권도 보호받아야 하나, 순조로운 사업추진을 위하여 서로 이해하고 양보하는 자세를 요구함.	

자료: 청주시(2008: 41-45).

동 65통 주민들로만 구성된 '화장장 반대주민대책위원회'명단을 제출하고, 구체적인 조직화를 논의하였다.

이렇게 주민반대가 조직화되기 시작할 즈음에 청주시는 2003년 2월 27일 14~16시 사이에 고인쇄박물관 세미나실에서 시민공청회를 개최하였다. 참석자는 총 300명이었는데, 월오동주민 30여 명, 낭성면주민 10여 명(청원군 낭성면 화장장저지대책위원회), 지역시민단체 100여 명(청주환경운동연합, 청사모, 청주YMCA, 청주YWCA 등), 일반시민 160여 명 등이 참여하여 상호간의 의견을 제시하였는데, 그 결과는 <표 3-6>과 같다.

청주시는 2003년 3월 8일 한대수 시장의 결정으로 청주화장장 건립예정지를 상당구 월오동 산 4번지 일원으로 확정하고, 화장장 건립의 정당성과 인근지역주민의 불신을 해소하기 위하여 화장장 건립예정지에 거주하는 주민과의 간담회

표 3-7 지역주민 및 시민단체와의 대화 추진내용

일시	회의모임	참석자	회의성과
2003.4.11.	지역주민 및 시민단체와 토론회	• 청주시: 복지환경국장, 사회과장, 사회보장담당 등 3인 • 지역주민; 월오동주민(5인), 낭성면주민(9인) • 지역시민단체; 환경운동연합, 청주경실련, 청주YMCA, 청주청원을 사랑하는 모임, 청주YWCA 등 5개 단체	시는 화장장 설치배경과 필요성 및 화장장건립계획 설명 주민과 시민단체는 시에 주민의 경제적, 정신적 보상 차원에서 적극적 대책요구
2003.5.16.	월오지역주민간담회 (회의 주재: 청주시장)	• 청주시: 시장, 복지행정국장, 사회과장, 도시계획담당, 사회보장담당 등 5인 • 지역주민: 김위원장 외 20명(통별 4명씩) • 기타: B시의원, 환경연합, 언론사 기자 등	청주시와 지역주민은 허심탄회한 대화로 서로의 입장을 충분히 이해하고, 월오지역종합개발과 화장장 설치사업을 병행 추진하는 것이 바람직하다는 의견접근

2003.6.24.	월오지역주민간담회 (회의 주재: 청주부시장)	• 청주시: 부시장, 회과장, 사회보장담당 등 3인 • 지역주민: 화장장대책외 김위원장 외 24인	화장장설치 관련 대화와 지역주민 요구사항 수렴
2003.7.21.	월오지역주민간담회 (회의 주재: 청주시장)	• 청주시: 시장, 복지환경국장, 사회과장 등 3인 • 지역주민; 김위원장 외 28인	지역주민은 지역개발을 선행한 후 화장장 건립추진을 요구 시장은 지역주민을 위하여 무척 고심하고 있고, 낙후지역개발을 위한 기본계획을 수립 중에 있다고 답변
2003.9.22.	지역주민 및 시민단체와 토론회	• 청주시(3): 복지환경국장, 사회과장, 사회보장담당 • 청주시의회(2): B,C의원. • 시민단체(3): 환경운동연합, 청주YMCA, 청주경실련 • 학계(1): 충북대 교수	화장장 설립에 대한 의견발표와 자유토론 지역주민과 시민단체는 시의 화장장 추진과정상의 문제점과 지역개발사업의지를 지적. 이에 대하여 시는 시장의 지역개발 의지가 확고하며 시민단체의 중재역할을 요구
2003.10.23.	화장장사업 관련 정책세미나 (주관: 충북대 사회과학연구소)	• 주제발표: 지역발전연구원 1인, 대학교수 3인 • 토론자: 청주시 사회과장, 시의회의원(B의원), 월오지역주민 1인, 대학교수 2인, 청주경실련 1인	청주화장사업의 필요성을 인정하고 있으나, 목련묘지공원 조성 시의 약속 미이행에 따른 지역주민들의 불신해소를 위한 노력과 지역주민들을 위한 실질적 지원사업 요구

자료: 청주시(2008: 59–68).

와 지역주민을 비롯한 각종 시민단체 및 전문가와 토론회와 세미나를 개최하여 화장장 건립에 따른 시민공감대 형성을 시도하였다(<표 3-7>).

이상의 간담회와 토론회결과를 정리하면, 지역주민과 시민단체들은 시가 추진하는 화장장 건립의 필요성을 인정하면서도, 화장장이 입지하는 지역이 불이익(비용)을 보완할 수 있는 주민보상대책을 요구하고 있다.

한편, 월오동주민들은 과거 목련묘지공원 조성 당시를 회상하면서 화장장 건립에 좀 더 조직적으로 대응하기 위하여 '월오동화장장추진위원회'를 구성하였고, 화장장 건립을 저지하기 위하여 시청과 공원 집회 및 항의방문과 진정서와 건의서 등을 제출하였다. 그러나 시민과 시민단체 등에서 화장장 건립의 당위성과 필요성이 확산됨에 따라, 반대추진위원회는 2004년 6월 '월오동주민협의체'로 그 성격을 전환하였다.

이후 주민협의체는 화장장 유치를 수락하고, 시에 대한 자신의 요구사항을 제시하는 것에 대하여 시가 물질적·정신적 유인을 주는 것을 전제로 장사시설 학습(공유된 이해)을 통한 협력결과를 도출하기 위한 과정몰입에 전념하게 되었다. 여기서 청주시와 지역주민 및 시민단체와의 대화과정에서 님비시설이 들어서는 지역에 대한 유인책(경제적·물질적 보상)은 공유된 이해와 과정몰입의 전제조건으로 작동하는 것을 알 수가 있다.

(3) 참여의 유인과 제약

Ansell & Gash의 모형에서는 초기조건으로 참여의 유인과 제약을 제시하고 있으나, 이 사례인 화장장 사업결정에서는 참여의 유인과 제약이 협력과정에서 신뢰형성과 면대면 대화를 계기로 논의되는 것을 볼 수가 있다.

청주시가 추진하는 화장장사업은 지역사회에 준공공재(요금재)로서의 역할을 하여 지역주민들에게 편익을 준다. 이는 2003년 2월 27일 실시된 시민공청회에서 청주시의 다음과 같은 답변내용을 보면 알 수가 있다.

> "현재 청주시에는 화장장이 없어 화장을 하려면 인근 충주, 대전, 김천 등의 화장장을 이용해야 하는 실정입니다. 타 지역에 있는 화장장을 이용하기 위해서는 아침 일찍 출발하며 화장요금도 해당 지역주민에 비해 높게 지급하고 있어 유가족들은 시간적·경제적으로 많은 손해를 보고 있는 실정에 있어 화장장은 반드시 건립되어야 합니다"(청주시 답변).

반면에 화장장 건립예정지가 월오동지역으로 확정된 이후, 시가 마련한 간담회와 토론회에서 해당 지역주민과 시민단체들은 자신들이 이익을 표출하면서, 해당 지역의 불이익을 보상하는 정신적·물질적 유인을 요구하고 있다. 해당 지역주민 입장에서는 자신의 지역에 대표적인 님비시설로 인식되는 화장장이 건립되면 편익보다는 유무형의 비용과 제약이 발생하리라는 것을 우려하고, 이에 대한 대책을 촉구하고 있다. 예컨대 화장장은 대표적인 혐오시설에 속하는 님비시설로서 이것이 들어오면 지역주민의 토지가격이나 집 가격이 하락하는 등 경제적 이익이 감소하는 동시에 쾌적한 자연환경을 훼손하고 정신적 피해가 예상된다는 것이다.

> "목련공원 조성이 지역이미지를 저하시키고, 지역주민들은 재산적·정신적으로 많은 피해를 입고 있으며(월오동주민), 화장장이 설치되면 낭성면지역은 지가하락이 예상되며 매연과 분진의 발생으로 생산되는 농산물의 판매가 감소하는 등의 피해가 예상된다"(낭성면주민).
>
> "화장장 설치는 행정기관의 욕구를 충족시키기 위한 사업으로서, 주민의 정신적·물질적 피해구제를 위한 방안을 강구할 것을 요구한다"(월오동주민).

한편, 청주환경운동연합과 청주청원을 사랑하는 모임 등의 지역시민단체들도 지역주민들과 화장장 건립지역에 대한 피해에 대하여 동일한 인식을 하고 있고, 이에 대한 시의 충분한 대책을 요구하고 있다.

> "화장장이 건립되면 해당 지역은 지역이미지 훼손과 지가하락 및 지역농산물의 판매량 감소 등의 피해가 예상되므로, 시는 주민의 경제적·정신적 보상 차원의 적극적이 대책이 요구된다. 그리고 지역주민과의 대화결과 청주시에서 제시한 인센티브에 지역주민이 갈등하는 것으로 나타났다"(청주경실련 등 지역시민단체).

이와 같은 지역주민과 시민단체의 의견에 대하여, 청주시는 주민대책협의회 구성을 희망하고 주민지원사업 요구 시에는 지원가능 여부를 검토하여 지원이 가능하다면 우선하여 사업을 추진할 계획이고, 협의체가 구성되면 각종 지원사업을 협의체와 협의를 통하여 결정하고 실행할 계획이라고 하였다(청주시, 2008: 42-44).

이처럼 협력거버넌스에 이해관계자로서 참여를 하는 데 제약요인인 해당 지역주민의 불이익을 해결할 필요성에 대하여, 청주시는 참여의 유인책으로 각종 주민지원사업을 암시하고 있다. 청주화장장 건립이 해당 지역주민들의 반대로 난항에 부딪치자, 청주시는 지역주민과의 갈을 해소하고 화장장이 설치되는 지역에 유인을 제공하기 위한 준비에 착수하였다. 이 당시 청주시의회 B의원도 화장장이 설치될 월오동 일원에 체계적인 인센티브 지원이 있어야 주민갈등이 해소되어 화장장 건립이 원활하게 추진될 것이라며 월오지역종합개발계획 수립을 강력하게 주장하였다(청주시, 2008: 85).

시와 시의회에서 월오지역 종합개발계획수립에 대한 공감대가 형성되자, 시는 2003년 4월 18일 월오지역 종합개발방침을 결정하고 소요사업비 2억 원을 추가경정예산에 반영하였으며, 7월 29일 충북대에 계획수립을 맡겨 2014년 2월 월오종합개발계획서가 만들어졌다. 개발계획의 내용으로는 화장장이 건립될 월오동 일원의 낙후된 지역이미지를 개선하기 위한 작업으로 가족위락공원, 공무원 주거단지, 노인생활체육공원, 생태하천, 산림욕장, 청소년수련원, 수변위락공원, 택지개발사업, 가족등반로, 인라인스케이트장, 역사탐방로, 추모공원, 공원묘지 공원화, 주거환경개선사업 등 총 14개 사업으로 총사업비가 3,514억 원이다.

이러한 개발계획 발표 당시 월오지역주민들은 냉담한 반응을 보였지만, 종국에는 화장장 건립에 대한 거부감을 해소하게 하고, 화장장 건립사업에 공유된 이해와 과정몰입을 하게 하는 기제로 작용하였다.

(4) 공유된 이해(학습)

청주시는 화장장 건립사업에 대하여 지역주민과의 공감대를 형성하고 문제해결을 위하여 국내외의 장사시설에 대한 견학을 실시하여 학습을 하게 하였다. 지역주민의 장사시설에 대한 방문은 화장장 건립예정지와 가장 근접하여 위치하고 있으면서 화장장 반대집회에 소극적으로 참여하고 있는 산성동 깃대마을 주민들의 동요를 미리 예방하고자 우선 실시하였고, 이후 지속적으로 월오동, 백운동, 운동동 주민들의 장사시설 견학이 이루어졌다.

이처럼 국내외의 장사시설 견학이 진행됨에 따라 지역주민들은 화장장시설

표 3-8	지역주민들의 장사시설 학습현황	
연일시	지역주민	학습지역
2003.12.18~2003.12.20	산성동 건대마을주민 40명	제주도 양지공원
2003.12.22~2003.12.24	운동동 4통(백운마을)주민 40명	상동
2003.12.29~2003.12.31	산성동 건대마을주민 30명	상동
2004.4.26~2004.4.27	월오동 1통장 외 9명	수원 연화장, 성남 영생공원, 부산 영락공원
2004.12.15~2004.12.17	월오동 1통 주민 39명	부산영락공원, 제주양지공원
2004.12.21~2004.12.23	월오동 2통, 3통 주민 103명	상동
2004.12.28~2004.12.30	운동동 5통 주민 76명	상동
2004.12.28~2005.1.1	월오주민협의체 박광선 외 19명	상해 보흥화장장, 장가계 장흥화장장, 소주 소희화장장
2005.6.17	월오동주민협의체 임원 12명	직지사, 대전뿌리공원
2005.9.26	월오동주민협의체 임원 15명	수원, 성남, 태백 장사시설
2006.12.8~2006.12.9	월오동주민협의체 임원 25명	수원 연화장, 서울시립공원묘지(자연장)
2006.12.26~2006.12.30	월오동, 운동동, 산성동 것대마을 주민 75명	일본 후쿠오카, 구마모토, 나가사키 장사시설
2007.4.9	월오동주민협의체 임원 15명	부산 영락공원

자료: 청주시(2008: 74).

의 필요성을 공감하였고, 화장장이 최첨단으로 건립되어 환경오염을 최소화한다면 굳이 반대할 이유가 없음을 암시하였다.

(5) 과정몰입

청주시와 지역주민 간에 대화와 학습을 통하여 형성된 화장장사업에 대한 공유된 이해는 사업추진을 가속화하는 과정몰입의 토대가 되었다.

청주시는 그동안의 대화과정에서 주민이나 시민단체가 요구하였던 월오지역에 대한 지역개발사업으로 충북대에 용역을 주어 2004년 2월 만들은 '월오종합개발계획'을 지역주민에게 제시하였다. 시의 월오종합개발계획이 발표된 이후, 월오지역주민들은 이 계획이 화장장을 건립하기 위한 청사진에 불과하다고 주장하였으나, 화장장 건립에 대한 거부감은 다소 해소되었다. 월오지역 종합개발계획은 닫혀 있던 지역주민들의 마음을 움직여 화장장 건립의 밑거름이 된 것으로 보인다(청주시, 2008: 85).

이후 장사지역 견학을 마친 월오지역주민들은 화장장 건립에 따른 지역이미지 개선사업을 결정하기 위하여 주민회의를 수시로 개최하였다. 월오지역주민협의체는 청주시가 작성한 월오지역 종합개발계획서를 참고하여 지역이미지 개선사업으로 '월오지역주민협의체 협정요구사업'을 결정하였다.

월오지역주민들이 화장장 건립과 관련한 주민요구사업을 제시함에 따라, 청주시도 협정서 체결을 위한 주민홍보 및 설득작업에 총력을 기울였다. 2005년 3월 9일 월오동 3개통 208세대에 이미지 개선사업 홍보전단을 배부하였고, 3월 10일에는 주민설명회를 개최하려고 하였으나 주민제재로 취소되었다. 3월 11일과 12일에 시는 월오동주민협의체 위원장과의 대화를 하였는데, 청주시가 협약서 초안을 작성 중이며 협의체에서도 3월 15일까지 의견을 제시하기로 약속하였다.

3월 14일 월오주민협의체는 월오 1통 마을회관에서 임시총회를 개최하였는데, 협약서 작성이 시간적으로 촉박하므로 용암 제2동사무소에서 주민협의체 임원 5명과 화장장추진팀이 협약(안)을 작성하기로 합의하였다. 3월 16일 주민협의체(위원장 외 4명)와 청주시(화장장추진팀장 외 3명)는 용암 제3동사무소 동장실에서 1차 실무회의를 갖고 주민협의체의 요구사업에 대한 의견을 교환하였다. 3월 17일에 월오지역주민협의체 위원장은 자신들의 요구사항을 관철시키기 위하여 3월 27일부터 화장장 사업백지화를 위한 항의집회를 실시하는 것과 합의서 공증과 협약서 초안을 제시하라는 내용의 진정서를 시에 제출하였다. 3월 18일부터 3월 25일까지 용암 제2동사무소 동장실에서 주민협의체(위원장 외 4명)와 청주시 실무자(화장장추진팀장 외 3명) 간에 2차 · 3차 · 4차 실무회의를 가졌는데, 이러한 과정에서 상호이해조정이 있었고, 여기서 만들어진 협의내용에 대하여 지역주민에게서 4~5일간의 의견수렴을 거쳐 최종 주민의견을 제시하기로 하였다.

이에 따라 4월 15일 월오주민협의체는 월오 1통 마을회관에서 자체회의를 갖고 금주 중에 동별 회의를 개최하여 협정(안)에 대한 지역주민의 의견을 수렴한 후 주민협의체 전체회의에서 협정 등을 결정하기로 하였다. 4월 29일의 월오주민협의체 간부회의에서는 협정서(원안)를 가결하고, 5월 1일 임원회의에서는 협정서(최종안)를 결정하고, 통별 주민회의 일정을 확정하였다(1통 5월 3일, 2통 5월 4일, 3통 5월 6일). 마침내 5월 3일에 주민설명회 공고문이 부착되었는데 그 내용은 주민요구사항 추진계획안과 협정서를 설명하고, 추가 요구사항은 실무회의 때 건의하며, 주민투표(협정서 가결은 조합원 70% 이상 찬성으로 가결) 등이다. 주민투표결과 월오 1통은 부결(찬성 14표, 반대 12표: 70% 미만 찬성)되었고, 월오 2통은 가결(32세대 중 29세대 서명: 90.6% 찬성)되었으며, 월오 3통은 가결(전체 31세대 중 27세대가 참석하여 찬성 20세대, 반대 7세대: 74% 찬성)되었다. 5월 11일 월오주민협의체는 시장실에서 시장을 면담하고 협의내용에 대한 시장의 충분한 이해와 동의를 확인하였다.

(6) 중간결과

청주시와 월오동주민협의체 사이에 의견이 수렴되어, 잠정적인 정책결론으로 시는 월오지역 종합개발계획을 수립하였고, 지역주민은 협정요구사업을 결정하여 시에 제시하였다(<표 3-9>).

표 3-9 화장장사업 결정의 중간결과

행위자	청주시	지역주민
중간결과	월오지역 종합개발기본계획	주민협의체 협정요구사업
	– 가족위락공원 조성(7.64만 평) – 공무원주거단지 조성(3ha,1,630만 원) – 노인생활체육공원 조성(18,505평, 12,218백만 원) – 생활하천 조성(월운천 5km 구간,184백만 원) – 산림욕장 조성(36ha,366백만 원) – 청소년수련원 조성(30,250평, 7,000백만 원) – 수변위락공원 조성(3ha,1,140백만 원) – 택지개발사업(712,263평, 300,000백만 원) – 가족등반로 조성(4km,170백만 원)	단기사업 • 노인복지마을 조성 • 수변위락공원 조성 • 주민소득사업(40억 원) • 취락구조 개선사업(이주단지 조성) • 소규모 숙원사업(구청) • 화장장 내 장례식장 및 매점운영권

내용	– 인라인스케이트장 정비사업(약 9km, 1,500백만 원) – 역사탐방로 조성(약 5km, 40백만 원) – 추모공원 조성(14,250백만 원) – 공원묘지공원화사업(150백만 원) – 주건환경 개선사업(25,900백만 원)	중기사업 • 공원화사업(가족위락공원, 유원지) • 인라인스케이트장 설치 • 야외공원장 설치 • 청소년수련원 건립 기타 • 조감도 설치 • 화장로 도시가스 연료 사용 • 기피시설 주변지역 지원특별법조례 제정 • 월오종합개발계획 설계용역 발주 • 협정서 공증

자료: 청주시(2008: 85–96).

5) 협력결과 분석

청주시의 오랜숙원사업이던 화장장 건립은 시의 지역주민에 대한 불신완화(신뢰형성)를 토대로 대화를 통한 설득(면대면 대화)과 대화과정에서 시의 지역미지 개선사업의 제시(참여유인) 및 선진 장사시설 학습을 통해 화장장이 우리 지역에 꼭 필요한 사업이라는 것에 대한 공감대 형성(공유된 이해)을 통하여 정책결과를 산출하기 위한 노력(과정몰입)을 하여 협력결과를 이끌어 내었다.

마침내 2005년 5월 18일 청주시청 3층 소회의실에서 청주시와 월오주민협의체는 화장장 건립을 위한 협정서에 서명을 하게 되었는데, 그 내용은 다음과 같다. 청주시와 월오지역주민협의체는 청주시의 오랜 숙원인 화장장을 월오동에 신축하면서 혐오시설로부터 받는 경제적 · 정신적 손실을 보상하는 차원에서 아래와 같이 약속한 지역개발 및 이미지 개선사업을 충실히 이행하여 월오지역주민의 편익을 도모하고 월오동주민을 최대한 고용하여 지역소득증대와 경제기반을 구축함은 물론 살기 좋은 마을조성에 최선을 다할 것을 약속하며 다음과 같이 협정한다. 첫째, 청주화장장 신축사업과 이미지 개선사업의 원활한 추진을 위하여 매월 1회 이상 실무회의를 개최하며, 실무회의 위원장은 부시장이 된다. 단 시장의 결심사항이나 주민협의체에서 시장 면담 요청 시 수일 내로 간담회를 주선하고 참석자 전원 서명날인한 회의록을 작성하여 시장결재 후 매월 협의체에 전달한다. 둘째, 이미지 개선사업의 세부추진사항은 청주시 중기지방재정계획 및 월오지역종합개발계획지침서에 의거하여 단기, 중기, 장기사업으로 추진한다(청주시, 2008: 106-108).

4. 결론: 분석결과 및 논의

이 연구는 Ansell & Gash(2007)의 협력거버넌스모형을 청주장사시설(묘지공원 및 화장장)이라는 님비사업 의사결정사례에 적용하여 분석한 것이다. 이 연구를 통하여 청주장사시설사업의 의사결정과정에서 지방정부와 지역주민 및 시민단체 간의 협력거버넌스가 어떻게 작동하였는가를 검증할 수 있었고, 이를 통하여 님비사업 의사결정의 성공요인을 도출할 수 있었다. [그림 3-2]는 협력거

그림 3-2 협력거버넌스모형에 의한 님비사업 의사결정 분석결과

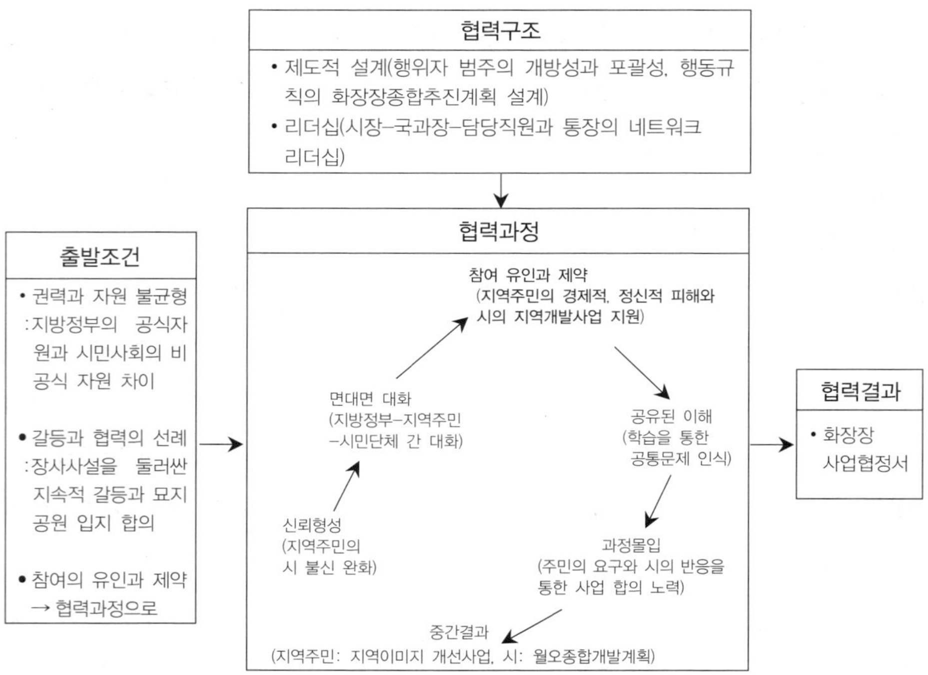

버넌스모형을 통한 님비사업 의사결정의 분석결과를 요약한 것이다.

[그림 3-2]의 분석결과를 토대로, 님비사업 의사결정에서 협력적 정책결과를 가져오게 한 성공요인을 다음과 같이 제시할 수 있다.

우선, 청주장사시설사업 의사결정은 Ansell & Gash가 출발조건으로 설정한 권력과 자원의 불균형과 갈등과 협력의 선례로부터 출발하였다. 시와 지역주민은 권력이나 자원에서 불균형을 가지고 있는 것은 상보적인 행동을 유발하는 조건이 되었고, 청주시에서 관선 지방행정시대부터 민선 지방자치시대까지 갈등과 협동의 경험을 가지고 있다는 것은 이후 협력을 하는 중요한 학습조건이 되었다. 그러나 이들 모형에서 출발조건으로 제시한 참여의 유인과 제약은 사례연구결과 협력과정의 변수에 포함시키는 것이 타당하다. 지방정부의 지역주민에 대한 유인책은 처음 갈등상황에서가 아니라 협력과정에서 나타나기 때문이다.

다음으로, 청주장사시설사업의 의사결정이 성공할 수 있었던 요인은 제도설계(행위자의 범주와 행동규칙)와 리더십으로 이루어진 협력구조가 잘 설계되었고 실제 작동되었다. 갈등문제를 해결하기 위해서는 문제에 관련되는 행위자의 참여범주를 확인하여야 하는데, 이 사례에서는 행위자의 개방성과 포괄성이 있었고, 이들 행위자가 활동하는 행동규칙을 화장장사업 종합추진계획에 미리 설계하였다. 행동규칙의 운영에 대해 지역주민과 시민단체는 절차상의 미흡과 같은 과정투명성 부족을 지적하기도 하였다. 그리고 리더십은 갈등을 협력으로 유도하는 데 상층(시장)과 중층(국과장) 및 하층(담당공무원과 통장)의 민주적인 네트워크 리더십이 발휘되었다.

마지막으로, 장사시설사업 의사결정의 성공요인은 협력구조틀 속에서 협력과정의 변수들이 잘 작동되었다. 협력과정에서는 신뢰가 가장 중요한 전제조건이 되는 것을 알 수가 있다. 신뢰는 협력을 작동을 촉진시키는 접착제라고 할 수 있기 때문이다. 주민들은 시에 대하여 인식하는 과거에 대한 불신을 학습하여 문제제기를 계속하고 있다. 이러한 신뢰가 형성된 이후에야 대화가 이루어질 수 있다고 본다. 화장장 건립을 담당하는 사회과는 화장장 건립팀을 만들고 시의 행동에 불신을 하고 있는 지역주민과의 지속적인 상호작용을 하고 있다. 이는 면대면 대화에서 나타난다. 문제를 해결하기 위한 대화채널로는 간담회나 공청회를 통한 주민의견 청취나 지역주민협의체와의 지속적인 대화나 실무회의를 들 수 있다. 이러한 대화채널을 통하여 상호간에 이해관계를 수렴하는 과정에서 시의 지역주민에 대한 유인책과 학습이 촉매요인으로 작용하였다. 시는 월오지역 종합개발계획서를 지역주민에게 제시하고, 지역주민협의조직은 주민요구사업을 시에 제시하여 상호조정을 하고 있고, 선진지역의 장사시설에 대한 학습은 공유된 이해를 촉진하는 계기가 되었다. 이후 시와 지역주민은 상호합의된 정책결과를 산출하기 위한 몰입을 하고 있다.

이러한 사례분석을 통하여 도출할 수 있는 함의를 살펴보면 다음과 같다.

첫째, 이 연구에서 적용한 Ansell & Gash 협력거버넌스모형의 타당성이다. Ansell & Gash가 설계한 초기조건 – 협력구조 – 협력과정 – 협력결과로 구성되는 협력거버넌스모형은 우리나라 갈등사업의 협력거버넌스를 분석하는 데 어느 정도 모형을 구성하는 변수들의 적실성이 있으나, 변수의 위치는 수정할 필요가 있다. 앞의 [그림 3 – 2]에서 나타나듯이, 출발조건의 경우 권력과 자원 불균형 및 갈등과 협력의 사전역사는 설명력이 있으나, 참여의 유인과 제약은 협력과정의 변수로 이동할 필요가 있다. 협력구조에서 행위자의 개방성과 포괄성 및 행동규칙과 리더십은 이 사례를 잘 설명하고 있다. 특이한 점은 리더십으로 Ansell & Gash는 촉진적 리더십을 강조하였지만, 이 연구에서는 네트워크 리더십이 발견되었다. 반면에, Ansell & Gash의 모형에서 이 사례연구를 통하여 가장 많은 수정이 필요한 것은 협력과정이다. 이들은 협력과정의 변수들이 면대면 대화 → 신뢰형성 → 과정몰입 → 공유된 이해 → 중간결과로 반복적이고 선형적 과정으로 진행된다고 하지만, 이 연구결과는 신뢰형성 → 면대면 대화 → 참여의 유인과 제약 → 공유된 이해 → 과정몰입 → 중간결과로 다르게 작동함을 알 수 있었다. [그림 3 – 2]에서 보듯이, 시에 대한 시민의 신뢰가 형성되어야 면대면 대화가 진행되고, 대화과정에서 서로간의 참여의 유인(편익)과 제약(비용)에 대한 논의가 이루어지고, 이후 학습을 토대로 공유된 이해와 몰입이 이루어짐으로써 중간결과, 나아가서 정책산출을 가져오고 있다. 이는 Ansell & Gash가 자신의 협력거버넌스모형을 상황의존적 모형이라고 하였듯이, 협력과정의 순환이 분석사례에 따라 상이하게 진행될 수 있음을 암시한다고 볼 수 있다. 예컨대 조만형·김이수(2009)의 연구는 협력과정이 선순환적으로 진행된다는 것에 대하여 환경기초시설 빅딜사례분석을 토대로 의문을 제기하고 수정하고 있다. 이러한 연구결과는 외국에서 많은 사례연구를 종합분석하여 설계한 협력거버넌스모형이 환경적 특성이 상이한 한국에서 일정한 한계를 가지므로 실증분석을 하는 데 수정된 협력거버넌스모형을 설계할 필요가 있음을 암시하고 있다.

둘째, 서론의 문제제기에서 보는 바와 같이 지방정부에서 갈등의 다수로 등장하는 환경사업에서 협력이 매우 낮게 이루어지고 있는데, 이 연구는 님비사업 의사결정에서 갈등을 협력으로 해결한 성공적인 협력거버넌스사례라고 할 수가 있다. 한국 정부에서는 정부3.0의 추진전략으로 협업행정을 강조하고 있다. 복잡하고 사악한 문제의 증가를 특징으로 하는 현대사회에서, 성공적인 사회문제의 해결을 위해서는 가능한 모든 자원을 가장 효율적으로 동원하는 것이 협업행정이라고 한다면, 정부부처뿐 아니라 민간부문과의 협업이 중요하다(이명석, 2013: 17-18). 왜냐하면 사악한 문제의 해결에 필요한 권력과 자원은 정부와 민간부문이 가지고 있기 때문이다. 이 연구사례에서는 지방정부와 민간부문 간의 협업을 통한 문제해결을 하고 있다. 따라서 청주장사시설사업의 협력적 의사결정과정은 다른 지역의 갈등사례를 협력거버넌스로 분석하거나 해결하는 데 벤치마킹모형으로 이용할 수 있다고 본다.

그러나 이 연구는 특정지역의 단일사례를 분석한 것으로서 모든 사례에 적용하기에는 일반화의 한계가 존재할 수도 있다. 향후 연구에서는 다른 지역의 다양한 갈등이나 협력사례(예컨대, 행정안전부의 상생협력갈등관리 우수사례)와 비교분석할 필요가 있다고 본다.

[부록] 청주장사시설(묘지공원과 화장장)사업의 의사결정 추진내용

장사시설사업	추진내용
묘지공원 (청주목련공원)	1984.12. 가경동 산91-5번지 일원에 묘지공원 조성을 추진하였으나, 주민 반발로 1985년 중지
	1986. 진천군 문백면 은탄리 일원을 후보지로 선정하였으나, 주민 반발로 무산
	1987. 청원군 낭성면 구성리 및 현암리를 후보지로 선정하였으나, 주민 반발로 무산
	1988.1. 정수원 및 묘지공원 조성계획을 수립하여 청원군 옥산면 장동리 산75-2번지 일원에 추진하였으나, 주민 반발로 무산
	1988.11.10. 청주시 상당구 월오동 일대 묘지공원 입지 선정
	1989.5.19. 청주시 도시계획변경안에 대한 공청회(도시과)
	1990.6.19. 청주시 도시계획변경 확정 승인(도시과)
	1991.4.11. 청주시 도시계획재정비 결정 신청(도시과)
	1992.1.6. 충북도 도시계획(재정비) 변경 결정(충북도고시 제195호) → 도시자연공원 월오묘지공원(용도지역: 자연녹지지역)
	1992.10.23. 청주시 월오묘지공원 조성계획 결정 승인(도시과)
	1994.5.10. 청주시 도시계획시설 실시계획 인가(도시과)
	1994.5.16. 목련공원조성사업 착공(공영개발사업소)
화장장 (청주목련원)	1998.4. 화장장시설 결정 검토계획 수립(목련공원 내 3기) 및 화장장시설 국비보조신청(1,585백만 원).
	1998.6. 청주도시계획재정비 신청(모지공원 일부 화장장)
	1998.7. 청주화장장건립계획 수립(화장로 5기)
	1998.11. 도시계획시설 결정(변경) 신청 및 공유재산 취득 심의
	1998.12. 청주시장과 주민대표 면담
	1999.1. 99년 당초예산에 기본설계용역비 42,686천 원과 건축비 573,231천 원 확보
	2000.8. 국도비 반납(이유: 집단민원 및 예산확보 어려움 등)
	2003.1. 화장장 건립을 위한 시민공청회 개최
	2003.2. 화장장사업계획 6개 후보지 선정
	2003.3. 청주화장장 신축부지 월오동 확정 및 국도비 신청
	2003.3. 월오지역주민 반대투쟁위 구성
	2003.5. 충북도 재정투융자심사, 조건부 의결 125억 원(국고보조 확정 후 재원 확보 추진)
	2003.7. 건축설계 현상공모(당선업체: (주)신성건축)
	2003.11. 청주시 재정투융자심사 → 화장장내 장례식장 심의 가결(17억 5천 원)
	2004.2. 청주시 월오종합개발계획 작성(용역기관: 충북대)

2004.2. 청주화장장 기본설계용역 발주(172,300천 원)
2004.6. 월오지역주민협의체 구성 – 월오지역 이미지개선사업 결정
2004.7. 화장장실시계획 용역 발주(380,000천 원)
2004.11.화장장실시설계 완료
2004.12. 교통영향평가 완료 및 도시계획시설변경 결정
2005.1. 화장장신축공사 공고(13,051백만 원)(계약: KCC건설 외 2개 업체)
2005.5. 월오지역주민과 협정서 체결 후 공사 착공
2006.9. 청주목련원관리운영조례 개정
2006.10. 청주목련원 준공

생각해 보기

1. 협업행정이란 무엇인가?
2. 님비시설(NIMBY)이란 무엇이고 어떤 종류가 있는가를 설명하여 보라.
3. 청주화장장사업은 그동안 왜 갈등을 보여 왔는가?
4. 청주화장장 사업결정에는 누가 이해당사자로 참여하고 있는가?
5. 청주화장장 사업결정에서 시장은 어떠한 역할을 하였는가?
6. 청주화장장 사업결정에서 시민은 어떠한 역할을 하고 있는가?
7. 청주화장장 사업결정에서 시민단체는 어떠한 역할을 하고 있는가?
8. 청주화장장 사업결정에서 시에 대하여 시민은 왜 불신하고 있는가?
9. 청주화장장 사업결정에서 시와 시민은 어떠한 대화를 하고 있는가?
10. 청주화장장 사업결정에서 시는 시민에게 어떠한 유인책을 제시하였는가?
11. 청주화장장 사업결정이 성공한 이유를 설명하라.

참고문헌

김윤권(2015). 정부조직관리의 협업행정에 관한 연구. 『행정포커스』, 114: 60－63.

김이수(2011). 행정구역통합과정에서 협력적 거버넌스 구축에 관한 실증적 연구: 여주시와 전주권(전주와 완주)의 통합과정 비교분석. 『한국사회와 행정연구』, 22(3): 69－94.

김준기(2000). 정부－NGO관계의 이론적 고찰: 자원의존모형의 관점에서. 『한국정책학회보』, 9(2): 9－28.

김흥희(2011). 협력거버넌스모형의 구축과 적용. 『정부학연구』, 17(2): 143－182.

남궁근(2011). 『행정조사방법론』. 서울: 법문사.

박천오(2013). 한국의 융합행정: 초기 양상과 발전과제. 『정부학연구』, 19(2): 165－196.

박형준 · 이인원(2009). 지역개발정책수단으로서 협력적 지역거버넌스의 형성: 승리연합모형을 통한 지역파트너십 형성모형 설정. 『한국정책학회보』, 18(2): 7－36.

배응환(2005). 로컬거버넌스: 갈등에서 협력으로. 『지방행정연구』, 19(2): 187－216.

배응환(2010). 신지역주의와 협력거버넌스: 광역경제권 설계의 전제. 『한국행정학보』, 44(4): 203－232.

안전행정부 협업행정과(2013). 정부 3.0 추진방향과 협업행정 활성화방안. 2013년 서울행정학회 춘계학술대회 발표논문.
오철호(2013). 정부 3.0: 협업행정 그리고 변화관리. 『행정포커스』, 104: 29-35.
오철호 · 고숙희(2012). 협력적 거버넌스 구축 및 운영에 관한 연구: 출소예정자의 취업 · 창업지원 융합행정을 중심으로. 『한국사회와 행정연구』, 22(4): 27-49.
유낙근 · 이원섭(2012). 남강물 부산공급 갈등관리를 위한 협력적 거버넌스 탐색. 『지방정부연구』, 16(3): 273-290.
이명석(2013). 협업행정의 과제. 『국회입법조사처 발표자료』.
이명석 · 배재현 · 양세진(2009). 협력적 거버넌스와 정부의 역할: 사회적 기업사례를 중심으로. 『한국정책학회보』, 18(4): 145-171.
정문기(2009). 지역경제개발의 협력거버넌스. 『한국행정학보』, 43(3): 229-250.
조만형 · 김이수(2009). 협력적 거버넌스 구축에 관한 실증적 연구: 광명시와 구로구 간의 환경기초시설 빅딜사례를 중심으로. 『한국사회와 행정연구』, 20(2): 215-239.
최문형 · 김이제 · 정문기(2015). 주거환경관리사업에서의 협력적 거버넌스: 길음동 소리마을 주민참여형 재생사업을 중심으로. 『한국지방자치학회보』, 27(4): 179-208.
청주시(2008). 『청주목련원 건립백서』. 청주: 청주시.
하미승 · 전영상(2007). 협력적 거버넌스에 대한 공무원태도의 결정요인분석. 『한국행정연구』, 16(1): 3-40.
한국지방행정연구원(2008). 『지역간 협력사업의 활성화 촉진방안』. 정책과제.
행정안전부(2008). 『상생협력 · 갈등관리우수사례집』. 서울: 행정안전부 지방행정국.
행정자치부(2007). 『지방자치단체 상호간 분쟁해소자료』. 행정자치부 보도자료.
행정자치부(2014). 『칸막이 없는 유능한 정부구현을 위한 협업행정매뉴얼』. 서울: 행정자치부.

Ansell, Chris & Gash, Alison(2007). Collaborative Governance in Theory and Practice. *Journal of Public Administration Research and Theory*, 18: 543-571.
Blatner, K., Carroll, M., Daniels, S., & Walker, G. (2001). Evaluating the Application of Collaborative Learning to the Wenatchee Fire Recovery Planning Effort. *Environmental Impact Assessment Review*, 21: 221-236.
Brown, A. J. (2002). Collaborative Governance Versus Constitutional Politics: Decision Rules for Sustainability from Australia's South East Queensland Forest Agreement. *Environmental Science and Policy*, 5: 19-32.

Bryson, J. M., Crosby, B. C., & Stone, M. M. (2006). The Design and Implementation of Cross-Sector Collaborations: Propositions from the Literature. *Public Administration Review*, 26 Special Issue: 44-55.

Buanes, A. Jentoft, S., Karlsen, R., Maurstad, A., & Soreng, S. (2004). In Whose Interest? An Exploratory Analysis of Stakehoders in Norwegian Coastal Zone Planning. *Ocean & Coastal Management*, 47: 207-223.

Burger, J., Gochfeld, W., Powers, C. W., Waishwell, L., & Goldstein, B. D. (2001). Science, Policy, Stakeholders and Fish Consumption Advisories: Developing a Fish Fact Sheet for Savannah River. *Environmental Management*, 27: 501-514.

Chrislip, David & Larson, Carl E. (1994). *Collaborative Leadership: How Citizens and Civic Leaders Can Make a Difference*. San Francisco, CA: Jossey-Bass.

Crosby, Barbara C. & Bryson, John M. (2005). *Leadership for the Common Good: Tackling Public Problems in a Shared Power World*. San Franscisco: Jossey-Bass.

Ebrahim, A. (2001). Institutional Preconditions to Collaboration: Indian Forest and Irrigation Policy in Historical Perspective. *Administration & Society*, 36: 208-242.

Echeverria, J. D. (2001). No success like Failure: The Platte River Collaborative Watershed Planning Process. *William and Mary Environmental Law and Policy Review*, 25: 559.

Emerson, K., Nabatchi, T., & Balogh, S. (2011). An Integrative Framework for Collaborative Governance. *Journal of Public Administration Research and Theory*, 22(1): 1-29.

Futrell, R. (2003). Technical Adversarialism and Participatory Collaboration in the U.S. Chemical Weapons Disposal Program. *Science, Technology and Human Values*, 28(4): 451-482.

Gray, Barbara (1989). *Collaborating: Finding Common Ground for Multi-Party Problems*. San Francisco, CA: Jossey-Bass.

Huxham, Chris (2000). The Challenge of Collaborative Governance. *Public Management*, 2(3): 337-357.

Huxham, C. & Vangen, S. (2001). Leadership in the Shaping and Implementation of Collaboration Agendas: How Things Happen in a Joined Up World. *Academy of*

Management Journal, 43: 1159−75.

Imperial, Mark (2005). Using Collaboration as a Governance Strategy: Lessons from Six Watershed Management Programs. *Administration & Society*, 37: 281−320.

Innes, J. E. & Booher, D. E. (1999). Consensus Building and Complex Adaptive and Systems: A Framework Evaluating Collaborative Planning. *Journal of the American Planning Association*, 65(4): 412−423.

Innes, J. E. & Booher, D. E. (2003). Collaborative Policy Making: Governance through Dialogue, in M. Hajer & H. Wagenaar(eds.), *Deliberative Policy Analysis: Understanding Governance in the Network Society*. Cambridge: Cambridge University Press.

Lasker, R. D. & Weiss, E. S. (2001). Partenrship Synergy: A Practical Framework for Studying and Strengthening the Collaborative Advantage. *The Milbank Quarterly*, 79(2): 179−205.

Logsdon, J. (1991). Interests and Interdependence in the Formation of Social Problem−Solving Collaborations. *Journal of Applied Behavioral Science*, 27(1): 23−37.

Magerum, Richard D. (2002). Collaborative Planning: Building Consensus and Building a Distinct Model for Practice. *Journal of Planning Education and Research*, 21: 237−253.

Nelson, L. & Weschler, L. (1998). Institutional Readiness for Integrated Watershed Management: The Case of the Maumee River. *Social Science Journal*, 35: 565−576.

Reilly, Thom (2001). Collaboration in Action: An Uncertain Process. *Administration in Social Work*, 25(1): 53−73.

Ryan, C. (2001). Leadership for Collaborative Policy Making: An Analysis of Agency Roles in Regulatory Negotiations. *Policy Sciences*, 34: 221−45.

Schucakman, M. (2001). Making Hard Choices: A Collaborative Governance Model for the Biodiversity Context. *Washington University Law Quarterly*, 79: 343.

Susskind, L. & Cruikshank, J. (1987). *Breaking the Impasse: Consensual Approaches to Resolving Public Disputes*. New York: Basic Books.

Tett, L., Crowther, J., & O'Hara, P. (2003). Collaborative Partnerships in Community Education, *Journal of Education Policy*, 18: 37−51.

Trist, E. (1983). Referent Organizations and the Development of Inter−Organizational Domains. *Human Relations*, 36(3): 269−284.

Vangen, S. & Huxham, C. (20030. Enacting Leadership for Collaborative Advantage: Dilemmas of Ideology and Pragmatism in the Activities of Partnership Managers. *British Journal of Management*, 14: 61−76.

Warner, J. F. (2006). More Sustainable Participation? Multi−stakeholder Platforms for Integrated Catchment Management. *Water Resources Development*, 22(1): 15−35.

제 2 절 환경기초시설 입지성공사례: 광역시-구로구 간 빅딜사례[1)]

1. 서론

인간은 누구나 쾌적한 환경에서 살 권리를 가진다. 21세기 들어 환경의 중요성은 더욱 강조되고 있고, 삶의 질을 결정하는 최상의 가치로 인식되기에 이르렀다. 그러나 인간이 쾌적한 삶을 영위하기 위해서는 환경기초시설[2)]은 필수적이지만, 시설로 인한 부정적 영향 때문에 누구나 자기 지역에 입지하는 것에 대해서는 반대하기 마련이다(Wolsink, 1994).[3)]

환경기초시설은 자치단체가 제공해야 하는 필수적인 요소이지만, 입지과정

---

1) 이 정책사례는 『지방정부연구』 제8권 4호(2005년)에 실린 윤영채의 "입지갈등 해결전략으로서의 환경기초시설 빅딜사례연구"에 관한 논문임.

2) 환경기초시설이란 우리나라에서 사용되는 기술행정용어로서 환경보전을 위한 적극적인 수단으로서의 관련 제반시설을 의미한다(국무총리수질개선기획단, 1998). 이러한 시설은 오염물질의 성분과 상태에 따라 다양하나 주요 시설로는 쓰레기매립장, 쓰레기소각장, 하수종말처리장, 분뇨처리장, 축산폐수처리장 등이 있다. 환경기초시설은 연구자에 따라 혐오시설(임우석, 1995), 비선호시설(유해운, 1996; 전주상, 2000), 기피시설(이수장, 1996) 등의 용어로 지칭하기도 하나 이러한 용어들은 주민들의 선호도와 시설건설사업의 여건에 따라 시설의 범위가 달라질 수 있다는 문제점을 내포하고 있다. 따라서 이 연구에서는 시설의 범위를 좀 더 명확히 하기 위하여, 정부에서 공식적으로 사용하는 환경기초시설이란 용어를 사용하고자 한다.

3) 환경기초시설의 입지결정을 둘러싸고 발생하는 현상을 지역이기주의 또는 님비현상으로 불리는데, 이 두 가지 용어는 일반적으로 혼용되어 사용된다. 엄밀히 말하면, 지역이기주의란 산업사회화와 민주화 과정에서 삶의 질에 대한 주민들의 욕구가 다양화되고 있는 가운데 공동체적 이익과 발전을 생각하기보다는 지역주민 자신들만의 이익을 추구하는 현상을 말하는 반면, 님비현상은 내가 거주하고 있는 동네, 내가 속해 있는 지역 내에는 혐오시설을 절대로 입지시킬 수 없다는 사회적 증후군을 의미한다.

에서 필연적으로 발생하는 자치단체 간 갈등, 자치단체와 주민 간 갈등은 지방자치가 본격화됨에 따라 더욱 복잡한 양상을 띠며 전개되고 있다. 따라서 환경기초시설을 둘러싼 갈등은 우리나라 지방자치의 발전을 위해서도 해결하여야 할 과제이다.

환경기초시설의 중요성에도 불구하고 '내 지역에는 안 된다'는 님비현상이 사회 전체적으로 팽배해 있어, 사업이 결정되어 추진되기까지는 결코 쉬운 일이 아니다. 이러한 문제는 수도권뿐만 아니라 전국적으로 공통된 현상이기도 하다. 서울시의 경우만 해도 여러 곳에서 님비현상 때문에 시설건설에 차질을 빚은 적이 있는데,[4] 그렇다고 이들 시설의 건설을 마냥 미루기만 할 수도 없는 노릇이다. 1990년대 초 서울시의 난지도매립장이 폐쇄되자 사태는 더욱 악화되었다. 수도권지역 각 지방자치단체들은 전적으로 김포수도권매립지에 의존하게 되었으나, 야간 장거리 수송의 높은 비용, 교통체증, 각종 부담금, 까다로운 반입규제 등으로 자체적인 쓰레기처리시설을 확보하지 않을 수 없게 되었다.

더군다나, 국가폐기물정책이 '매립에서 소각'으로 전환되고, 서울시의 경우 2001년부터 착공되는 소각장에 대하여 서울시가 건설비용을 전액 부담하는 관계로 자치단체들은 앞다투어 자체 소각장을 보유하기를 희망하고 있었다. 그럼에도 불구하고, 대부분의 소각장 건립계획이 주민들의 반대로 무산되고 있으니 수도권 소재 자치단체들에게는 하루 수백 톤씩 쌓이는 생활쓰레기의 처리가 골칫거리가 아닐 수 없었다. 문제는 폐기물처리장을 건설하려고 해도 주민들이 혐오시설이란 이유로 반대하고, 또 다른 지역에서는 다른 지역의 생활쓰레기를 선뜻 받아주지 않는 데 있는 것이다.

이러한 와중에 구로구의 생활쓰레기는 광명시의 자원회수시설[5]에서, 광명시

---

4) 1995년 지방자치제가 본격 시행된 이후 자치단체 간에 환경기초시설 건설을 둘러싼 갈등이 부쩍 늘었다. 서울의 경우만 해도 강서구와 부천시, 송파구와 성남시, 중랑구와 구리시 간에 쓰레기 소각장 건설 관련 분쟁이 계속되고 있다. 은평구와 고양시는 쓰레기환적장 건설문제로 첨예한 감정대립이 일고 있으며, 화장장 입지문제로 다투는 곳도 있다.

5) 자원회수시설(waste－to－energy incinerator)이란 용어는 소각장 중에서 쓰레기를 대체원료로 사용하여 에너지를 발생시키는, 즉 쓰레기를 자원화하는 시설을 말한다. 이에 비하여 쓰레기소각장(combustor)은 자원회수시설을 포함하는 포괄적인 개념이다.

의 생활하수는 서울시의 가양하수처리장에서 처리하는 구로구와 광명시 간의 환경기초시설 빅딜[6]은 지방화시대에 경쟁력을 향상시키는 새로운 전략으로 대두되고 있고, 나아가 폐기물처리시설의 광역화를 추진하게 되는 결정적 계기가 되었다.

따라서 이 연구는 광명시와 구로구 간 환경기초시설 빅딜사례를 입지갈등을 해결하는 하나의 대안으로 제시하며, 빅딜이 추진되어 성사되기까지 전 과정에서 나타나는 참여자들의 역할 및 이해관계, 쟁점사항, 조정방안 등에 대한 분석을 토대로 환경기초시설의 상호교환이용 및 공동이용 시 고려하여야 할 요인들을 제시하고 있다.

2. 이론적 배경

1) 입지갈등의 발생원인

입지갈등[7]의 원인에 대해서는 학자마다 다르게 정의하고 있지만, 주요 학자들의 견해를 살펴보면 다음과 같다. 먼저, Mitchell & Carson(1986)은 입지갈등의 원인으로 비용과 편익의 불공평성, 주민동원의 용이성 및 높은 성공가능성에 대한 기대 등을 제시하고 있다. Gervers(1989)는 폐기물처리시설 선정절차의 비민주성, 기술적 사업내용의 신뢰성 결여, 협상과정의 비공개성, 정치적 압력을 입지갈등의 원인으로 설명하고 있다. Mazmanian & Morell(1990)은 비용과 편익의 비형평성, 환경문제에 대한 인식의 제고, 위험부담, 정부나 사업추진자에 대한 불신 등을 입지갈등의 원인으로 지적하고 있다. 그리고 Kunreuther & Easterling (1992)은 정부에 대한 신뢰성 부족, 시설의 계획 · 건설 · 운영과정에서 지역주민

6) 빅딜(big deal)이란 대단한 것, 아주 중요한 일 등의 사전적 의미를 가지나, 요즘은 구조조정과정에서 규모의 경제를 살리고 전문화, 특성화로 기업의 경쟁력을 살리기 위한 '기업 간의 중대한 사업의 교환'의 의미로 주로 사용된다. 이 연구에서의 빅딜은 '상호교환이용'이란 의미를 갖는다.

7) 이 연구에서 입지갈등은 '원자력 관련 시설, 매립장 · 소각장 등의 폐기물처리시설, 정신병원과 같은 사회복지시설 등 사회적으로 필요한 공익시설의 입지에 대하여 지역주민들이 반대함으로써 야기되는 갈등현상'을 말한다.

의 통제욕구, 처분장의 입지로 인한 비용-편익의 비형평성, 고도로 지각된 위험과 시설의 오명에 대한 공포 등을 들고 있다.

따라서 이 연구에서는 입지갈등의 원인을 시설에 대한 님비현상, 주민참여를 배제한 입지결정과정의 비민주성, 시설입지에 따른 비용-편익의 비형평성, 합리적 보상체계의 미흡, 정부에 대한 신뢰성 부족 등을 입지갈등을 유발하는 주요 이유로 설명하고자 한다.

(1) 시설에 대한 님비현상

환경기초시설에 대한 입지갈등은 이러한 지역적으로 한정되는 부(-)의 외부효과에서 비롯된다. 지역주민들은 시설물에 대한 사회 전체의 필요성을 인정하면서도 자신들의 지역 내에 시설이 입지되는 것을 거부하게 되는데(Wolsink, 1994), 이것은 편익이 사회적으로 공유되는데 반하여 환경오염, 지역이미지 실추, 교통혼잡, 건강위협, 재산가치의 하락 등과 같은 비용은 환경기초시설이 입지하는 특정 지역사회가 감수하여야 하기 때문이다(US EPA, 1982). 따라서 시설입지 인근 지역주민들은 바로 이러한 시설의 외부효과로 말미암아 입지결정에 반발하게 되는 것이다.

(2) 입지결정과정의 비민주성

입지갈등은 환경기초시설의 입지결정과정에서 주민참여를 배제한 비민주적이고 구태의연한 행정관행에서 비롯된다. 즉, 입지결정과정에서 지역주민들의 의사를 무시한다든가, 형식만 갖추어 소극적으로 반영하는 등 과거의 중앙집권적·권위주의식의 행정을 되풀이하고 있고, 게다가 거의 모든 절차가 비공개적으로 이루어짐으로써 갈등을 증폭시키는 경향이 있다. 특히 환경기초시설과 같은 주민기피시설에 대한 입지선정은 정부가 합리적이라고 판단하는 기준에 입각하여 선정한 후 주민에게 일방적으로 통보하는 방식에 의존하고 있는데, 정책결정과정에서 주민참여를 배제하는 것은 궁극적으로 지방행정에 대한 불신을 조장하여 정책집행과정에서 정책대상자들의 순응을 확보하기가 어렵게 된다.[8)]

8) 시설건설에 대한 주민태도의 형성에 행정당국에 대한 신뢰도가 중요한 요인이 된다. 환경기초시

정책결정과정이 폐쇄적이어서 이해당사자의 참여가 제한되는 경우, 결정된 정책의 내용이 객관적으로 보아서 바람직한 것일지라도 이에 대한 주민들의 인식은 부정적일 수밖에 없을 것이다(임우석, 1995). 특히 환경기초시설의 입지와 같이 비용과 편익의 비형평성과 부의 외부효과를 발생시키는 정책은 이러한 현상이 더욱 심하다(Mitchel & Carson, 1986; 이달곤, 1993).

(3) 비용-편익의 비형평성

입지갈등은 비용-편익의 비형평성에서 비롯된다. 환경기초시설이 입지하는 지역주민 입장에서 보면, 시설이 입지함으로써 얻게 되는 혜택(편익)은 사회 전체에 널리 분산되는 반면, 그 피해(비용)는 상대적으로 소수인 자신들에게만 집중되기 때문에 입지갈등이 발생하게 된다. 따라서 시설이 입지하는 지역주민들은 이러한 시설의 입지결정을 수용하려 않으려 하는 것은 물론 강력히 반발하게 되는 것이다. 이때 시설의 입지에 대한 지역주민들의 부정적인 반응은 여러 형태로 나타나는데, 공청회나 청원을 통한 반대의사를 표시하는 등의 합법적이고 정당한 반응에서부터 데모, 시위, 폭력행사 등과 같이 감정이 개입된 불법적인 반응에 이른다.

(4) 합리적 보상체계의 미흡

수많은 사업의 수행 또는 사무처리에서 그 수혜자와 비용부담의 주체가 다름에도 불구하고 피해 또는 손실을 입은 지역과 주민에 대한 합리적 보상체계가 결여되어 있는 점이 갈등의 원인으로 대두된다. 지방자치단체가 입지시키려고 하는 환경기초시설은 그 지역주민의 심리적 피해의식[9]과 연계되면서 상당한 반발을 불러일으키는 파급효과를 가져오는데, 곧바로 부의 외부효과를 나타낸다. 즉, 혐오시설이 가져올 보건 및 환경과 관련된 삶의 질이 하락함에 따라, 이는

설의 입지에 대한 주민의 태도는 시설의 설치를 추진하는 행정당국이 평상시 주민을 대하는 태도를 기반으로 하여 형성된다. 정부에 대한 신뢰도가 낮을수록 주민이 시설에 대한 위험성을 높게 인식하고 반발하는 경향이 있다(Hunter & Leyden, 1995; Pijawka & Mushkatel, 1991).

9) 환경기초시설이 들어서는 지역의 주민은 그러한 시설로 인하여 지역이 감당하여야 될 지역 이미지의 악화와 지역적 오명을 우려하여 입지를 반대하기도 한다(Kunreuther & Eastering, 1992; 유해운, 1996).

직접적으로 이 지역에 대한 경제적 가치의 하락으로 연결되기 때문이다(Easterling & Kunreuther, 1995). 부연하면, 혐오시설이 입지함으로써 소음·악취, 대기오염, 교통체증, 자연경관의 파괴, 건강에 대한 위협, 지가하락 등이 발생하게 된다. 삶의 질이 저하되는 지역에 대한 지가의 평가절하는 가장 일반적인 현상이라고 할 수 있는데, 이러한 경제적 불이익에 대한 반발은 자연스러운 자유주의 경제활동이라고 볼 수 있을 것이다. 이러한 피해를 물질로 환산해서 충분히 보상해 주어야 하는데 이에 대한 정책적 대응이 부족한 것이 갈등을 불러일으키는 한 요인이 되고 있다(Dear, 1992).

(5) 정부에 대한 신뢰성 부족

폐기물처리시설의 입지와 관련하여 갈등이 유발되는 이유 중의 하나는 정부에 대한 지역주민의 신뢰성 부족이다. 따라서 사업을 추진하는 정부는 시설로 인하여 제기되는 환경오염과 이로 인한 건강상의 위험을 정확하게 평가하여 문제의 발생가능성을 최소화할 수 있는 모든 조치를 다 취하여야 한다. 이를 위해서는 시설이 엄격한 기준과 감리 속에서 건설되고, 또 시설을 운영할 때 기술적 안전성을 유지할 수 있어야 한다. 즉, 시설 전반에 대하여 정부의 공신력과 책임이 확보되어야 한다. 시설의 안전성에 대한 주민의 불신은 궁극적으로 강도 높은 주민저항으로 연결된다(Kunreuther & Easterling, 1992).

2) 입지갈등의 해소방안

입지갈등에 대한 대응전략으로 다양한 방법이 제시될 수 있으나, 이 연구에서는 현실적 대응전략으로 협상을 통한 갈등해결방안, 보상을 통한 갈등해결방안, 제3자의 개입을 통한 해결방안, 물리적 수단을 동원한 갈등해결방안 등으로 구분하여 설명하고자 한다.[10] 이들은 순차적으로 발생한다기보다는 상호 밀접

10) Rubin(1994: 33-34)은 갈등에 대응하는 전략으로서 지배(domination), 복종(capitulation), 철회(withdrawl), 협상(negotiation), 제3자 개입(third-party intervention) 등을 제시하고 이 중에서 갈등당사자의 선호를 고려함으로써 갈등에 대처한다는 의미에서 협상과 제3자 개입만이 진정한 갈등대응전략이라고 설명하고 있다.

하게 연계되어 작용한다.

첫째는 당사자 간 협상을 통하여 갈등을 직접 해결하는 방법이다. 협상이란 어떤 공통된 문제에 대하여, 서로간의 합의를 형성함으로써 상충되는 이익을 조정해 나가는 과정이라고 볼 수 있다. 협상은 '주고받는(give－and－take)' 교환관계로서 서로 수용 가능한 행동대안을 형성하기 위하여 상호간의 입장을 조정하는 과정을 거치게 된다. 협상에서는 상호호혜가 전제되어야 한다(Lindblom, 1980: 122). 협상을 성공적으로 이끄는 주요 요인으로는 협상과 관련된 정보(Cohen, 1984; Susskind, 1981), 협상참여자의 인내심(Susskind, 1981), 신뢰성(Pijawka & Mushkatel, 1991) 등이 중요한 것으로 나타났다. Rubin & Brown(1975)은 협상당사자들은 협상을 자신에게 유리한 방향으로 이끌기 위하여 전략상 사회적 영향력을 사용한다고 말한다. 정주용(2004)은 협상 시 중재자의 개입이 있었느냐 없었느냐는 갈등해결방법으로 협상을 택할 것인지 아닌지를 결정하므로 중요하다고 말한다. 흔히 갈등을 보이고 있는 당사자들은 자신들의 주장을 관철시키기 위하여 노력하고, 이러한 노력은 갈등의 악화를 가져오게 되고, 결국 갈등해결은 실패하고 장기화되는 경우가 많다. 따라서 갈등당사자에게는 어느 정도의 양보가 요구되므로 어느 집단도 결과에 대하여 완전히 만족하기 어렵다(박호숙, 1996; 이수장, 1996). 이 연구에서 다루는 빅딜사례도 협상을 통한 갈등해결방안에 해당된다.

둘째는 보상을 통하여 갈등을 해결하는 방법이다. 정책갈등에 대한 해결의 전략으로 경제적 보상이 사용된다. 보상이란 상대방이 중요하다고 여기는 것을 제공하거나 약속하는 것을 의미한다.[11] 이 방법을 사용하려면 특정 행위주체는 상대방이 중요하다고 느끼는 것(예: 주민숙원사업)이 무엇인지를 알아야 하고,

---

11) Carnes et al.(1987: 358－362)은 주민저항을 완화하기 위한 유인은 첫째, 시설의 통상적인 건설과 운영에서 생길 수 있는 부정적 영향을 예방조치를 통하여 완화할 수 있고, 둘째, 현실적으로 발생한 손해를 보전하며, 셋째, 해당지역이 다른 지역을 대신해서 부담하는 위험과 비용에 대하여 보상하는 세 가지 역할을 수행한다고 설명하고, 유인의 종류를 위험완화형(mitigation), 피해보상형(compensation), 차별보상형(reward)으로 나누어 제시하고 있다. 여기서 위험완화형은 환경적 측면의 안전규제에 손해보전형과 차별보상형은 경제적 측면의 보상에 포함된다.

보상수준 또한 적정하여야 한다.[12] 그러나 보상으로 환경갈등을 해소할 수 있다는 주장에 대하여는 비판적인 시각이 견지되기도 한다. 즉, 사회적 비용이 개인적인 수준에서 보상될 수 있다고 하더라도 보상의 형태나 규모에 대한 사회 전체적인 합의를 도출하는 것은 불가능하다는 것이다(Bacow & Milkey, 1982). 이와 더불어 경제적 보상의 유용성은 핵폐기물처리장과 같이 생명의 위협을 가져올 수 있는 시설보다는 환경이나 건강에 대한 위험정도가 상대적으로 낮게 인식되는 시설의 입지 시에 더욱 높아진다는 측면도 경제적 보상의 한계점으로 지적되고 있다.

셋째는 제3자에 의하여 갈등을 해결하는 방법으로서, 민원, 진정, 행정심판 등의 절차와 행정소송, 환경분쟁조정위원회에 의한 강제적 분쟁조정 등이 포함된다. 먼저, 갈등당사자들의 견해차이나 가치체계의 차이에 기인한 갈등의 해결에 상급부서를 통한 계층적 권위가 활용될 수 있다. 갈등당사자와 관련하여 상급기관의 영향력은 상당히 중요한데, 이때 상급기관은 갈등해결의 조정자 역할을 수행하게 된다. 이러한 방식으로는 상급관청에 대한 민원, 진정 등의 비사법적 해결방식과 행정심판에 의한 사법적 해결방식이 있다. 다음으로, 환경기초시설의 설치허가로 인하여 주민의 권리 또는 법률상의 이익이 침해되었거나 침해가 명백히 예상되는 경우 해당 주민들은 허가권자(자치단체)를 상대로 법원에 행정소송을 제기할 수 있다. 또한 준사법적 위원회인 환경분쟁조정위원회에 의한 분쟁조정이 이루어지기도 한다. 사법부나 준사법적 기구에 의한 분쟁조정은 최종적으로 갈등을 해결한다는 점에서 긍정적인 측면을 가지고 있지만, 시급한 해결을 요하는 지역문제를 장기간 소요되는 사법적 또는 준사법적 절차에 따라 해결하는 것은 비효율적이라는 문제점이 지적되고 있다.

넷째는 물리적 수단을 동원하여 갈등을 해결하는 방법이다. 갈등을 해결하

---

12) 이종규 외(1994: 221)는 폐기물처리시설을 성공적으로 설치하기 위하여 일종의 보상책으로 수영장, 체력단련장, 독서실 등 주민편의시설(facility package)을 복합적으로 제공하는데, 그 효과성은 입지하는 시설의 부(-)의 효과와 최소한 같거나 상회할 때 나타나는데, 일반적으로 사업비 총액의 10%에 해당하는 수준이라고 주장한다.

기 위한 최후 대응전략으로서 주민들은 시위나 농성과 같은 물리적인 방법을 동원하는데, 이는 갈등당사자들 사이에 의견의 불일치가 매우 크거나, 이들 사이에 심한 불화 등이 존재하여 상호이해나 대화의 영역이 극히 제한되어 있는 경우에 주로 사용된다.

3. 분석의 흐름 및 사례분석: 광명시와 구로구 간 환경기초시설사업을 중심으로

1) 분석의 흐름

지금까지 환경기초시설이 사회적으로 반드시 필요한 시설임에도 불구하고, 입지갈등이 발생하는 원인과 갈등해소방안을 이론적으로 살펴보았다. 이 연구에서는 지방자치단체 간 폐기물처리시설의 '빅딜' 방안을 새로운 입지갈등 해소방안으로 소개하며, 우리나라에서 최초로 시도하여 성공을 거둔 경기도 광명시와 서울시 구로구 간 빅딜사례를 분석하고자 한다. 이 연구에서는 빅딜이 결정되기까지 전 과정에서 나타나는 참여기관들의 역할 및 이해관계, 빅딜합의에 이

그림 3-3 분석의 흐름도

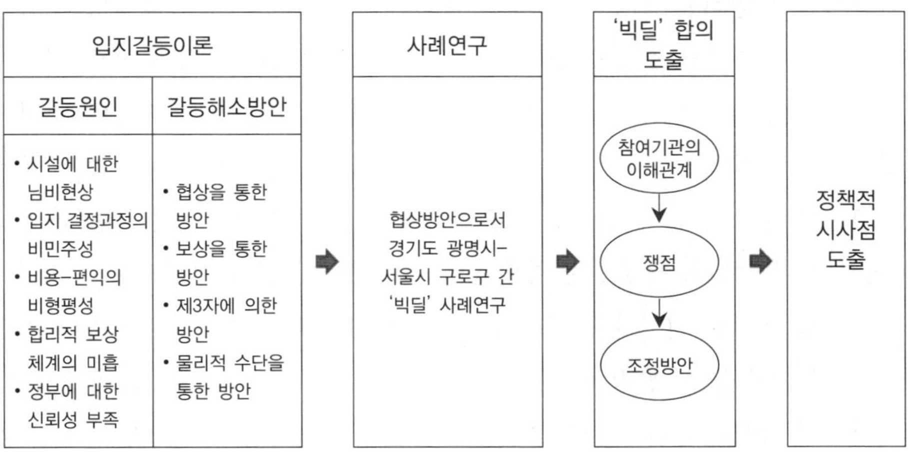

르기까지 쟁점이 되었던 사항과 이에 대한 조정방안 등에 대한 분석을 토대로 환경기초시설의 상호교환 이용 및 공동 이용 시 고려하여야 할 요인들을 제시하고 있다. 이 연구에 대한 분석의 흐름은 앞의 [그림 3-3]과 같다.

2) 빅딜사례분석

경기도 광명시는 지리적 여건상 수도권 배후도시로서 서울시 구로구와 밀접한 관계를 맺고 있으며, 1981년 시 개청 이후 급격한 인구증가에 따른 쓰레기처리에서 자체 처리장이 없어 '난지도', '시화매립지' 및 '김포수도권매립지' 등을 전전하며 많은 어려움을 겪고 있었다. 인구 30만 명을 넘어선 1993년도부터는 광명시의 자체적인 쓰레기처리장을 확보하기 위하여 시 외곽에 불모지로 방치되어 있던 폐광지역(광명시 학온동 산 16-1번지)을 복원하여 하루 처리용량 300톤 규모의 쓰레기소각장을 건설하게 되었다.

서울시 구로구도 자체 쓰레기소각장의 건설필요성 면에서는 예외가 아니었다. 서울시가 매립 중심으로 운영되어 오던 폐기물처리 관행을 1995년 8월 매립위주의 정책에서 '1구 1소각장'이라는 소각 중심의 폐기물처리로 정책을 변경함에 따라 기초자치단체들은 자체 쓰레기소각장이 필요하였던 것이다. 1996년 6월 구로구는 광명시 경계지역(구로구 천왕동 110번지 일원)에 예상건설비 410억 원을 서울시가 부담하는 조건으로 하루 400톤 규모의 소각장 건설계획을 입안하면서 인접한 광명시와 갈등을 빚게 되었다. 구로구는 행정구역이 다르다는 이유로 인접한 광명시와의 행정협의를 배제한 채 사업추진을 강행하였던 것이다.

구로구가 일방적으로 추진하던 쓰레기소각장의 건설계획은 인접한 광명시 주민 10만여 명이 집단시위를 벌이며 소각장 건설을 반대하자 심각한 국면으로 전환되기에 이르렀다. 광명시는 주민들의 집단저항이 점점 거세지자 1996년 7월경 구로구에 소각장 건설과 관련 자료를 요청하는 한편, 광명시주민들의 의견을 수렴하기에 이르렀다. 광명시의회의원들도 구로구 소각장 건설을 반대하기 위한 범시민적 반대운동을 전개하기에 이르렀다. 이러한 광명시주민과 시의회의 반대로 인하여 광명시는 급기야 서울시장, 경기도지사, 구로구청장에게 소각장 건설부지선정에 대한 재검토를 요청하기에 이르렀다.

그러나 서울시와 구로구 측은 입지가 적법하게 선정되었고 환경영향평가 시 광명시 주민을 참여시켜 주민의 피해가 최소화되도록 노력하겠다는 점을 들어 소각장 건설을 계속 추진하겠다는 뜻을 밝혀 왔다. 이와 같은 서울시와 구로구의 일방적 방침에 대하여 1996년 10월 16일 광명시민 600여 명이 구로구 설명회장에서 입지변경을 요구하는 시위를 벌였으며, 그해 11월 28일에는 17,864명의 이름으로 구로구 소각장 설치를 반대하는 집단민원을 제출하는 등 집단시위와 농성을 계속하였다. 1997년 10월 13일에는 구로구청 광장에서 소각장 건설을 반대하는 시위농성을 벌였고, 10월 16일에는 구로구 오류2동에 있는 동부제강 연수원에서 열리던 환경영향평가 주민설명회장에서 광명시 주민들이 집단항의를 하였으며, 12월 12일에는 광명시 관계자가 서울시에 항의방문을 하는 등 저항이 끊이질 않았다. 구로구소각장 건설부지에 인접한 광명시민 10만여 명은 '구로구 소각장 건설반대 범시민대책위원회'를 구성하고 구로구 소각장 건설에 대하여 조직적으로 반발하며 시위를 벌였다. 이러한 주민들의 집단저항은 자치단체 간의 갈등으로 비화되기에 이르렀다.

한편, 광명시도 1981년 이래 하루 10만 톤가량의 생활하수를 가양하수종말처리장(서울시 강서구 마곡동 91번지, 하루 처리용량 256만 톤 규모)에서 위탁처리해 주던 서울시가 1993년 2월 10만 톤 초과분량에 대하여 광명시가 자체적으로 처리해 줄 것을 요구하여 왔다. 이러한 갑작스런 서울시의 입장 변화로 광명시도 자체 하수처리장을 건설하여야 하는 과제를 안게 되었다. 1996년 1월 광명시는 총 사업비 1,655억 원을 투입하여 하루 18만 톤의 하수를 처리하는 광명시 하수처리장(광명시 광명7동 지역) 건설계획을 발표하게 된다. 그러나 이 사업이 발표되자 시설예정지 주변 광명 4~7동에 거주하는 주민 5만여 명이 주민대책위원회를 구성하고 집단민원을 제기하는 등 거세게 반발하기 시작하였다.

이러한 배경에 따라, 광명시에서는 하수처리장을, 구로구에서는 쓰레기소각장을 필요로 하였기 때문에 자연스럽게 환경기초시설의 빅딜을 거론되게 되었다. 양 자치단체의 환경시설 빅딜은 1998년 3월 20일 서울시가 '구로구 쓰레기소각장 건설 관련 업무협의'의 공문을 광명시에 발송하면서부터 시작되었다. 공문의 내용은 구로구소각장 입지선정은 「폐기물처리시설 설치촉진 및 주변지역 지원 등에 관한 법률」(이하, 폐촉법)에서 요구하고 있는 제반규정을 철저히 준수하여 선정된 부지이나 사업진행과정에서 광명시 주민들의 지속적인 민원제기로 사업이 원만히 진행되기 어려운 여건임을 감안하여 광명시에서 건립 중인 소각시설에 구로구 쓰레기의 공동처리가 가능하면 건설비 및 운영비 등 비용부담의 용의가 있으니 적극 검토해달라는 것이었다.

1998년 6월 15일 환경부 주관 하에 서울시 · 경기도 · 구로구 · 광명시의 소각장업무 담당 국 · 과장 간의 '공동이용 추진에 관한 간담회'를 시작으로 당사자 간 협의가 지속적으로 이루어졌다. 즉, 서울특별시, 광명시, 구로구는 교대로 '관련 당사자 간 회의'와 '중재 · 조정회의'를 개최하며 자치단체 간 갈등과 의견차이를 조정해 나갔다. 마침내 1999년 5월 21일 '수도권행정협의회 실무회의'에서는 광명시 하수처리에 대한 문제가 논의되어, 광명시가 구로구 쓰레기를 반입하는 대신 광명시 하수를 서울시가 가양하수종말처리장을 일부 증설하고 통합처리하는 방안이 기본적으로 합의되었다.

1999년 6월 2일부터 2000년 4월 14일까지 8회에 걸친 관계기관 업무협의가 이루어졌고, 마침내 2000년 4월 18일에 서울특별시 · 경기도 · 구로구 · 광명시 간에 '광명시 자원회수시설 공동이용에 관한 협약'과 2000년 5월 2일에 구로구와 광명시 간 '광명시 자원회수시설 공동이용 운영규약'이 체결되었다.

그러나 구로구 쓰레기를 광명시 자원회수시설에서 반입 · 처리하는 것으로 결정되자, 자원회수시설 주변지역 학온동 6통 지역주민 500여 명은 집회신고를 내고 구로구 쓰레기 반입저지 집단시위를 시작하였다. 2000년 5월 하순부터 7월 초까지 40여 일 동안 매일 밤 구로구 쓰레기의 반입을 저지하는 반대집회가 열렸다. 결국, 2000년 7월 6일 광명시장은 자원회수시설 주변영향지역인 학온동 주민지원협의체 대표들과 만나 주민지원기금 마련과 더불어 주민숙원사업을 들어주기로 약속하고, 2000년 7월 10일 마침내 구로구 쓰레기가 반입되기 시작하였다.

4. 빅딜의 참여정부기관

광명시와 구로구 간의 환경기초시설 빅딜사업에 참여하고 있는 정부기관으로는 중앙행정기관인 환경부, 광역자치단체로는 서울시와 경기도, 그리고 기초자치단체로는 경기도 광명시와 서울시 구로구가 있다. 환경부는 조정 및 중재기관으로서 이 빅딜사업을 성공적으로 유도하여 환경기초시설의 광역화 모델을 구축할 필요가 있었고, 나머지 자치단체들은 직접적인 이해당사자들로서 기본적으로는 빅딜에 동의하면서도 협상에서는 쟁점이 되는 부분을 자기 쪽으로 유리하게 변화시키려는 모습을 보였다. 이 사업의 핵심주체는 실질적으로 소각시설의 건립에 중추적 역할을 담당하였던 서울시와 광명시라고 말해도 과언이 아니다. 각 기관의 역할 및 이해관계를 정리해 보면 다음과 같다.

1) 환경부

환경부는 구로구 소각장의 입지선정과 관련하여 10만여 광명시민의 집단반발이 거세지자 서울시에서 요청한 소각장의 설치계획승인을 보류하였다. 환경부는 처음엔 광명시 소각시설을 공동으로 이용하는 방안과 구로구 소각장을 계획대로 건립하는 방안을 모두 고려하였으나, 광명시민들의 집단반발을 보고 광명시 자원회수시설의 공동이용을 적극 권장하는 입장으로 선회하였다. 환경부는 1998년 6월 15일 서울시, 경기도, 구로구, 광명시 관련 국·과장회의를 주관하면서 공동이용을 적극 권장하고 정책갈등의 제3자적 입장과 최고행정기관의 입장에서 관련 자치단체 간의 갈등을 중재·조정하는 역할을 담당하며, 협상이 타결된 후에도 지속적 감시자로서의 역할을 수행하고 있다.

2) 서울특별시

쓰레기소각시설과 하수처리시설 등 환경기초시설의 건설주체인 서울시는 광명시와 더불어 실질적 당사자 역할을 수행하였다. 서울시는 구로구 소각장 건립이 불투명해지자 광명시 자원회수시설의 공동이용을 바라는 입장으로 선회하였고, 광명시와 더불어 실무회의를 주관하며 실질적 정책결정을 담당하였다.

서울시는 1985년부터 안양천 상류지역에 위치한 광명시에서 발생하는 하수를 1일 10만 톤 처리해 주었는데, 1992년부터 통합처리의 한계를 느껴 1일 10만 톤을 넘는 하수에 대하여는 광명시에서 자체 처리해 줄 것을 지속적으로 요청해 오다가 빅딜문제가 제기되자 1999년 11월 4일 광명시의 하수 전체를 처리해 주는 방향으로 선회하였다. 서울시는 광명시 자원회수시설의 공동이용방안을 공감하면서도 건설사업비 및 주민수혜사업비 부담비율 등의 결정에서는 광명시와 이견을 보여 왔다. 그러나 서울시는 광명시 자원회수시설에 대한 소유권 지분등기 포기와 20년간 사용권보장의 조건으로 토지매입비와 국비를 제외한 총 사업비의 50%를 부담하고, 주민지원기금 명목으로 50억 원을 지원하는 조건으로 2000년 2월 1일 광명시와 타협을 보게 되었다.

3) 경기도

경기도는 국가폐기물관리정책과 발을 맞추어 '1시 · 군 1소각장' 원칙에 따라 소각장 건립을 추진하던 중, 집단민원으로 건설이 용이치 않고 기존 소각시설마저 여유용량이 발생하는 등 문제가 심각한 것을 인식하게 되었다. 이에 대한 대안으로 쓰레기소각시설의 광역화방안을 모색하게 되었는데, 마침 구로구와 광명시의 공동이용방안을 서울시가 제시하자 1999년 5월 21일 제14회 수도권행정협의회에서 안건 및 의제로 채택하여 공론화시키며 광명시 입장에 적극 동조하고 지원하는 입장이 되었다.

4) 구로구

구로구는 금천구와 공동으로 사용 중인 독산동 중간집하장이 1995년 3월 1일자로 금천구로 행정구역이 조정됨에 따라 집단민원으로 쓰레기의 반입이 힘들어지게 되자 자체 소각시설을 확보하고자 하였다. 또한, 장래 대단위 규모의 쓰레기매립장 확보가 사실상 불가능하고 서울시의 쓰레기정책이 매립에서 소각으로 바뀌고 있어 이번 기회에 자체 쓰레기소각장을 확보하고자 소각장 건립을 추진하게 되었던 것이다.

게다가, 서울시가 '1구 1소각장' 정책을 추진하기 위하여 각 구마다 소각장 건설계획을 수립하고 2001년부터 시설착공에 들어가는 소각장의 경우 건설비 전액을 서울시가 부담하는 조건을 제시하고 있어, 구로구에서는 재정적 측면을 고려해 볼 때 소각장 건설을 서두를 필요가 있었다. 아울러 소각시설을 이용하여 쓰레기를 위생적으로 처리할 수 있고, 소각열을 지역난방열로 이용함으로써 자원을 재활용할 수 있다는 장점이 있어, 1996년 6월 구로구는 독자적으로 광명시와의 경계지역(천왕동 산 19-1번지 일원)에 소각장 건설계획을 수립하게 되었다. 구로구 쓰레기 소각처리시설은 1일 400톤 규모로서 총 사업비 410억 원에 소각시설, 열병합시설, 청소종합처리시설, 주민편익시설 등의 시설을 고루 갖추어 2000년에 완공 예정이었다.

그러나 자체 소각장을 건립하여 생활쓰레기를 안정적으로 처리하기를 희망하였던 구로구는 광명시와의 공동이용 협의를 추진하게 되었는바, 이러한 결정을 내리게 된 배경은 다음과 같다. 첫째, 인접한 광명시민들의 집단반발과 집단시위로 사업추진이 더 이상 힘들다고 판단하였다. 둘째, 광명시 자원회수시설을 공동으로 이용하게 되면 운영비를 제외한 나머지 경비는 전액 서울시가 부담하는 조건이었다. 셋째, 1998년 1월 1일부터 개정되어 시행되는 폐촉법에서는 자원회수시설의 입지를 선정할 때, 선정하고자 하는 입지가 다른 지방자치단체의 경계로부터 2km 이내일 경우는 입지선정 이전에 관련 자치단체와 반드시 협의하도록 하는 규정이 신설되었다. 이러한 개정된 법률이 시행되기 전에 소각장 설치에 대한 환경부의 승인을 받지 못한 구로구는 개정된 법률의 적용에 따라 소각장 입지에 대하여 광명시와 원만한 합의를 도출하지 않으면 안 되었다.

5) 광명시

광명시는 1981년 시로 승격된 후 자체 쓰레기매립장이 없어 도내 타 시·군의 매립장을 이용하고 있었는데, 거리가 멀어 수송비가 많이 들고, 김포수도권매립지에서 쓰레기 반입과 관련하여 주민감시원들과의 마찰이 발생하고, 게다가 국가폐기물정책이 '매립에서 소각으로' 전환됨에 따라 경기도가 '1시 · 군 1 소각장' 건설을 추진하자 광명시에서는 자체 쓰레기소각시설을 건설하고자 하였다.

광명시는 1993년 2월 3일 쓰레기소각장 건설계획을 확정하고, 제반 행정절차를 마친 후 1996년 3월 20일 소각장을 착공하기에 이르렀다. 광명시 소각시설은 1일 300톤[13]가량의 가연성쓰레기를 소각할 수 있는 규모이고, 총 사업비는 60,221백만 원(국비 12,650백만 원, 토지매입비 2,984백만 원, 지방비 44,541백만 원)이 소요되며, 동부건설(주)에서 설계 및 시공을 담당하여 1999년 12월 준공 예정이었다. 그런데 광명시 소각시설은 당초 예상과 달리 건설되는 과정에서 다음과 같은 이유로 서울시(구로구)와 빅딜의 당위성이 제기되었다.

첫째, 광명시 소각로공사 중 폐기물정책이 변경[14]되어 2000년 소각시설이 완공되어 가동 시 1일 약 157톤의 여유용량이 발생하게 되는데, 이 여유용량에 대한 문제를 해결하기 위하여 구로구 쓰레기의 반입이 필요하였다.[15]

둘째, 서울시가 하루 10만 톤 이상의 하수에 대하여 광명시가 자체 처리해 줄 것을 요구하고 있어, 이러한 문제를 해결하기 위하여 구로구와의 환경기초시설 빅딜이 필요하였다. 다시 말해, 광명시 입장에서는 하수처리장을 독자적으로 건립하지 않아도 되어 예산을 절감할 수 있고 부지선정으로 야기되는 집단민원을 미연에 방지할 수 있어 일거양득의 효과가 있었다.

셋째, 광명시의 소각시설 건립 및 운영비용 절감 등의 재정적 효과를 기대할 수 있었다. 서울시와 빅딜협상 시 주요 쟁점사항이었던 건설사업비와 주민편익

---

13) 1일 소각규모 300톤은 1994년도 광명시 쓰레기 발생량(400.9톤/일)에서 재활용량(123.5톤/일)을 제외한 가연성쓰레기 1일 평균 277.4톤을 근거로 결정된 것이다.

14) 우리나라 폐기물관리정책은 1995년도부터 급격하게 변하여 1993년도 수립된 소각규모는 전혀 현실을 반영하지 못하게 되었던 것이다. 1995년 1월 1일부터 시행된 쓰레기종량제, 1996년 11월 1일 음식물류 수도권매립지 반입금지, 그리고 1999년 2월 8일 자원의 절약과 재활용 촉진에 관한 법률 제6조에 의거 실시된 재활용품의 분리수거 등으로 소각로의 유휴용량이 발생하게 되었다.

15) 여유용량에 대한 이용률을 제고하여 소각시설의 적정용량을 가동함으로써 수명연장과 오염물질 배출량을 줄일 수 있다.

사업비 부담비율에서도 서울시가 국비와 토지매입비를 제외한 사업비의 50%를 부담하고 50억 원을 조건 없이 제의함에 따라 광명시가 받아들이게 되었던 것이다.

5. 빅딜의 쟁점 및 조정방안

광명시와 구로구의 환경기초시설 빅딜사업은 전례가 없었던 사건으로 협상에 대한 노하우가 전혀 없었고, 게다가 이해관계자들의 입장차이가 커 합의에 이르는 데는 많은 우여곡절이 있었다. 사실, 협상당사자인 서울시(구로구)와 광명시가 자원회수시설의 공동이용에는 원칙적으로 동의하면서도, 소각장의 배출가스에 대한 인근주민의 신뢰, 구로구 쓰레기의 반입조건(시설비 및 운영비 분담, 주민편익사업비 등), 광명시 하수처리문제 등과 같이 어우러지면서 협상이 복잡하게 진행되었다. 이 빅딜사업이 추진되어 결정되기까지의 쟁점사항과 이에 대한 조정방안을 정리하면 다음과 같다.

1) 쟁점사항

이 빅딜사업이 성사되기까지 서울시-광명시 간, 구로구-광명시 간, 그리고 광명시-주민 간 쟁점사항은 다음과 같다.

(1) 서울시-광명시

서울시와 광명시 간의 최대 쟁점사항은 광명시는 자원회수시설 건설사업비 분담문제였다. 광명시는 시설의 건립비용(전체 603억 원)의 50%를 서울시에 요구하였으나, 서울시는 국비와 도비를 제외한 시비만 50%로 나누자고 주장하였다. 이에 광명시는 고정비용(인건비 및 경직성 경비)은 50 : 50으로 하고, 운전비용은 반입비율대로 지불하는 것을 제시하였다. 이에 다시 서울시는 고정비용과 운전비용 전체를 반입비율대로 하자고 주장하여 시설비 분담문제가 쟁점사항으로 부각되었다.

(2) 구로구–광명시

자원회수시설에 반입되는 구로구 쓰레기의 질과 양이 문제점으로 제기되었다. 쓰레기의 양을 하루 평균 150톤 규모로 예상하였으나, 구로구의 혼합수거와 혼합배출 등으로 주민감시원에게 적발되어 반입이 금지되는 경우가 많은 것이다. 광명시 자원회수시설로 반입되는 구로구의 쓰레기는 월평균 반입량이 2001년도에는 3,330톤, 2002년도에는 3,122톤으로 협약량(4,500톤/월)의 평균 70~74%에 불과한 실정이다. 2004년 현재 광명시와 구로구의 쓰레기 반입비율은 6 : 4 정도이나 적정비율인 5 : 5가 되기 위해서는 구로구로부터 반입되는 쓰레기가 월평균 4,000톤 이상이 되어야 하는 것으로 나타났다. 쓰레기 반입량과 관련하여, 구로구는 광명시 자원회수시설에 반입되는 구로구 쓰레기의 양이 적은 것은 광명시 자원회수시설에 근무하는 주민감시원의 까다로운 반입규제 때문으로 해명하고 있지만, 광명시의 입장은 구로구 쓰레기가 반입 금지되는 이유는 구로구의 재활용품과 음식물쓰레기의 혼합배출과 혼합수거체제에 본질적인 문제가 있는 것으로 보고 있다.

(3) 광명시–주민

광명시와 구로구의 빅딜결정 이후, 대부분 광명시민들은 환영하는 분위기였으나, 시설 주변 지역주민들은 '다른 지역 쓰레기는 반입할 수 없다'며 2000년 5

표 3-10 환경기초시설 빅딜 반대 주민집회 일지

날짜	집회장소 및 집회내용	참석인원
2000. 05. 25	도고내마을 주민 청소차량 반입 저지 집회	주민 40명
2000. 05. 29	자원회수시설 내 주민집회	주민 30명
2000. 06. 15 ~ 06. 16	학온동 8개통 주민 구로구 쓰레기 반입저지 집회 (플래카드, 어깨띠, 피켓, 경운기, 트럭 등 동원)	주민 210명
2000. 07. 03	도고내마을 주민집회, 자원회수시설입구 승원전철 앞 (소각장 진입도로 불법점거로 청소차량 반입저지)	주민 50여명
2000. 07. 04	도고내마을 주민집회(구로구 쓰레기 반입에 대한, 청소차14대 중 1대만 반입하고 13대 회차시킴)	주민 50여명

월 하순부터 7월 초까지 <표 3-10>에서 보는 바와 같이, 구로구 쓰레기의 반입을 저지하기 위한 집단농성과 시위를 벌였다.

2) 조정방안

이 빅딜사업의 쟁점사항에 대한 조정방안 및 합의 내용을 협약서와 운영규약을 통하여 살펴보면 다음과 같다.

(1) 서울시-광명시

서울시와 광명시 간의 자원회수시설 건설비 분담문제가 최대의 쟁점사항으로 부각되었지만, 국비와 토지매입비를 제외한 지방비(도비와 시비)만 50%씩 분담하는 것으로 절충되었다. 비용은 자원회수시설 건설비 22,270백만 원을 3년간에 걸쳐 지급하기로 하였고, 주민편의시설 건설비 50억 원을 합한 총 27,270백만 원을 지급하기로 하였다(서울시, 2000).

아울러, 서울시와 광명시는 자원회수시설의 운영을 위한 주요 사항[16] 등을 심의·의결하기 위하여 광명시자원회수시설운영위원회(이하, 운영위원회)를 설치·운영하기로 합의하였다. 운영위원회의 위원은 위원장을 포함하여 8인으로 하되 구로구청장과 광명시장이 각각 소관 국·과장과 의회의원 등 4인을 위촉하여 운영하기로 하였다. 그리고 자원회수시설이용은 광명시가 구로구에 20년간 보장해 주는 것을 원칙으로 하되, 시설물 연장 이용이 가능할 경우에는 운영위원회에서 결정하기로 합의하였다.

(2) 구로구-광명시

구로구와 광명시는 광명시 자원회수시설로 반입되는 쓰레기의 품질관리에 대한 구체적인 내용을 자원회수시설 운영규약에 명시하고 있다. 주요 내용으로는 첫째, 자원회수시설에 반입 처리하는 폐기물은 구로구와 광명시 관할구역 내

---

16) 운영위원회에서 심의·의결하는 사항으로는 ① 자원회수시설 운영 관리 수탁자의 선정에 관한 사항, ② 자원회수시설 운영관리비 산정 및 분담방법에 관한 사항, ③ 주변영향지역 주민의 민원 발생에 대한 대책에 관한 사항, ④ 기타 자원회수시설의 공동이용에 관한 제반사항, 그리고 ⑤ 자원회수시설 운영위원회에서 필요하다고 인정되어 부의되는 사항 등이다.

에서 발생하는 가연성 생활폐기물로 한정한다. 둘째, 회수시설에의 폐기물반입은 4.5톤 암롤차 및 11톤 이상의 차량으로 반입하며, 반입 시간대는 광명시의 차량과 중복되지 않도록 광명시 자원회수시설운영위원회에서 정한다. 셋째, 구로구의 관할구역에서 발생되는 가연성폐기물의 소각물량은 1일 평균 약 150톤 이내로 하고, 반입되는 가연성폐기물의 양이 증가될 경우에는 구로구와 광명시가 별도로 협의하여 결정한다. 넷째, 연간 운영관리비는 광명시 자원회수시설운영위원회에서 산정하고 비용부담은 쓰레기반입량에 따른다. 자원회수시설의 비정산비용과 정산비용은 반입비율로 분담한다. 다섯째, 광명시와 구로구는 폐촉법 제21조 제2항 제2호의 규정에 의한 주민지원기금을 매월 가연성쓰레기 반입량을 기준으로 하여 반입료의 10% 범위 내에서 금액을 출연하여야 한다. 마지막으로 여섯째, 구로구에서 발생하는 음식물쓰레기는 2002년 말까지 한시적으로 광명시 음식물퇴비화시설에 반입하여 처리토록 한다. 다만, 구로구는 음식물쓰레기의 분리수거에 최선을 다하여야 하며, 분리수거가 되지 않은 음식물쓰레기에 대해서는 반입을 금지할 수 있다는 것 등이다.

(3) 광명시-주민

구로구에서 발생한 쓰레기가 광명시 자원회수시설에 반입 처리된다고 알려지자 자원회수시설 주변영향지역 주민들은 구로구 쓰레기의 반입을 저지하기 위하여 집단시위를 벌이며 강력하게 반발하였다. 주민들의 집단저항이 거세지자 광명시장 이하 전 직원이 2000년 5월 하순부터 7월 초까지 40여 일 동안 매일 밤 지역주민들을 만나 대화로 설득하고, 또 각 가정에 홍보서한문을 발송하는 등의 노력 끝에 주민들의 마음을 움직이기 시작하였다. <표 3-11>은 광명시 자원회수시설 공동이용에 관한 협약을 체결(2004.4.18)한 후 구로구 쓰레기의 반입을 저지하기 위한 주민들의 집단반발에 대응하여 광명시가 주민들을 설득하기 위하여 주민과 대화한 내용을 정리한 것이다.

구로구 쓰레기 반입에 대한 주민들의 집단반발은 2000년 7월 6일 광명시장과 주민대표들의 간담회를 전환점으로 하여 무마되기에 이르렀다. 구로구 쓰레

표 3-11	빌딜 결정 이후 주민과의 대화일지	
날짜	대화내용	대화장소 및 참석인원
2000. 4. 18	공동이용 협약 체결	
2000. 4. 21	빅딜협약 체결에 따른 주민설명	광명시 학온동사무소 17명
2000. 5. 2	공동운영 규약 체결	
2000. 5. 27	도고내 마을주민 요구사항에 대한 협의	소각장 2층 주민지원협의체 사무실, 14명
2000. 6. 1	도고내 마을 주민간담회 개최 결과보고 및 구로구 쓰레기 반입에 따른 주민협조 당부	시청, 주민 16명
2000. 6. 4	구로구 쓰레기 반입 필요성과 주민의견 결집 요구	도고내 마을회관 75명
2000. 6. 5	구로구 쓰레기 반입 불가피성 설명 및 주민대표성 강화 요구	주민대표 비닐하우스, 주민지원협의체 대표 5명
2000. 6. 8	위원장 교체 주민 승인 확인 및 의견결정 당부	주민 5명
2000. 6. 10	위원장을 중심으로 한 주민의견 결정 요청	주민 5명
2000. 6. 12	빅딜의 불가피성 이해 당부 및 주민의견 결집 요구	주민 12명
2000. 6. 13	1일 300톤 가동을 위해 구로구쓰레기의 반입 필요성 설명	주민 8명
2000. 6. 16	구로구 쓰레기 반입에 따른 주민협조 당부	주민지원협의체사무실, 주민 13명
2000. 6. 21	학온동 8개통 주민대표와 시장간담회 개최 및 주민숙원사업 합의	시청, 총16명(공무원 10명, 주민 5명, 시의원 1명)
2000. 6. 28	구로구 쓰레기 반입조건에 대해 주민과의 대화	20명
2000. 6. 29	구로구 쓰레기 반입에 따른 주민지원에 관한 협의	공무원 4명, 경찰 9명, 주민 5명
2000. 7. 6	주민대표와 시장 간담회 개최	
2000. 7. 10	구로구쓰레기 반입 개시	

기의 반입조건으로 광명시장이 지역주민대표들에게 약속한 사항을 정리하면 다음과 같다.

첫째, 광명시는 시설 주변 300m 이내 간접영향권(광산촌, 도고내, 뒷골)에 있는 주민들을 위하여 서울시로부터 지원받는 주민편익사업비 40억 원(이미 약속한 온수공급 설치비 포함)을 주민지원협의체에 주민지원기금으로 지원한다.

둘째, 40세 이상 주민들에게 2001년 상반기까지 희망자에 한하여 보건소에서 건강진단을 실시하고, 진단결과 소각장으로 인한 질환으로 판정될 경우 치료

비를 부담한다.

셋째, 현재의 자원회수시설을 증설하지 않고 또 열병합발전소를 제외한 다른 혐오시설을 유치하지 않는다는 것 등이다.

넷째, 시설 주변지역으로 분류된 지역은 폐촉법 제21조 제2항 제2호의 규정에 따라 매월 가연성쓰레기 반입량을 기준으로 하여 반입료의 10%를 주민지원기금으로 지원받는다.

이 밖에도 광명시장으로부터 주민수익사업으로 약속받은 사항은 주민지원협의체의 범위 확대, 마을진입도로 및 소방도로 개설, 상수도 설치, 소화전 설치, 다목적 마을회관 건립, 그린벨트 해제, 주민건강 진단, 농기계 보관창고 건립, 버스노선 증설 등이 있고, 아울러 난방비, 인터넷 및 전화료, 학자금 등과 같은 지원을 광명시가 추가적으로 지원할 것을 약속하였다.

6. 빅딜의 성공요인과 성과분석

이 빅딜사례는 환경기초시설의 신규설치, 상호교환이용 또는 공동이용을 모색하고 있는 다른 자치단체들에게 상호공조방안을 제시하는 등 우리나라 지방자치 발전에 교두보를 마련한 사건으로 평가할 수 있다. 이 빅딜사례의 성공요인과 성과를 분석하면 다음과 같다.

1) 빅딜의 성공요인분석

이 사례는 시설의 상호교환이용으로 지방자치단체 간 상생의 행정을 구현함으로써 주민들의 집단민원을 해결함과 동시에 중복투자를 방지하여 예산의 절감을 기하고 시설운영의 효율성을 증대시킨 사례이다. 이 사례가 성공적으로 평가받기까지에는 많은 요인이 있지만, 그중 중요한 것만 정리한다면 다음과 같다.

첫째, 상호이해와 협조를 통하여 협상을 성공시키려는 협상당사자들의 의지와 노력이 주효하였다. 이 빅딜사례는 우리나라에서는 전례가 없는 사건으로 광명시와 서울시(구로구)는 협상에 대한 노하우가 전혀 없었지만, 협상을 성공시킬 수 있었던 것은 (i) 이해당사자인 광명시와 서울시(구로구)는 협상을 통하여 반드시 빅딜을 성사시키려는 의지가 있었다. 이를 위해서는 당사자들이 서로 이해하고 양보하는 끈질긴 노력을 통하여 얻어진 결과였다. (ii) 당사자들은 정기적인 업무회의와 간담회 등을 통하여 필요한 정보를 획득함으로써 협상을 통하여 얻을 수 있는 상호이익이 무엇인지 명확하게 알고 있었다. (iii) 협상 당사자들은 흔히 협상을 자신에게 조금이라도 유리한 방향으로 이끌기 위하여 영향력을 행사하기 마련인데, 협상과정에 제3자적 입장에서 환경부의 중재역할이 빅딜 협상을 조속히 성공적으로 이끄는 원동력이 되었다.

둘째, 대화와 설득을 통한 상호신뢰의 구축이 주효하였다. 시설입지 주변 지역주민들의 반대를 해결하는 데 주민들의 도덕성에 의존하거나 혹은 시민의식의 부족으로 몰아붙이는 과거의 권위주의적 행정관행을 답습하기보다는 해당 지역 주민들을 만나 대화와 설득을 통하여 상호신뢰를 쌓는 등 좀 더 민주화된 방법을 통하여 이루어진 결과였다.[17] 관계 공무원들은 주민의 요구사항을 듣는 한편 빅딜의 당위성과 필요성을 설명하였고, 계속된 대화와 설득 속에서 지방자치단체 간 빅딜에 대한 공감대가 형성되었던 것이다.

셋째, 시설입지 주변지역 주민들에 대한 주민숙원사업의 해결이 주효하였다. 피해자라고 생각되는 주민들에게 실질적인 혜택을 줌으로써 갈등을 해결하였다는 점이다. 쓰레기소각처리시설 등과 같은 환경기초시설의 건설은 오늘날 우리 사회에서 꼭 필요하지만, 시설이 들어서는 지역은 지가하락 등과 같은 재산가치의 손실을 감수하여야 한다. 따라서 이러한 지역에 주민숙원사업을 시행한다든지 지역주민들이 재량껏 사용할 수 있는 주민지원기금을 마련하는 등 좀 더 실질적인 보상을 통하여 해결될 수 있었다. 더군다나 주민정서상 상대적으로 거부

17) 구로구 쓰레기 반입 저지 집단시위가 장기화되자 시장이하 전 공무원이 각기 계층별로 역할을 분담하여 주민과의 대화를 통하여 설득하고 이해시켜 신뢰를 구축하고, 각 가정마다 홍보서한문을 발송하는 등 각고의 노력 끝에 주민들의 마음을 움직여 주민대표를 시장과의 면담의 장으로 이끌어냈다(정병무, 2003).

감이 심한 다른 지역 쓰레기의 반입처리에 대한 지역주민들의 저항은 더욱 강렬하였을 것이다. 그렇지만 반입량에 따라 주민기금이 조성[18]되는 경우에는 오히려 주민들이 쓰레기의 반입을 반겼다는 이야기는 근거 없는 소문만은 아닐 것이다.

2) 빅딜의 성과분석

광명시와 서울시(구로구) 간 환경기초시설 빅딜의 성과는 다음 다섯 가지로 요약될 수 있다. 환경기초시설 건설에 관한 중복투자 방지로 인한 예산절감, 협상을 통한 지방자치단체 간 갈등극복 및 집단민원 해결, 토지이용의 효율화, 시설의 공동이용으로 인한 경제적 효과, 그리고 지역개발 효과이다.

첫 번째는 가시적 성과로서 유사시설 중복투자 방지로 인한 예산절감 등 재정적 효과를 들 수 있겠다. <표 3-12>에서 보는 바와 같이, 2002년 12월 31일 현재 광명시는 하수종말처리장 건설비 1,655억 원에서 가양하수종말처리장 추가공사비 부담금 344억 원을 제외한 1,311억 원의 예산절감효과를 거두었다. 게다가 구로구의 쓰레기를 받아들임으로써 서울시로부터 소각시설 공동이용지원금으로 약 273억 원, 매년 구로구로부터 음식물쓰레기 처리비 15억 원, 그리고 가연성쓰레기의 반입량에 따른 주민지원기금 약 1.4억 원 등 총 342.4억 원의 세외수입을 확보하였다. 한편, 서울시의 경우는 구로구소각장 건설비 410억 원에서 광명시 자원회수시설 분담금으로 지원한 273억 원을 제외한 약 137억 원 규모의 예산을 절감한 것으로 나타났다. 따라서 이 빅딜사례의 최대수혜자는 광명시라 할 수 있겠다. 그 이유로는 1,311억 원의 예산절감과 342.4억 원의 세외수입 효과를 더하면 총 1,653.4억 원의 재정적 효과를 보았다고 말할 수 있기 때문이다.

두 번째 성과로는 광명하수처리장 건설계획과 구로구소각장 건설계획의 철회로 광명시와 구로구 간, 광명시와 광명시 주민 간 집단민원과 갈등을 슬기롭게 해결한 점을 들 수 있겠다. 광명시와 서울시(구로구)는 환경기초시설 빅딜에

---

18) 광명시 자원회수시설의 경우 반입되는 가연성쓰레기 1톤당 1,632원이 적립된다(한국정책지식센터, 2002: 163).

표 3-12 재정적 측면에서 살펴본 빅딜의 성과(2000. 7~2002. 12)

구분	항목	금액 (억 원)	부담기관 (절감기관)	비고
예산절감	소계	1,448		
	광명하수처리장 건설비	1,311	(광명시)	1,655억-344억=1,311억 원
	구로구소각장 건설비	137	(서울시)	410억-273억 = 137억 원
세외수입	소계	342.4		
	공동이용지원금 (시설분담금)	273	서울시	2000년도 8,494백만 원, 2001년도 및 2002년도 각각 9,388백만 원 ※2002년도 완료
	음식물쓰레기 처리비	273	구로구	2000년도(6월~12월): 2억 원 2001년도(18,618톤): 6억 원 2002년도(18,646톤): 7억 원
	자원회수시설 운영비	15	구로구	2000년도(7월~12월): 7억 원 2001년도: 23억 원 2002년도: 23억 원
	주민지원기금	1.4	구로구	2000년도(7월~12월): 0.22억 원 2001년도: 0.64억 원 2002년도: 0.61억 원

의하여 구로구소각장을 건설하지 않게 됨으로써 구로구 소각장 건설예정지로부터 2km 이내에 있는 광명시 8개 동 주민 10만 4천여 명의 집단민원을 일시에 해결하게 되었다. 광명시도 하수처리장을 건설하지 않게 됨으로써 하수처리장 건설예정부지 인근 광명시 4개 동 지역주민 5만여 명의 혐오시설에 대한 집단민원을 사전에 예방할 수 있게 되었던 것이다. 이러한 이유로 이 사례가 환경기초시설의 건설을 둘러싼 지방자치단체 간 또는 지방자치단체와 주민 간 갈등을 슬기롭게 극복한 모범적 사례로 평가받는 것이다.

세 번째 성과로는 시설예정부지를 다른 용도로 전환하여 사용함으로써 토지이용의 효율성을 증대시킨 점을 들 수 있다. 광명시의 하수처리장 건설대상부지(115,000m^2)에는 서울올림픽기념 국민체육진흥공단으로부터 '돔식 경륜장' 건설부지로 개발되고 있으며, 구로구 자원회수시설 예정부지(82,600m^2)에는 농수산

물유통시설의 유치를 검토하는 등 토지의 효율적 이용에 기여한 것으로 알려져 있다.

네 번째 성과로는 자원회수시설을 공동으로 이용함으로써 나타나는 경제적 효과를 들 수 있는데, 쓰레기를 통합처리하면서 톤당 처리비용이 감소되고 또한 소각열을 난방열로 활용하는 것 등이 그러한 예이다. 경기개발연구원(1996)이 조사한 쓰레기 처리규모에 따른 단가를 비교해 보면, 처리용량이 하루 100톤인 소각로의 경우는 톤당 평균 115,585원, 200톤인 경우는 평균 98,753원, 300톤인 경우는 평균 58,166원, 그리고 600톤인 경우에는 평균 39,113원으로 나타나 처리규모가 커질수록 경제성을 갖는 것으로 나타났다. 그러나 소각로의 규모가 커질수록 단가가 내려간다고 소각로를 무한정 키울 수는 없는 노릇이다. 왜냐하면 소각로의 처리용량이 클수록 시설을 유지할 만큼 쓰레기가 지속적으로 공급되어야 하기 때문이다. 사실, 광명시 자원회수시설로 반입되는 구로구의 쓰레기는 월평균 반입량은 2001년도에는 3,330톤, 2002년도에는 3,122톤으로 협약량(4,500톤/월)의 평균 70~74%에 불과한 실정이다. 현재 광명시와 구로구의 쓰레기 처리비율은 6 : 4 정도이나 처리원가 절감에서 적정비율인 5 : 5가 되기 위해서는 구로구로부터 월평균 반입량이 4,000톤 이상(협약량의 약 90% 수준)이 되어야 한다. 만일, 구로구에서 반입되는 쓰레기의 양이 월평균 4,000톤 이상일 경우에는 처리비가 현재의 톤당 5만 원대에서 4만 원대로 낮아지게 된다(한국정책지식센터, 2002: 164). 2003년 현재 광명시 소각시설 1,2호기 연평균 가동률[19]은 경기도 내에서 가장 높은 수치인 81%이다. 2003년도 경기도 연평균 소각시설 가동률 67%인 점을 감안하면 상당히 높은 가동률임에 틀림이 없다. 쓰레기 반입량의 증가에 의한 원가절감효과 외에도, 최근 광명시는 소각열을 지역난방열로 이용하기 위하여 민간업체인 LG Power Co.와 제휴하여 소각열 판매계획을 수립하고 있다. 현재 발생하는 소각열 가운데 30%는 활용하고 있고, 나머지 70%는 버려지고 있는 실정이어서 제휴판매가 성사되면 연간 13억 원의 이익을 낼 수 있는

19) 총 소각량을 365일로 나눈 값을 다시 시설용량으로 나눈 값을 말한다.

것으로 기대된다.

다섯 번째 성과로서 지역개발효과를 들 수 있다. 시설이 위치한 지역은 광명시 도심으로부터 10km 이상 떨어진 낙후 농촌지역으로서 환경기초시설 빅딜로써 지역개발이 촉진되었다. 쓰레기소각처리시설 착공당시 광명시는 간접영향지역(광산촌, 도고내, 뒷골)에 다목적 마을회관을 건립하고 상수도급수관, 마을진입도로, 소방도로 및 소화전을 개설하고 버스노선을 증설하는 등의 주민편익사업으로 1996년부터 1998년까지 3년간에 걸쳐 약 57억 원을 이미 투자하였다. 이와 더불어, 구로구 쓰레기 반입조건으로 서울시가 이 지역에 주민기금으로 제시한 40억 원을 합치면 총 97억 원가량의 주민수익사업비로 보장받은 셈이다. 97억 원을 간접영향권 내에 있는 184세대로 나누면 세대당 약 52.7백만 원에 해당되는 액수이다. 또한, 쓰레기 반입비율에 따라 조성되고 있는 주민지원기금도 있고 추가적으로 학자금, 난방비, 인터넷 사용료 및 전화료 등이 지원될 예정이어서 지역개발 측면에서 엄청난 효과를 보았다고 말할 수 있다.

아울러 부수적 효과로서 고용효과를 들 수 있는데, 현재 주민감시원(월 130만 원 수입)으로 일하고 있는 주민 4명을 비롯하여 소각시설에만 10명의 일자리(식당, 조경, 제초, 청소, 창고 업무 등)가 제공된 점을 미루어 보면, 혐오시설을 유치한 대가로 우리나라에서 이곳만큼 지역개발효과가 나타난 지역도 없다고 하겠다.

7. 결론

이 사례는 서울시 구로구의 일방적인 쓰레기소각장의 입지선정으로부터 출발하여 인접지역 주민들의 집단반발과 지방자치단체 간 갈등으로 비화되어, 결국에는 환경기초시설의 빅딜로 마무리된 경우이다. 시설의 빅딜, 즉 상호교환이용을 통하여 주민들의 집단민원과 지방자치단체 간 갈등을 일거에 해결하고, 나아가 시설의 중복투자 방지로 예산을 절감하고 시설의 효율성을 증대시킨 지방자치시대에 귀감이 될 만한 사례이다.

한 지역의 문제를 넘어 광역적 성격을 지닌 환경기초시설의 건설문제가 우리나라 지방자치발전의 걸림돌로 작용하고 있는 요즈음, 광명시와 구로구 간의 빅딜은 환경행정 관점에서는 환경기초시설의 광역화가 이루어진 새로운 변화의 출발점으로, 또 자치행정 관점에서는 지방자치단체 간 상생의 행정으로 우리나라 지방자치발전에 교두보를 마련한 사건으로 볼 수 있다.

이 사례는 상호보완적 환경기초시설의 빅딜로 상호 예산절감과 집단민원 해결이라는 두 가지 효과를 동시에 거둔 모범사례로서 환경기초시설 건설과 관련하여 다음과 같은 시사점을 제시하고 있다.

첫째는 입지선정과정의 민주화이다. 환경기초시설의 계획단계부터 이웃 지방자치단체 혹은 입지지역 주민과 사전에 충분히 협의하여야 한다. 시간이 걸리더라도 사전에 충분한 협의를 거쳐 결정하는 것이 독단으로 계획을 수립한 후 추진과정에서 인근 지방자치단체나 시설 주변 지역주민들과 마찰을 빚어 사업이 지연되거나 아예 사업 자체가 불가능해지는 것보다 훨씬 수고를 더는 일일 것이다. 물론, 1995년 1월 폐촉법이 제정되면서 폐기물처리시설 입지선정 및 운영 시 주민참여가 제도화되어 있다고 하지만, 현실에서는 유명무실한 경우가 많다.

둘째는 환경기초시설의 광역화이다. 환경문제는 거시적인 차원에서 접근해 해당 지역의 상충된 이해를 조율하는 것이 해결의 관건임을 보여주고 있다. 중앙정부와 광역자치단체에서도 환경기초시설 건설 시 입지선정을 기초단체에만 맡기지 말고 상급기관으로서 갈등의 조정과 함께 시설의 광역화를 유도함으로써 시설의 난립을 예방하고, 아울러 시설투자비와 운영비를 절감하는 방안을 검토하여야 할 것이다.

셋째는 인내와 양보를 통한 협상과 타협이다. 환경기초시설의 건설 시 이 사례와 같이 지방자치단체 간 상호교환이용 또는 공동이용이라는 타협점을 찾는 것이 이상적이지만, 협상과정에 많은 이슈가 제기되어 복잡하게 전개되기 때문에 협상과정에서는 무한한 인내와 양보가 필요하다. 사실, 이 빅딜도 단시일 내에 도출된 것은 아니다. 광명시는 1986년부터 하수처리장을 건설하고자 하는 계획을 가지고 있었으나 주변지역 주민들의 반대로 이를 실현하지 못하였고, 구로구 역시 1998년에 광명시에 인접한 지역에 쓰레기소각장을 건설하려고 하였으나 주민들의 반대에 부딪쳐 계획이 무산되었다. 양 자치단체들이 실패한 경험을 가지고 있었기에 이 빅딜이 성사될 수 있었다고 생각된다. 물론 광명시의 경우 시설 주변지역 주민들을 설득시키기 위하여 시장을 비롯한 공무원들이 밤을 새며 주민과 직접 대화에 나서며 사업의 당위성을 설명하고 주민들의 신뢰를 획득하는 등의 헌신적인 노력은 지방자치가 민주주의를 실천하는 지름길임을 단적으로 보여주는 것이다.

넷째는 시설입지 지역주민들이 실질적인 편익으로 인식할 수 있는 정도의 시설복합사업(facility package)의 시행이다. 시설이 들어서는 지역은 소음, 분진, 교통혼잡 등의 생활상의 불편과 지가하락 등과 같은 재산가치의 손실이 수반된다. 따라서 피해자라고 생각되는 지역의 주민들에게 이러한 손실을 보전할 수 있는 정도의 실질적인 혜택을 줌으로써 갈등을 해결하려고 하여야 한다는 것이다. 이 빅딜사례와 관련하여 시설 주변지역 주민들이 받은 특혜는 주민지원기금을 조성한다든지, 주민건강진단 실시 · 마을도로 확충 · 상수도 공사 · 다목적 마을회관 건립 · 농기계 보관창고 건립 · 버스노선 증설 등과 같은 주민숙원사업을 시행한다든지, 난방비 · 인터넷 · 전화료 등에 대하여 경비를 지원한다든지, 마을 학생들에게 학자금을 지원하고, 그린벨트를 해제하도록 노력하는 등 다양한 주민특혜사업이 포함되어 있다.

결론적으로, 광명시와 구로구 간의 환경기초시설 빅딜은 문제의 해결이 어느 한쪽이 승리하는 영합게임(zero-sum game)이 아닌 양쪽이 협상을 통하여 서로 승자가 되는(win-win) 지방화시대에 필요한 전략이라고 말할 수 있다. 이 빅딜사례는 환경기초시설의 신규설치, 상호교환이용 또는 공동이용방안을 모색하고 있는 다른 지방자치단체들에게 벤치마킹사례가 되어 구리-남양주 소각장, 파주-김포시 소각장, 청주시-청원군 소각장 등이 성공적으로 건설될 수 있는 초석이 되었고, 더 나아가 환경기초시설을 포함한 혐오시설 건립문제로 홍역을 치르고 있는 많은 지방자치단체에 문제해결의 새로운 가능성을 열어주었다고 할 수 있다.

생각해 보기

1. 환경기초시설에는 어떤 것들이 있는가?
2. 입지갈등이 발생하는 이유는 무엇인가?
3. 님비현상은 무엇이며 해결방안에는 어떤 것들이 있는가?
4. 이 연구에서 빅딜의 내용은 무엇이며, 빅딜을 위한 노력은 어떤 것들이 있는가?
5. 빅딜에는 어떤 행위자가 참여하고 있으며, 그들은 어떤 역할을 하고 있는가?
6. 환경기초시설의 입지와 관련하여 환경정의(Environmental Justice)에 대하여 논의하여 보라.

참고문헌

경기개발연구원(1996). 『경기도의 권역별 쓰레기소각시설 설치에 관한 연구』.

국무총리수질개선기획단(1997). 『수질개선지원기관 '97연구보고서』.

박호숙(1996). 『지방자치단체의 갈등관리: 이론과 실제』. 서울: 다산출판사.

유해운(1996), 『비선호시설 입지에 대한 주민반발요인에 관한 연구: 원자력 관련 시설입지를 중심으로』. 광운대학교 행정학과 박사학위논문.

이달곤(1993). 환경갈등관리: 입지정책사례를 중심으로. 『행정논총』, 31(1).

이수장(1996). 『기피시설 입지의 갈등해소에 관한 연구』. 서울대학교 환경대학원 박사학위논문.

이종규 외(1994). 『도시개발사업 수행을 위한 협상연구』. 서울: 서울시정개발연구원.

임우석(1995), 『협상에 의한 도시혐오시설의 입지결정에 관한 연구』. 서울시립대학교 도시행정학과 박사학위논문.

전주상(2000). 『지방정부와 주민 간 정책갈등에 관한 연구』. 서울대학교 행정대학원 박사학위논문.

정병무(2003). 갈등사례 소개. 국가행정전문연수원(편). 『갈등협상실습』. 수원: 국가행정전문연수원 행정자치연수부.

정주용(2004). 성공적 갈등해결전략으로써 협상의 성공요인: 환경기초시설 빅딜사례를 중심으로. 『정부학연구』, 10(1).

한국정책지식센터(편), 서울대학교 행정대학원. (2002). 『공공개혁우수사례집』. 서울: 나남출판사.

Bacow, L., & Milkey, J. R. (1982). Overcoming Local Opposition to Hazardous Waste Facilities: The Massachusetts Approach. *Harvard Environmental Law Review*, 6.

Carnes, S. A., Copenhaver, E. D., Sorensen, J. H., Soderstrom, E. J., Reed, J. H., Bjornstad, D. J., & Peele, E. (1987). Incentives and Nuclear Waste Siting: Prospects and Constraints, in R. W. Lake(ed.), *Resolving Locational Conflicts*. New Jersey: Center for Urban Policy Research.

Cohen, H. (1984). *You Can Negotiate Anything*. Englewood Cliffs, NJ: Prentice-Hall.

Dear, M. (1992). Understanding and Overcoming the NIMBY Syndrome. *Journal of the American Planning Association*, 58(3).

Easterling, D. & Kunreuther, H. (1992). *The Dilemma of Siting a High-Level Nuclear Waste Repository*, MA : Kluer Academic Publishers.

Kunreuther, H. & Easterling, D. (1992). Gaining Acceptance for Noxious Facilities with Economic Incentives, in D. W. Bromley(ed.), *The Response to Environmental Risk*, MA: Kluer Academic Publishers.

Lindblom, C. E. (1980). *The Policy-Making Process*. Englewood-Cliffs, NJ: Prentice-Hall.

Mazmanian, D. & Morell, D. (1990). The NIMBY's Syndrome: Facility Siting and the Failure of Democratic Disclosure, in N. J. Vig & M. E. Kraft(eds.), *Environmental Policy in the 1990s*, Washington, DC: CQ Press.

Mitchel, R. C. & Carson, R. T. (1986). Property, Rights, Protest and the Siting of Hazardous Waste Facilities, *The American Economic Review*, 76.

Pijawka, K. D. & Mushkatel, A. H. (1991). Public Opposition to the Siting of the High-level Nuclear Waste Repository: The Importance of Trust. *Policy Studies Review*, 10.

Rubin, J. Z. (1994). Models of Conflict Management: Constructive Conflict Management: An Answer to Critical Social Problems?. *Journal of Social Issues*, 50(1).

Rubin, J. Z. & Brown, B. R. (1975). *The Social Psychology of Bargaining and Negotiation*. New York, NY: Academic Press.

Susskind, L. (1981). Citizen Participation and Consensus Building in Land Use Planning: A Case Study, in J. I. deNeufville(ed.), *The Land Use Policy Debate in the* U. S., New York, NY: Plenum Press.

US EPA (1982). *Using Compensation and Incentives When Siting Hazardous Waste Management Facilities.*

Wolsink, M. (1994). Entanglement of Interest and Motives: Assumptions Behind the NIMBY Theory on Facility Siting, *Urban Studies*, 31(6).

제3절

신지역주의와 협력거버넌스 실패사례: 첨단의료복합단지 사업사례[1)]

1. 서론

세계화와 개방화가 동시에 진행되는 오늘날의 환경에서 지역, 특히 광역지역이 중요한 통치공간으로 등장하고 있다. 이에 미국이나 영국 및 프랑스 등 세계 각국은 광역 차원의 지역발전정책을 수립하여 추진하고 있으며, 우리나라도 예외는 아니다. 따라서 광역 차원의 거버넌스 논의가 이론적으로나 실무적으로 1990년 이후 활발히 이루어지고 있다. 신지역주의나 지역거버넌스 그리고 광역경제권이론이 그것이다.

광역적 차원에서 지역성장을 달성하려는 정책은 신지역주의의 담론이기도 한다. 광역지역은 지역의 핵심 경제단위로 부상하고 있고, 그것의 핵심 동력으로는 경쟁력 있는 혁신클러스터와 지역혁신체제의 존재 유무가 중요하다(김영수, 2008: 5). 그리고 최근에는 지리적 근접성을 좀 더 대규모로 확대하여 지역성장을 추진하고 있는 실정이다. 이러한 예로는 영국의 광역경제권, 독일의 프랑크푸르트광역경제권, 프랑스의 리용광역경제권 등이 있다. 우리나라에서 광역 차원의 지역발전정책은 노무현정부에서 추진되어 이명박정부에서 5+2 광역경제권정책으로 실행된 바 있다. 따라서 광역경제권에 관련된 학문적 논의는 중요하다.

국내의 광역경제권 관련 선행연구로는 광역경제권 경쟁력분석(권영섭 외,

1) 이 정책사례는 『한국행정학보』 제44권 4호(2010년)에 실린 배봉준(구명: 배응환)의 "신지역주의와 협력거버넌스: 광역경제권 설계의 전제"에 관한 논문임.

2006)과 광역경제권 발전방안(이원섭, 2008; 장재홍, 2008; 김선배, 2008; 김동주 외, 2009) 및 광역경제권의 이론과 해외사례 소개(박재욱, 2008; 안영훈, 2008; 최영출, 2008; 최진혁, 2008) 등이 있다. 이명박정부가 추진한 광역경제권정책의 전제로서 위와 같은 선행연구도 필요하지만, 광역경제권의 경쟁력 강화를 위한 지역발전정책을 수립하고 집행하며 관리를 하기 위해서는 광역 차원의 거버넌스 논의가 요구되었다. 광역경제권은 행정구역을 초월하여 광역 및 기초지방정부 간이나 지방정부와 시민사회 및 기업 간의 협력이 있어야 하기 때문이다. 실제로 광역경제권에 관련되는 공무원과 전문가들에 대한 설문조사결과에 따르면, 광역경제권을 구성하는 광역지자체 간의 협력(37.5%)이 중앙과 지방 간 협력(31.7%)이나 광역경제권 내 산·학·연 참여활성화(10.4%)보다 중요한 것으로 나타났다(김동주 외, 2009: 160-161).

따라서 "광역지역의 정책을 결정하여 집행하거나 관리를 하기 위하여 관련 이해당사자들 간의 이익을 어떻게 협력으로 유도할 수 있는가?" 하는 협력거버넌스에 대한 분석은 학자나 실무가들의 중요한 연구과제라고 할 수 있다. 이러한 문제인식에 따라, 이 연구는 실제로 광역지자체 간에 협력거버넌스가 이루어지고 있는지를 충청광역경제권에서 쟁점화된 첨단의료복합단지 사례를 분석하는 데 연구 목적을 두고 있다. 좀 더 구체적으로는 정책결정의 새로운 네트워크 형태에서 나타나는 긴장과 갈등을 분석하고, 좀 더 민주적인 새로운 협력거버넌스의 잠재성을 시험하는 데 있다. 이러한 협력적 거버넌스의 모색은 광역경제권 설계의 전제조건이기 때문이다.

2. 신지역주의와 협력거버넌스이론

1) 신지역주의: 지역거버넌스

신지역주의는 1990년대 도시문제에 대한 해결책으로 도시와 지역문제에 실질적인 경험을 가진 학자와 정책옹호자들에 의하여 발달하여 왔는데, 새로운 지방정부를 만들거나 현존하는 정부들 간의 협력을 통하여 도시와 지역문제를 해결하는 것을 옹호하는 접근이나 이론을 의미한다(Swanstrom, 1996; Swanstrom, 2001: 479). 그것의 중심주제는 형평성과 같은 불안정한 가치영역으로부터 경제적 이익추구라는 효율성으로 지역정책을 이동시키려는 노력으로서 세계경제에서 지역경쟁력을 개선하여 지역성장을 이룩하는 것이다.

지난 20년 동안 신지역주의의 학자들과 옹호자들은 미국 대도시권지역에서 새로운 지역거버넌스의 설계를 주장하는 다수의 연구를 하여 왔다(Pierce, Johnson, & Hall, 1993; Dodge, 1996; Savitch & Vogel, 2000). 신지역주의자들은 자신들이 지지하는 지역거버넌스에 관계없이 다음과 같은 공통된 목표를 가지고 있다(Norris, 2001: 557-558). 첫째는 지역 간 협동이 세계경제에서 지역을 좀 더 경쟁적으로 만든다는 전제 하에 다양한 쟁점에서 협동을 촉진하도록 대도시권역에 있는 지방정부들을 연결하는 공식적 또는 비공식적 방법을 확립하는 것이다. 둘째는 지역거버넌스기제를 통하여 대도시지역의 분절된 지방정부들의 통제되지 않은 개발로 인하여 초래되는 부의 외부성 또는 파급효과를 해결하는 것이다. 셋째는 지역거버넌스기제를 통하여 여러 문제를 가지고 있는 중심도시와 주변도시를 개선하는 것이다.

이처럼 신지역주의자들은 대도시권역이 직면하는 문제를 진단하고 해결하는 데 지역거버넌스의 필요성을 강조하지만, 지역거버넌스의 구체적인 구조나 과정 및 기제를 명료하게 제시하고 있지는 않다. 신지역주의 학문에서 지역거버넌스에 대한 개념 정의가 명료하지 못한 것은 다음과 같은 문제를 가져온다(Norris, 2001: 559-560). 첫째, 지역거버넌스의 무엇을 논의하여야 할지를 알지 못한다. 둘째, 지역거버넌스는 구체적으로 어떤 것인가에 대한 의문이 있다. 셋째, 지역거버넌스를 분석목적으로 사용하기 위한 조작화가 어렵다. 이러한 이유 때문에 지역거버넌스는 조심스럽게 정의하는 것이 중요하다.

Savitch & Vogel(2000: 158-161)에 따르면, 신지역주의는 정책의제와 그것을 실행하기 위하여 설계한 일련의 정책개입이라고 주장한다. 신지역주의의 의제로 등장하는 주요 문제들은 재정적 불공평, 사회분리, 환경문제, 경제적 기대,

그리고 정부가 이들 쟁점에 대해 해결하려는 범위문제에 관련된다고 하고, 지역공동체가 좀 더 큰 대도시권역을 지향하며 그들의 집합적 미래를 고려하여야 한다고 한다. 그들은 대도시권개혁의 과거 형태인 정부(government)와 신지역주의와 관련되는 거버넌스(governance)를 구별한다.[2] 거버넌스는 현존하는 제도들을 새로운 방법으로 설계하는 통치시스템으로서 지방정부들 사이에 자발적이고 융통성 있게 수평적으로 연결하여 협력적 통치를 하는 것을 말한다.

따라서 신지역주의 학문에서 암시하는 지역거버넌스 개념은 기본적으로 지역협력, 즉 설정된 관할구역에서 정부 간이나 부문 간의 협력에 관련된다. 웹스터사전에 따르면, 협력이라는 것은 서로서로 함께 행동하거나 일하는 것 또는 상호 이익을 위하여 서로서로 연계를 맺는 것을 의미한다. 지역거버넌스를 성취하는 기본도구는 자발적 협동의 형태인 협력거버넌스이다. 이처럼 신지역주의자들은 지역거버넌스가 협력거버넌스를 지향하여야 한다는 것을 전제하지만 그것에 대한 구체적인 논의는 하고 있지 않다.

2) 협력거버넌스

(1) 협력거버넌스의 개념

우리 주위에서 발생하는 중요한 사회이슈들은 조직 간 영역에 위치하여(Trist, 1983),[3] 조직 간에 공동으로 과업을 수행하거나 문제를 해결하는 것은 중요한 공공부문의 역할로 인식되고 있다. 이는 공공부문 패러다임이 '정부(government)'에서 '거버넌스(governance)'로의 패러다임 이동과 관련되어 나타나는 현상이다.

이에 거버넌스 패러다임으로 조직 간 관계 차원에서 조직 간 배열을 강조하는 논의가 증가하고 있다(Metcalfe, 1993; Jennings & Ewalt, 1998; Brinkerhoff, 1999; Mandell, 1999; Huxham, 2000: 338). 여러 연구는 공동체나 기업조직 및

2) Norris(2001: 559)는 지역거버넌스를 신지역주의나 대도시권거버넌스와 동의어로 사용한다.
3) 이러한 조직 간 문제를 다루는 이론으로는 조직간 관계론, 정부간 관계론, 정책네트워크이론, 게임이론 등이 있다.

NGO의 참여를 강조한다. 지방에서는 지역과 국가 및 국제조직의 다양한 결합으로 대표되는 다양한 중첩적인 파트너십이 증가하고 있다. 이들 파트너십은 지역거버넌스에서 주요한 정책을 결정하고 집행하는 역할을 하고 있다. 이처럼 조직 간 배열과 관련되어 나타난 이론이 협력거버넌스이다.

협력거버넌스는 또한 하향식 집행의 실패와 규제의 고비용 및 정치화와 같은 정부실패에 대한 대응으로 출현하였다고 한다. 그것은 다원주의와 관리주의의 실패에 대한 대안으로 발달하였다. 다원주의는 이익중개의 대항정치(adversarial politics)를 말하나 협력거버넌스는 대항관계를 협력관계로 변형시킨다. 관리주의는 폐쇄된 정책결정과정에서 기관전문성에 의하여 일방적으로 결정하는 것이나 협력거버넌스는 정책결정과정에 이해관계자를 관여시키는 것이나 좀 더 진전된 협력연구는 지식과 제도적 역량의 성장에 기인한다. 지식이 점점 전문화되며 분산화되고 제도적 기반이 좀 더 복잡하고 상호의존성이 증가함에 따라 협력의 요구는 증가하고 있다(Ansell & Gash, 2007: 544). 공공영역에서는 협력거버넌스의 잠재성에 대한 기대가 만연하고 있으나, 실제 달성하는 데 어려움이 있는 것도 사실이다.

학자들의 협력거버넌스에 대한 개념 정의는 <표 3-13>과 같이 다양하게 나타나고 있다.

표 3-13 협력거버넌스의 개념

학자	개념 정의
Huxham (2000: 339)	어떤 행위자가 다른 조직에 있는 행위자들과의 관계 속에서 과업을 수행하는 거버넌스의 모든 형태나 용어
Innes & Booher (2003: 35)	전통적인 정치시스템에서 갈등이 있는 문제를 해결하는 방법일 뿐 아니라 그 시스템에서 행위자들 사이의 새로운 네트워크를 만들고 지식분포를 증가시켜 상호 만족스러운 정책을 산출하는 것
Thomson & Perry (2006: 23)	자율적인 행위자들이 그들의 관계를 지배하는 규칙과 구조, 그리고 그들이 함께 다루어야 할 쟁점들을 결정하거나 활동하는 방법을 만들기 위하여 공식적·비공식적 협상을 통하여 상호작용하는 과정

Bryson, Crosby, & Stone (2006: 44)	정부와 기업, 비수익조직, 공동체 그리고 시민이 관여하는 파트너십 또는 어느 한 부문의 조직에 의해서는 달성할 수 없는 결과를 공동으로 이루기 위하여 둘 또는 그 이상의 부문에 속하는 조직들에 의하여 정보와 자원 및 활동 그리고 역량을 연결하거나 공유하는 과정
Ansell & Gash (2007: 544)	공식적이고 합의지향적이며 상호적인 집합적 정책결정과정에 하나 또는 그 이상의 공공기관이 직접적으로 비공식적인 이해관계자들을 관여시키는 통치배열
하미승 · 전영상 (2007: 6)	국가 · 시민사회 · 시장의 3대 주체 중 어느 하나에 치우치는 것이 아니라 3대 주체를 중심으로 다양한 행위주체들의 참여를 통하여 사회적 이해관계의 조정과 공공서비스의 공급을 수행하는 주체
정문기 (2009: 232)	다수의 이해관계자들이 공동목적 및 사회문제를 해결하기 위하여 어느 정도 공식화된 구조와 권한을 가지는 공동행위
박형준 · 이인원 (2009: 11)	지역 내에 광범위하게 존재하는 다양한 욕구를 만족시키기 위한 실행계획을 개발하는 데 다양한 층위에 존재하는 정부조직뿐 아니라 민간 혹은 비영리조직까지가 네트워크로 포함된 통치구조
이명석 · 배재현 · 양세원 (2009: 147)	다양한 조직 간의 수평적인 협력을 통하여 문제를 해결하는 방법
채종헌 · 김재근 (2009: 112)	자율성을 갖춘 행위자들이 공동의 문제해결을 위한 협의 및 관리노력의 수단으로 합의추구를 지향하는 숙의적 의사결정체계

이상의 여러 학자의 개념 정의에서 도출할 수 있는 협력거버넌스의 중요한 개념 요소로는 거버넌스가 있다. 거버넌스를 어떻게 개념화하느냐에 따라 상이한 협력거버넌스를 정의할 수 있다. Lynn, Heinrich, & Hill(2001: 7)은 거버넌스를 공공재의 공급을 결정하여 집행하는 법 · 규칙 · 행정관행 등의 레짐으로 넓게 정의한다. 이는 전통적인 정부 개념과 일맥상통한다. Stoker(1998: 17; 2004: 5)는 거버넌스를 집합적 의사결정을 인도하는 규칙과 형태라고 하면서, 그것의 초점은 결정을 하는 데 개인이나 조직 또는 조직시스템의 집단이 관여하는 것이라고 한다. 그에 따르면, 거버넌스의 다양한 해석 중에서도 공통적으로 인식하는 요인은 공공부문이나 민간부문들 사이나 내에서 경계가 모호해지는 통치유형의 발달을 언급한다는 점이다. 현대정부에서 유행하는 거버넌스 관련 용어로는 파트너십 · 동맹 · 협력 · 조정 · 협동 · 네트워크 · 여러 부문의 공동활동 등이 있다. 학자와 실무자들은 이들 개념에 대하여 동일하거나 상이한 의미로 사용하

고 있어 개념적 혼란 상태에 있다.

협력거버넌스에 대한 여러 연구는 거버넌스를 공공기관과 비정부행위자들 사이의 여러 종류의 관계를 암시하는 것으로 사용한다. 예를 들면 협력거버넌스에 Smith(1998: 6)는 중요 이익집단의 대표를, Connick & Innes(2003: 180)는 모든 관련 이해관계자들의 대표를 참여시킨다. Reilly(1998: 115)는 협력적 노력을 정부기관과 관련 시민들의 공유된 목표를 달성하기 위한 문제해결유형으로 본다. 또 다른 학자들은 협력거버넌스를 정부기관 간의 조정으로 기술한다(Ansell & Gash, 2007: 545-546).

이처럼 다양하게 정의할 수 있는 협력거버넌스의 일반적인 특징을 정리하면 다음과 같다(Ansell & Gash, 2007: 544-555). 첫째, 그 거버넌스는 공공기관에 의하여 발의된다. 둘째, 거버넌스 참여자는 공공기관 외에 비정부행위자들도 포함될 수 있다. 셋째, 참여자들은 정책결정이나 공공관리에 직접 참여한다. 넷째, 거버넌스는 공식적으로 조직화되고 집합적으로 활동한다. 다섯째, 거버넌스는 동의가 실제로 달성되지 못할지라도 합의에 의한 결정을 하는 것을 목표로 한다. 여섯째, 협력의 초점은 공공정책이나 공공관리이다. Huxham(2000: 339)에 따르면, 협력은 도구적 목적을 위하여 발의된 것으로 복잡한 사회문제를 해결하는 방법이다. 어떤 지역에서 공공기관은 민간부문과 연계하여 교육이나 복지 및 경제 등에 대한 정책을 수립하여 집행할 수 있다.

위의 개념 정의들은 협력거버넌스를 공공정책의 문제해결이나 공공관리 차원에서 인식하고 있다. 이는 거버넌스라는 용어가 계획이나 정책결정 및 관리를 포함하는 통치의 구조나 과정의 여러 측면을 포용하고 있기 때문이다. 따라서 협력거버넌스와 유사한 용어가 혼용되고 있다. 예를 들면 정책네트워크, 참여적 관리, 상호작용적 정책결정, 협력적 정책결정, 협력적 관리, 이해관계자 거버넌스 등이 그것이다(Ansell & Gash, 2007: 548). 이 연구에서는 협력거버넌스를 신지역주의의 논의주제인 광역 차원에서 공식적 정부행위자인 지방정부들이 공통된 목표를 달성하거나 이해관계를 조정하기 위하여 공동으로 활동을 하는 정책결정으로 정의한다.

(2) 협력거버넌스의 구성요소

협력거버넌스의 개념에는 구성요소로 협력구조와 협력과정이 내포되어 있는데, 이에 대한 선행연구들의 논의를 살펴본다.

① 협력구조

협력거버넌스 연구에서는 협력구조(collaborative structure)를 구성하는 차원을 다양하게 제시하고 있다(<표 3-14>).

표 3-14 협력구조의 차원(변수)

학자	협력구조의 변수
Innes & Booher(2003)	이해관계자, 이익의 다양성과 상호의존성
Ansell & Gash(2007)	제도설계- 참여포괄성, 포럼배제성, 동의규칙, 과정투명성
Bryson, Crosby, & Stone (2007)	구조적 배열, 맥락으로서의 구조

Innes & Booher(2003: 39-41)는 협력구조의 변수로 이해관계자와 이들의 이익을 강조한다. 협력거버넌스에는 이해당사자들이 가지는 모든 다양한 이익이 포함된다. 합의가 지속적이려면 모든 이해관계자가 담론에 포함되어야 한다. 배제된 이해관계자는 종종 합의를 파괴할 수 있기 때문이다. 정책대화에서 이해관계자들은 경쟁하는 이익을 가지고 있으며, 그들의 이익은 상호의존적이어서 개별적으로 달성할 수 없고, 변화에 적응하는 데 함께 작동하도록 공통 문제에 공동으로 대응하여야 함을 인식하여야 한다. 캘리포니아 거버넌스합의계획 사례 등과 같은 대부분의 자발적인 협력과정은 비록 모호하게 명료화되었더라도 어떤 문제나 이익에 대한 상호의존성의 공유된 인식에 의하여 발의되어 추진되었다.

Ansell & Gash(2007: 555-557)는 협력적 제도설계를 위한 네 가지 변수를 제시한다. 첫째, 참여의 개방성은 협력구조에 포함되는 이해관계자의 개방성과 포괄성을 말한다. Chrislip & Larson(1994)에 따르면, 성공적인 협력의 첫째 조건은 쟁점에 의하여 영향을 받거나 그것에 관심을 가지는 모든 이해관계자들을 포함시켜야 한다. 이것은 잠재적으로 다루기 힘든 이해관계자들을 포함한다. 어떤 이해관계자들을 배제하는 것은 궁극적으로 협력과정의 정당성을 저해하고 실패의 원인이 된다(Reilly, 2001). 둘째, 포럼배제성은 참여포괄성과 밀접하게 연결되는 개념이다(Tett, Crowther, & O'Hara, 2003). 협력포럼에 배제되는 이해관계자들은 대안적 포럼을 통하여 자신의 논리를 주장한다. 예컨대, Kraft & Johnson (1999: 136)에 따르면, 위스콘신의 폭스강동맹으로부터 배제된 환경집단은 대안적 포럼을 만들어 활동하였다. 셋째, 행동규칙으로는 동의규칙이 있다. 동의는 개인 관점의 대표를 촉진하고 협동을 유도하는 것이다(Margerum, 2002). 그러나 동의규칙은 최대공약수의 결과를 유도하는 데 중요하지만, 결정의 교착상태를 가져올 수도 있다. 넷째, 과정투명성은 이해관계자들이 공공협상이 실질적이고 밀실거래가 아니라는 것을 신뢰할 수 있는 것을 말한다.

Bryson, Crosby, & Stone(2007: 48－49)은 협력구조의 차원으로 구조적 배열과 맥락으로서의 구조를 제시한다. 협력 학문에서 구조는 좀 더 공식적 구조배열과 같은 조직화와 구조에 포함되는 행위자들의 이익의 다양성을 포함한다. 구조는 협력에 본질적인 모호성과 복잡성 때문에 동태적이다. 모호성은 협력에 관여하는 구성원들이 대표성이 있는가와 구성원의 재편성 등에 대한 행위자들의 인식과 같은 구성원들의 여러 특성으로부터 발생한다. 이러한 구조적 배열은 협력의 효과성에 영향을 준다. 효과성은 고객의 관점에서 소망스러운 결과를 달성하는 것이다.

협력구조에 대한 학자들의 논의는 협력거버넌스에 관여하는 이해관계자(정책행위자)들의 범주와 이들의 이익에 대한 논의로 집중된다. 따라서 이 연구에서는 협력구조를 Innes & Booher(2003)의 설계에 따라 관련 정책행위자들과 이들의 이익으로 범위를 좁혀 논의를 시작한다. 협력구조는 그것에 관련되는 행위자들의 탐색으로부터 출발한다. 협력연구의 최초 과업은 이해관계자, 즉 이익의 공동체를 확인하는 것이다. Chrislip & Larson(1994: 64－65)에 따르면, 협력맥락에서 이해관계자는 문제나 쟁점에 책임이 있는 사람, 그것에 의하여 영향을 받는 사람들, 좋은 해결이나 전략을 발달시키는 데 필요한 지식이나 시각을 가지고 있는 사람들, 해결책이나 전략을 집행하거나 방해하는 힘이나 자원을 가지고 있는 사람들을 의미한다(Huxham & Vangen, 2000: 773-775). 그러나 어떤 학자들은 현실에서 협력에 관련되는 이해관계자들을 설정하는 것은 쉽지 않다고 한다. Gray(1989)에 따르면, 이해관계자는 쉽게 확인되지 않을 수 있고 동시에 문제에 관심을 갖는 것은 아니라고 한다. 실제 협력의 구성원들은 협력학문이 제시하는 것보다 복잡하고 모호할 수 있다.

이들 정책행위자들은 정책영역에서 정책문제 또는 정책목표와 관련하여 어떠한 이익을 가지고 있다. 정책행위자의 이익이란 정책목표와 관련하여 자신이나 구성원의 선호를 집약적으로 표현한 것으로서 정책결과가 자신들에게 이익이 되거나 손실이 최소화되도록 시도한다(배응환, 2001: 270). 정책참여자들은 정책문제에 대하여 다양한 이익을 표출하므로 이익은 조화적일 수도 있고 갈등적일 수도 있는 상호의존관계에 있다. 협력구조에서 행위자들은 개인적 임무를 달성하려는 사적 이익과 협력목표를 달성하려는 협력이익 사이의 긴장을 초래할 수 있다.

② 협력과정

협력거버넌스 학자들은 협력과정(collaborative process)의 차원에 대하여 다양하게 제시하고 있다(<표 3-15>).

Innes & Booher(2003: 42-46)는 협력과정의 변수로 진실한 대화, 상호성, 연결관계, 학습, 창조성을 들고 있다. 첫째, 대화는 무엇이 · 어떻게 · 왜 일어났는

표 3-15 협력과정의 차원(변수)

학자	협력과정의 변수
Innes & Booher(2003)	진실한 대화, 상호성, 연결관계, 학습, 창조성
Ansell & Gash(2007)	면대면 대화, 신뢰형성, 과정몰입, 공유된 이해, 중간결과
Bryson, Crosby, & Stone (2007)	초기동의형성, 리더십형성, 정당성형성, 신뢰형성, 갈등관리, 계획

가를 분석하기 위하여 Jürgen Habermas의 의사소통합리성에서 주장하는 바와 같이, 참여자들이 서로 언어적 상호작용을 하는 것으로 동의나 협력을 만들기 위한 필요조건이다. 각 정책참여자들은 그들이 주장하는 이익을 정당하게 대표하고 진지하게 말하며 다른 사람을 이해시킬 수 있는 언명을 만들어야 한다. 진실한 협력적 토론은 행위자들 모두에게 그럴듯하고 수용할 수 있는 대안을 발견할 수 있게 한다. 둘째, 협력적 대화에서 참여자들은 그들이 상호의존적이라는 이해를 발달시켜야 한다. 참여자들은 그들의 상호의존성 이해를 발달시키면, 협력의 접착제가 되는 연결관계를 만들 수 있다. 셋째, 협력적 대화를 하려면 이해관계자들 사이에 연결관계를 만들어야 한다. 이들 관계는 공식적 관계뿐 아니라 상호이해나 개인적 관계와 같은 비공식적 관계를 포함한다. 이러한 관계는 참여자의 이익을 변화시키는 것이 아니라 자신들의 이익을 표현하며 상호 대화하는 분위기를 변화시키어 상호 만족스러운 해결책을 찾는 유인을 제공한다. 넷째, 협력적 대화를 하려면 학습이 필요하다. 학습은 참여자들이 전문가의 의견을 듣거나 질문하는 것뿐 아니라 쟁점에 대하여 상호작용하는 공동활동을 말한다. 1차 학습은 참여자들이 그들의 문제를 해결하는 효과적인 행동방법을 발견하는 것이다. 그러나 어떤 문제들은 더욱 복잡하여 2차 학습을 요구할 수 있다. 2차 학습에서 행위자들은 우선 그들이 원하는 것을 재사고하고 문제를 재구조화하며, 상이한 가치를 적용하거나 그들의 이익을 재고려하여야 한다는 것을 말한다. 다섯째, 협력적 대화를 하려면 창조성도 요구된다. 문제를 해결하는 과정에서 창조성은 브레인스토밍이나 시나리오빌딩과 같은 기법을 동원할 때 조직 내에서 산출될 수 있다.

Ansell & Gash(2007: 558－561)는 협력과정의 변수로 면대면 대화, 신뢰형성, 과정몰입, 공유된 이해, 중간결과를 제시한다. 첫째, 모든 협력거버넌스는 이해관계자들 간의 면대면 대화를 시도한다. 이해관계자들 간의 대화는 상호 이득의 기회를 확인하게 하고 의사소통에서 고정관념과 다른 장애를 제거해 준다. 둘째, 협력거버넌스 학자들은 협력과정을 협상에 대한 것뿐 아니라 신뢰를 형성하는 것이라고 한다(Brinkerhoff, 1999; Short & Winter, 1999; Tett, Crowther, &

O'Hara, 2003; Imperial, 2005). 이해관계자들 간의 대립이 존재하였을 때, 신뢰형성은 초기 협력과정의 중요한 측면이 된다. 셋째, 이해관계자들의 협력에 대한 몰입수준은 성공과 실패를 설명하는 중요한 변수(Margerum, 2001, 2002; Tett et al., 2003)로서 상호이익을 위한 건전한 흥정이 소망스러운 정책성과를 달성하는 최선의 방법이라는 신념을 발달시키는 것을 의미한다(Burger et al., 2001). 넷째, 협력과정에서 이해관계자들은 공동으로 어떤 결과를 성취할 수 있다는 공유된 이해를 발달시켜야 한다. 공유된 이해는 공통임무, 공통영역, 공동목적, 공유된 비전, 공유된 이념, 명확한 목표, 명료한 전략, 핵심가치의 공유, 문제 정의에 대한 동의, 문제를 해결하기 위하여 필요한 지식 등으로 다양하게 묘사되고 있다. 공유된 이해의 발달은 협력적 학습과정의 부분으로 볼 수 있다(Blatner et al., 2001). 다섯째, 중간결과는 눈에 보이는 산출일 수도 있지만, 여기서는 성공적인 협력을 유도하는 필수적이고 중요한 과정 결과를 말한다.

Bryson, Crosby, & Stone(2007)은 협력과정의 변수에 초기 동의형성, 리더십형성, 정당성형성, 신뢰형성, 갈등관리, 계획 등을 포함시킨다. 첫째, 협력을 시도하기 위해서는 비공식 동의와 공식 동의가 요구된다. 비공식 동의는 협력의 구조와 임무 및 과정에 관련되는 것이고, 공식적 동의 요소로는 공유된 목표·자원몰입·공식리더십 설계·구성원 범주·의사결정구조 및 신축성을 포함한다. 둘째, 협력을 위해서는 공식적, 비공식적 리더의 다양한 역할을 설정하여야 한다. 셋째, 협력은 전통적 관료제보다 덜 인식되어 있기 때문에 조직구성원이나 외부행위자들로부터 조직실체에 대하여 정당성을 획득하여야 한다. 넷째, 신뢰는 협력의 작동을 촉진시키고 협력하게 하는 윤활유나 접착제이다. 다섯째, 협력은 갈등을 관리하거나 치유하는 것이다. 여섯째, 협력적 맥락은 담론적이고 공식적인 계획을 강조한다. 임무와 목표 및 역할과 책임 그리고 적용을 포함하는 단계의 명료화는 협력을 성공으로 이끈 중요한 요인이라고 한다.

이상에서 여러 학자들은 협력과정의 변수를 다양하게 제시하고 있는데, 공통된 변수도 있고 상이한 변수들도 존재한다. 이 연구에서는 협력과정의 변수를 Innes & Booher(2003)의 변수를 중심으로 분석하고자 한다. 상이한 이익과 갈등

역사를 가진 행위자들 사이의 협력을 달성하기 위해서는 우선적으로 진실한 대화가 요구된다. 진실한 대화는 이해관계자들이 가지고 있는 이익을 토대로 담론을 하는 것이다. 대부분의 자발적 협력과정은 비록 모호하게 명료화되었을지라도 어떤 문제에 대한 이익의 상호의존성의 공유된 인식과 숙의활동에 의하여 발의되어 결정되었다.

다음으로 협력을 위해서는 정책참여자들 간에 상호성을 요구된다. Ostrom (1990, 1998)과 Powell(1992)은 상호성을 성공적인 집합적 행동을 위한 중요한 요소로 본다. Robert Axelrod는 죄수의 딜레마(prisoner's dilemma) 게임에서 반복된 상호작용이 이루어진다면 집합적 행동이 이루어질 수 있다고 한다. 상호성은 구체적인 것과 포괄적인 것으로 나눌 수 있다(Putnam, 1993). 구체적 상호성은 비슷한 값을 가지는 항목을 동시에 교환하는 것으로 국회의원의 담합입법이 있다. 포괄적 상호성은 상호인정과 상호기대를 전제로 지속적인 교환관계를 맺는 것으로 우정관계나 상호부조모임이 그 예이다. 협력과정에서 정책참여자들은 동일한 의지를 가진다면 협력적으로 상호작용할 수 있다. "만일 당신이 한다면 나도 할 것이다(tit-for-tat 상호성)"는 의무에 토대를 두고 있다(Thomson & Perry, 2007: 27-28).

그리고 연결관계란 정책참여자들이 정책이슈를 논의하고 조정하기 위하여 공유하는 상호접촉통로를 말하는 것으로 공식화된 제도관계와 덜 공식적인 비제도관계로 나눌 수 있다. 전자는 위원회 등과 같이 정부나 의회기구에의 참여를 들 수 있고, 비공식적 제도 관계는 간담회, 면담, 회의 설명회, 공개토론회, 공청회 등을 말한다. 이러한 연결관계는 이해관계자들 간의 상호의존성에 뿌리를 두고 있는 것으로 상이한 이익에서 본질적으로 나타날 수 있는 갈등을 해결하는 승자문제 해결기술이다.

또한 학습이란 오류를 발견하고 이를 수정하는 것을 말한다. 여기서 오류는 어떤 행동이 산출해 내고자 의도한 것과 그러한 행동을 실제로 수행할 때 나타난 것 간의 차이를 말한다(Argyris, 1993: 3; 노화준, 2003: 524). 그리고 정책학습이란 정책목표를 좀 더 잘 달성할 수 있도록 과거 정책의 결과들과 새로운 정보를 토대로 정책의 목표와 이익을 조종하는 것이다(Hall, 1993: 278). 협력과정에서 정책행위자들은 1차 학습과 2차 학습을 통하여 문제를 해결하는 행동방법이나 사고나 신념 및 목표 등을 재설정할 수 있다.

마지막으로 협력적으로 문제를 해결하는 노력에서 창조성도 필요하다. 창조성은 문제해결대안을 탐색하는 과정에서 혁신적인 사고를 하는 것이다. 이러한 창조성은 브레인스토밍이나 시나리오빌딩과 같은 기법을 사용할 때 이루어질 수 있다. 여기서 브레인스토밍은 David Osborne이 창의성 향상을 위한 수단으로 고안한 것으로 문제상황을 식별하고 개념화하며 해결방안을 모색하는 데 도움을 주는 아이디어나 목표 및 전략을 끌어내기 위한 방법이다(나기산 외, 1998: 212).

3) 분석틀

이상의 신지역주의와 협력거버넌스의 구성요소에 대한 논의를 토대로 분석틀을 만들면 [그림 3-4]와 같다.

그림 3-4 분석틀

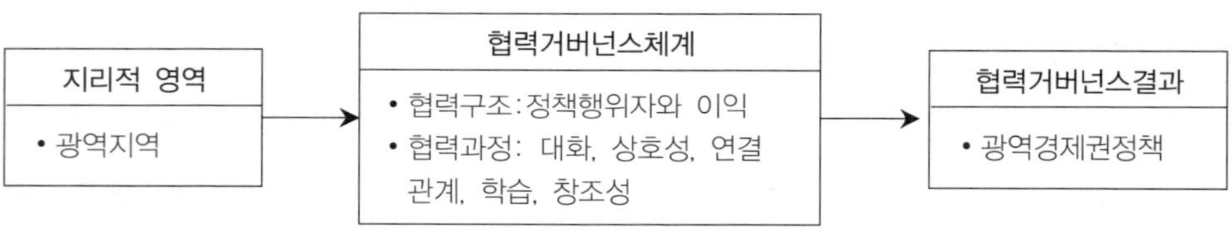

광역 차원의 협력거버넌스를 분석하기 위한 변수로는 선행변수로 지리적 영역(광역지역), 독립변수로 협력거버넌스체계(협력구조와 협력과정), 종속변수로 협력거버넌스결과(광역경제권정책)를 설계한다. 협력거버넌스체계를 구성하는 변수로는 Innes & Booher의 협력거버넌스모형에 따라 협력구조변수로 정책행위자와 이들의 이익을, 그리고 협력과정의 변수로 진실한 대화·상호성·연결관계·학습·창조성을 포함시킨다. 왜냐하면 Innes & Booher의 모형은 국내외의 선행연구들이 제시하는 변수들을 대부분 포용하면서 새로운 변수들을 포함하고 있기 때문이다. 국외 연구의 협력거버넌스 변수들은 이론적 논의에서 살펴보았고, 국내 연구의 협력거버넌스 변수로 정문기(2009)는 자치단체장의 특성과 신뢰 및 지역성장 등을, 박형준·이인원(2009)은 행위자(지방정부)와 보수(이익) 및 전략을 들고 있다.

3. 광역경제권정책과 쟁점사례

1) 지리적 영역: 충청권

세계화와 지식기반경제시대에 세계적으로 지역경쟁력과 지역발전을 위하여 기존의 행정구역을 초월하는 광역행정이 각광을 받고 있다. 광역행정은 기존의 행정구역경계를 무너뜨리는 광역지역을 전제하는 개념이다. 광역지역은 개별행정구역을 초월하여 2개 이상의 광역자치단체와 기초자치단체를 포함하는 공간적 단위로서 신지역주의의 지리적 근접성과 지역경제학의 결절지역과 계획지역에 연계되는 개념이다. 클러스터 이론가인 Porter(1998)에 따르면, 지리적 근접성은 기초단위지역이나 광역지역 더 나아가서는 국경을 초월한 지역 간의 모든 차원에서 발견된다고 한다. 이러한 광역지역은 중심도시와 배후도시를 경제사회적으로 연계함으로써 만들어진다. 광역지역은 대도시구(metropolitan district), 대도시권(metropolitan area), 대도시벨트(megalopolis), 지역국가(region state), 도시지역(city region), 지역경제권(regional economic area) 등의 용어로 논의가 이루어지고 있다. 오마에 겐이치(大前研一)는 region state의 적정규모를 인구 500만~2000만 명으로, city region의 규모를 인구 500만~1200만 명으로 설정하였다(배응환, 2008: 49-50).

신지역주의 차원의 지역발전정책은 노무현정부의 국가균형발정책에 잘 나타나 있으며,[4] 이명박정부에서 추진하는 지역발전전략 중 광역경제권정책은 신지

4) 노무현정부의 4차 국토종합개발계획(2006-2020) 수정계획에서는 7+1 경제권역을 설정하였고,

역주의전략의 일환으로 광역지역에 대한 거버넌스적 통치를 하려는 것이다. 5+2의 광역경제권은 중앙정부가 기존의 행정구역을 초월하여 공산상의 흐름이나 상호의존성을 고려하여 인위적으로 계획한 결절지역이며 계획지역이다

충청권의 공간적 범주는 광역지방자치단체인 대전광역시와 충청남도 및 충청북도 그리고 이들 산하의 기초지방자치단체를 포함한다. <표 3-16>에서 보는 바와 같이, 구체적인 충청권의 면적이나 인구 및 지역총생산의 규모를 보면, 면적은 16,572km,[2] 인구는 502만 명이며, 지역총생산은 104조 원이고, 제조업체 수는 5,851개가 있다. 충청권의 공간적 범주는 오마에 겐이치가 말하는 city region의 최소기준에 해당한다.

표 3-16 광역경제권의 규모(2007년 기준)

구분	권역	행정구역	면적 (km^2)	인구 (만 명)	지역총생산 (조 원)	제조업체 (개)
5대 광역권	수도권	서울, 인천, 경기	11,730	2,419	435	32,393
	충청권	대전, 충남, 충북	16,572	502	104	3,056
	호남권	광주, 전남, 전북	20,629	520	91	2,324
	대경권	대구, 경북	19,910	517	89	2,825
	동남권	부산, 울산, 경남	12,342	790	161	4,588
2대 특별광역권	강원권	강원	16,613	151	25	896
	제주권	제주	1,848	56	8	358

자료: 최홍(2009: 2).

2) 충청광역경제권정책

2008년 1월 24일 대통령직인수위는 그동안 문제가 되어 온 수도권과 지방의 대립 및 지방 간 경쟁으로 인한 제로섬게임을 해소하여 지방자치단체들이 협력하면서 함께 발전하는 승자게임으로 전환시키고, 세계화와 지방화에 부응하여 대규모 지역경제권을 만들어 지역과 국가의 경쟁력을 향상시키며, 정보화사회

2007년에 다시 5+2 초광역경제권(수도권, 중부권, 서남권, 대구경북권, 동남권, 강원권, 제주권)으로 재조정하였다.

의 진전에 따라 국민생활과 경제활동의 광역적 공간범위에 부응하기 위하여 기존의 행정구역을 초월한 지속적인 경제성장과 지역 간 공동발전을 위한 창조적 광역경제권정책을 발표하였다(대통력직인수위, 2008).

2009년 9월 지식경제부는 인수위가 발표한 광역경제권정책을 구체화한 지역발전5개년계획을 발표하였다. 지역발전5개년계획은 광역경제권 등 새로운 지역발전전략을 구체화하고 향후 추진될 지역과제를 총망라한 종합적 계획으로서, 중앙부처의 '부문별 발전계획'과 광역경제권발전위원회에서 수립하는 '광역계획'을 기초로 수립하게 되어 있다. 이 계획은 비전으로 지역경제의 글로벌 경쟁력 확보와 삶의 질이 보장되는 지역공동체 창조를 제시하고, 이를 달성하기 위한 부문별 계획으로 4대 발전전략을 제시하였다. 첫째, 5+2 광역경제권은 성장잠재력을 확충하고, 둘째, 163개 시·군 기초생활권은 쾌적한 생활환경을 조성하며, 셋째, 초광역개발권은 개방과 협력을 촉진하고, 마지막으로 지방분권과 규제를 합리화하여 지역 주도의 상생발전을 추진한다는 것이다.

표 3-17 충청광역경제권발전계획의 내용

비전	과학기술과 첨단산업의 중심, 대한민국 실리콘밸리
목표	IT와 BT산업의 핵심거점 과학기술과 인재의 경쟁력 강화 과학기반형 광역거점 육성 첨단, 문화, 환경 융합지역 창출
주요 사업	선도사업- NEW IT산업, 의약바이오산업 인재양성사업- 한국기술교육대, 호서대, 순천향대, 충남대 SOC사업- 세종시, 대전-세종시-오송 신교통수단, 물류고속도로, 서해안 복선전철, 동서 4축 고속도로
특성 및 성장잠재력	28개 기초생활권〈충청광역경제권(대전, 충남, 충북)〈서해안 골드벨트 대덕특구, 첨단의료산업단지, 오송생명과학단지, 청주국제공항
공간발전 구상	〈1허브 3대 산업발전축〉 허브: 세종시 중심 첨단부품소재와 에너지발전축: 북부 그린산업발전축: 남부 BIGT산업발전축; 오송, 오창, 음성

자료: 지식경제부(2009: 7) 정리.

충청광역경제권의 발전계획을 보면, 비전으로 과학기술과 첨단산업의 중심으로서의 대한민국 실리콘밸리를 제시하고, 이를 달성하기 위한 정책목표로 IT와 BT산업의 핵심거점 · 과학기술과 인재의 경쟁력 강화 · 과학기반형 광역거점 육성 · 첨단과 문화 및 환경의 융합지역 창출 등으로 구체화하고 있다. 이러한 정책목표를 달성하기 위한 주요 사업으로는 선도산업(New IT, 의약바이오산업), 인재양성사업(한국기술교육대, 호서대, 순천향대, 충남대), SOC사업(세종시, 대전-세종시-오송의 신교통 수단, 물류고속도로, 서해안 복선전철, 동서4축 고속도로)을 할 계획이다(<표 3-17>).

3) 충청광역경제권의 쟁점사례: 첨단의료복합단지사업

최근에 충청광역경제권정책과 관련하여 갈등적인 쟁점으로 등장한 사례로는 세종시건설사업과 첨단의료산업단지사업이 있다. 이하에서는 첨단의료복합단지사업을 가지고 관련 정책행위자인 대전광역시와 충청남도 및 충청북도는 어떠한 이익을 가지고 있으며, 상호간에 정책협력이 이루어지고 있는가를 살펴보고자 한다.

노무현정부의 지역진흥사업 및 지역발전5개년계획의 지역전략산업과 이명박정부에서 추진하고 있는 광역경제권의 선도산업과 연계되는 사업이 첨단의료복합단지사업이다. 2005년 8월 노무현정부는 바이오산업 육성을 위한 첨단의료복합단지사업을 발표하였고, 이명박정부에서도 정책지속이 이루어졌다.

첨단의료복합단지는 우리나라의 취약한 의료분야의 연구개발, 임상과 제품시험, 제품개발 등과 관련된 각종 인프라를 집중 배치하여 아이디어가 있으면 누구든지 첨단제품개발에 필요한 지원을 받을 수 있는 종합연구공간을 제공하는 단지, 구체적으로는 기초연구성과를 임상단계 제품으로 연계시키기 위한 응용 · 개발연구 중심단지를 말한다(보건복지가족부, 2009). 첨단의료복합단지의 산업영역은 바이오의 신약과 의료기기 개발을 하는 데 중점을 두고 있으나, 이들은 생명공학(BT)산업과 정보통신(IT)산업을 연결하는 융합산업이다.

첨단의료복합단지의 목적은 <표 3-18>과 <표 3-19>에서 보는 바와 같

표 3-18 제약개발단계 및 취약점

<table>
<tr><th>구분</th><th>개발단계</th><th>주요 내용</th><th>주체</th><th>소요기간</th></tr>
<tr><td rowspan="4">연구</td><td rowspan="2">기초단계</td><td>메커니즘, 목표연구</td><td rowspan="2">대학, 연구소, 기업 등</td><td rowspan="7">기초단계에서 품목허가까지 10~15년</td></tr>
<tr><td>유효물질연구</td></tr>
<tr><td rowspan="2">발굴단계 (최적화, 평가)</td><td>선도물질연구</td><td rowspan="2">(취약부분)</td></tr>
<tr><td>후보물질 도출</td></tr>
<tr><td rowspan="2">개발</td><td>전임상</td><td>동물대상 독성과 유효성(시험기관)</td><td rowspan="3">기업</td></tr>
<tr><td>임상</td><td>인간대상 안정성과 유효성(병원)</td></tr>
<tr><td>상용</td><td>품목허가</td><td>안전성과 유효성 자료검증(식약청)</td></tr>
</table>

표 3-19 의료기기 개발단계 및 취약점

<table>
<tr><th>구분</th><th>개발단계</th><th>주요 내용</th><th>주체</th><th>소요기간</th></tr>
<tr><td>연구</td><td>기초단계</td><td>질병기전, 소재개발, 전기전자</td><td rowspan="2">대학, 연구소, 기업 등</td><td rowspan="8">기초연구 및 설계기간 제외, 시제품 제작 이후 품목 허가까지 총 6년 소요 추정</td></tr>
<tr><td rowspan="3">응용 (개발)</td><td>연구개발</td><td>알고리즘(H/W, S/W)</td></tr>
<tr><td>설계</td><td>집적회로, 임베이드 OS, 애플리케이션, 기계/도구</td><td rowspan="4">(취약부분)</td></tr>
<tr><td>시제품 제작</td><td>정밀, 소재, 광학기공</td></tr>
<tr><td rowspan="3">성능 평가</td><td>평가</td><td>전기/기계 안전성, 성능평가</td></tr>
<tr><td>안정성시험</td><td>소동물대상 안전성과 유효성(병원)</td></tr>
<tr><td>임상시험</td><td>인간대상 안전성과 유효성(병원)</td><td rowspan="2">기업</td></tr>
<tr><td>상용</td><td>품목허가</td><td>안전성과 유효성 자료검증(식약청)</td></tr>
</table>

자료: 한국개발연구원(2007).

이, 연구와 개발 등에서의 국내 의료산업의 취약부문을 보강하여 핵심 전략산업으로 의료산업을 육성하려는 것이다.

그동안 진행되어 온 첨단의료복합단지의 추진경과를 보면 <표 3-20>과 같다.

표 3-20 첨단의료복합단지의 추진경과

시기	내용
2005.8.	미래전략산업으로 의료산업을 육성하기 위하여 국무총리를 위원장으로 하는 의료산업선진화위원회를 설치
2005.10.	1차 의료산업선진화위원회에서 첨단의료복합단지 추진방침 결정
2005.12~2006.6 2006.10~2007.2	첨단의료복합단지 조성 기본방향 수립을 위한 연구용역 실시(산업연구원 1차 연구영역, 한국과학기술기획평가원 2차 연구용역)
2007.6.	의료산업선진화위원회는 2차례 연구용역결과 등을 토대로 첨단의료복합단지 추진방안 마련
2007.8~12.	한국개발연구원의 예비타당성조사
2008.3.	첨단의료복합단지 지정 및 지원에 관한 특별법 제정
2008.6.	동법 시행령과 시행규칙 제정
2008.11.	국무총리를 위원장으로 하는 첨단의료복합단지위원회를 구성
2008.12.	첨단의료단지 관련 집행사무의 소관을 총리실에서 보건복지부로 이관
2009.1.	첨단의료복합단지 입지선정 평가방안에 대한 연구용역 실시(국토연구원)
2009.3.	제2차 첨단의료복합단지위원회는 국토연구원의 연구영역 결과를 토대로 한 입지선정 및 평가기준을 확정
2009.4.	제3차 첨단의료복합단지위원회는 첨단의료복합단지정책 확정과 선정평가단 구성 논의
2009.5.	첨단의료복합단지위원회는 첨단의료복합단지 입지선정 평가내용을 지방자치단체에 전달
2009.6.	한국보건산업진흥원, 국토연구원, 한국과학기술정책연구원, 산업연구원 등 4개 국책기관으로 입지선정공동연구단 구성
2009.6.	지방자치단체는 첨단의료복합단지 유치를 위한 평가자료를 보건복지부에 제출
2009.8.	제4차 첨단의료복합단지위원회는 입지선정평가단을 광역경제권기준으로 균형 있게 배분하고, 복수의 집적단지 조성이 필요하다는 의견이 제시됨에 이를 수용함.
2009.8.10.	제5차 첨단의료복합단지위원회는 첨단의료복합단지지역을 최종 확정 발표(대구 신서혁신도시와 충북 오송생명과학단지)
2009. 하반기	첨단의료복합단지 조성계획 수립
2010	첨단의료복합단지 조성공사 착수
2012. 말	첨단의료복합단지 조성 완료

4. 광역 차원의 협력거버넌스분석: 첨단의료복합단지사업을 중심으로

1) 협력구조: 행위자의 범주와 이익

첨단의료복합단지 입지선정과정에 관련되는 공식적 행위자로는 중앙정부 차원의 국무총리실과 소관부처인 보건복지가족부가 있고, 지방정부 차원으로는 첨단의료복합단지 유치를 신청한 전국의 서울(마곡), 경기(광교), 대전(대덕), 충남(아산), 충북(오송), 강원(원주), 인천(송도), 대구(수성), 경남(양산), 전남(광주) 등 10개 지방자치단체가 있다.

첨단의료복합단지사업은 과거 정부에서부터 추진하여 온 지역산업정책과 연결되어 있는 문제이다. 이론적으로 중앙정부는 지방정부행위자의 이익을 조정하거나 권위적 배분을 통하여 국가 전체의 공유된 이익을 추구하는 존재로 본다. 우리나라 중앙정부는 국가 차원에서 균형발전 또는 지역발전을 위하여 지역전략산업 또는 선도산업을 선정하고, 이를 육성하기 위한 지역발전계획을 수립하였다(<표 3-21>).

표 3-21 충청권의 지역전략산업 및 선도산업

지역 사업계획(연도)	대전광역시	충청남도	충청북도
지역산업진흥계획 (2002~2007년)	고주파부품, 지능로봇, 생물	전자정보기기, 영상미디어, 생물	전자정보, 반도체 장비, 생물
지역발전5개년계획 (2009~2013년)	New IT, 의약바이오		

클러스터 접근의 지역산업정책을 본격적으로 적용한 것은 산업자원부가 중장기 지역산업발전계획에 기초하여 1999년부터 광역자치단체 단위에서 추진하고 있는 지역진흥사업이다(윤윤규 · 이재호, 2004: 109). 지역진흥산업은 특정지역을 지원대상으로 지역전략산업의 활성화와 국가균형발전이라는 목표를 달성하기 위하여 대구 섬유, 부산 신발, 경남 기계, 광주 광산업 등 4개 지역을 대상

으로 하다가 2000년부터 전국으로 확대하여 4개 지역을 제외한 9개 지역을 3개 권역으로 구분하여 '지역산업진흥기본계획'을 수립하고 각 지역별 지역전략산업을 선정하여 2002년부터 2007년까지 국비 11,067억 원(보조, 출연 7,462억 원)을 투입하기로 하였다. 이명박정부는 기존의 지역발전정책의 한계를 극복하기 위하여 새로운 지역발전정책의 패러다임을 구체적으로 실현하기 위한 '지역발전5개년계획'을 수립하여 5+2 광역경제권의 선도산업을 육성하는 정책을 추진하였는데, 2009년부터 3년간 총 9,000억 원을 투입하기로 하였다.

노무현정부에서 추진한 개별광역자치단체의 지역전략산업을 통한 지역발전정책은 광역정부들 간의 협력보다는 경쟁이나 갈등이 초래할 가능성을 내재하고 있었다. 예컨대, 3개 시·도는 바이오산업을 지역전략산업으로 선정한 데서 알 수 있다. 이후 들어선 이명박정부의 지역발전정책은 광역자치단체를 묶는 네트워크 차원의 광역경제권정책이다. 충청광역경제권은 선도산업으로 정보통신과 바이오산업을 선정하여 대한민국의 실리콘밸리를 만들겠다는 구상이다. 지역발전정책은 노무현정부에서의 개별광역자치단체 간의 경쟁적 산업체제에서 이명박정부의 광역정부 간 협력적 산업체제로 진화가 시도되었다. 이러한 측면은 3개 시·도의 지역전략산업 및 선도산업에 대한 사업비배분에서도 나타난다(<표 3-22>).

2005~2007년까지 각 시·도의 지역전략산업에 대한 예산배분은 개별적으로 하였으나, 2009~2011년까지 광역경제권의 선도산업에 대한 예산배분은 통

표 3-22 충청권의 지역전략산업과 선도산업의 사업비규모

(단위: 억 원)

지역	대전광역시	충청남도	충청북도
지역전략산업 (2002~2007)	1,338	2,025	1,342
선도산업 (2009~2011)	2,008		

자료: 윤윤규·이재호(2004: 124); 송하율·김찬군(2010: 43).

합 · 지원된다. 충청권에 배분된 선도산업에 대한 예산을 각 시 · 도에 어떻게 배분하여 사용할 것인가는 3개 시 · 도 간의 이익에 직결되는 문제이다. 충청권의 New IT산업과 의약바이오산업에 대한 예산할당은 각 시 · 도의 협력과 직결된다.

이처럼 이명박정부에서 광역 차원의 지역발전정책은 지역 간의 협력을 전제로 한 공동발전이라는 상호의존적인 이익을 전제로 하고 있다. 충청광역경제권의 3개 시 · 도는 신지역주의의 지리적 근접성을 충족시켜 상생발전을 위한 협력의 이익이 있다. 이러한 공유된 이익은 중앙정부 차원에서 수립한 충청광역경제권의 비전과 목표 및 사업에서 나타난다. 충청광역경제권은 대전광역시와 충청남도 및 충청북도가 과학기술과 첨단산업의 거점으로 대한민국의 실리콘밸리를 만든다는 비전을 달성하기 위하여 광역적 협력의 사업으로 New IT산업과 의약바이오산업을 공동으로 발전시켜야 할 상황에 있다.

그러나 3개 시 · 도는 광역경제권정책이라는 거시적 차원에서 동의하고 있지만 미시적 차원의 지역정책에서 개별이익에 집착하여 균열된 이익이 표출되었는데, 대표적인 것이 충청권의 선도산업인 의약바이오산업에 관련되는 첨단의료복합단지사업이다.

첨단의료복잡단지 결정과정에서 중앙정부는 국가전체 차원의 공통이익을 위한 가치배분을 하게 되어 있다. 이에 따라 관할부처인 보건복지부는 첨단의료복합단지가 들어설 최종입지를 선정하기 위한 부지선정기준을 다음과 같이 제시하였다. 첫째, 정부는 지자체가 평가에 필요한 자료만 제출하도록 하는 비공모입지선정방식을 채택하였다. 둘째, 정부는 평가의 전문성과 객관성 제고를 위하여 전문평가단을 구성하였다. 셋째, 세부평가기준으로는 대 · 중분류로 범주화된 평가항목에 대하여 등급화 후 점수부여방식을 채택하였다.

첨단의료복합단지를 신청한 지방자치단체는 5+2 광역경제권에 포함된 개별적인 광역지방자치단체들이다. 충청광역경제권에 포함되는 대전광역시와 충청남도 및 충청북도는 첨단의료복합단지 유치와 이후의 계획수립과정에서 공존보다는 독자적인 행동을 보이고 있다. 이들은 공동으로 신청을 하기보다는 각자의 이익을 위하여 독자적으로 유치를 하려고 시도하여 대통령직속 지역발전위원회와 지식경제부가 주도하는 광역경제권을 통한 지역공동발전에 어긋나는 개별적인 이익을 표출하고 있다.

이처럼 충청광역경제권을 구성하는 대전광역시와 충청남도 및 충청북도 등 3개 시·도는 개별적인 정책목표에서는 이익이 상충될 수도 있지만, 광역경제권의 비전인 지역공동발전과 대한민국 실리콘밸리 건설에서는 이익이 상호의존적이다. 대전광역시와 충청남도 및 충청북도의 첨단의료복합단지를 둘러싼 이익을 정리하면 <표 3-23>과 같다.

표 3-23 충청권 지방정부의 분절적 이익구조

정책행위자	이익의 다양성	이익의 상호의존성
대전광역시	개별정책목표 : 지역전략산업 : 첨단의료복합단지 유치	광역경제권정책의 비전과 목표 및 사업 비전: 지역공동발전, 대한민국 실리콘밸리 목표: IT와 BT산업의 핵심거점 사업: New IT산업, 의약바이오산업
충청남도		
충청북도		

2) 협력과정

첨단의료복합단지(이하 첨복단지)의 추진과정에서 대전광역시와 충청남도 및 충청북도는 어떠한 행동을 하고 있는가를 분석틀에서 제시한 다섯 가지 정책협력과정변수를 가지고 살펴본다.

(1) 진실한 대화

충청광역경제권의 공식 참여자인 대전광역시와 충청남도 및 충청북도는 첨단의료복합단지를 둘러싸고 자신들의 정책목표와 이익을 토대로 합리적이고 민주적인 토론이나 조정을 한 경우는 없었다.

3개 시·도지사가 만난 것은 대구와 광주 등 다른 지방자치단체들이 첨복단지를 위한 협력을 시도하는 것에 대응하여 갑자기 2009년 7월 10일 충북도청에서 만난 것이다. 이는 박성효 대전시장과 정우택 충북도시사의 다음과 같은 진술에서 알 수 있다.

> "충청권이 어느 곳에 선정돼도 상호 협력하는 상생모델을 만들어 공동발전하자는 취지라며 다른 곳의 경우 지리적 기능성과 관계없이 정치적 분위기 잡기를 위한 합종연횡이 횡행하는 모습이지만 충청권은 지리적으로 가깝고 기능적으로도 충분히 협력할 연결성을 갖고 있다"(박 대전시장).
>
> "이권을 나눠 갖는 것은 국가경쟁력에 도움이 안 되는 행동이며 충청권이 최적의 입지라는 것은 관련 학자들이 모두 인정하는 것이라며, 공정한 입지결정이 아닌 정략적 방향으로 입지가 결정되면 우리 의료산업의 퇴보를 자처할 것이고, 중앙정부가 모두 책임을 져야 할 것이다"(정 충북도지사).

첨복단지의 입지가 충북 오송으로 결정된 이후에도, 3개 시·도는 첨단의료복합단지를 통한 지역공동발전을 위한 전략수립 등에 대한 대화는 없었다. 이러한 측면은 충청권의 3개 시·도의 경계침투장치인 충청권행정협의회와 충청권경제협의회가 첨복단지를 논의하기 위하여 열리지 않고 있는데서 알 수 있다.

충청권행정협의회는 1995년 대전광역시와 충청남도 및 충청북도가 상호 교류와 협력을 통한 유기적 협조체제를 구축하기 위하여 3개 시·도의 시장과 도지사를 구성원으로 하여 만들어진 것이다. 주요 업무는 충청권 광역지방자치단체에 공동으로 관련된 사무의 협력, 충청권의 균형발전 및 광역행정의 효율적인 처리와 협력, 지역경제 및 충청권 광역관광 공동추진 등이다. 그러나 지역경제를 활성화하는 구체적 목표보다는 포괄적이고 일반적인 교류협력의 선언과 추진에 그치고 있는 실정이다. 예컨대, 이 협의회의 활동으로는 과학비즈니스벨트의 충청권 유치를 위한 성명서 발표가 있다(충청남도, 2009: 102; 육동일, 2010: 90).

한편, 충청권 3개 시·도는 상호 경제협력을 통하여 21세기 급격한 대내외 환경변화에 능동적으로 대응하고 충청권의 새로운 발전과 공동도약을 위하여 행정구역범위를 초월한 민간 중심의 충청권경제협의회를 2007년 9월 18일 대전시청에서 출범시켰다. 이 경제협의회는 대전과 충남 및 충북의 경제담당국장(본부장)·상공회의소 회장·건설협회 회장·발전(개발)연구원장·대학교수·기업인 등 45인으로 구성하고 위원장 1인과 부위원장 3인을 두었으며, 주요 기능은 다음과 같다. 첫째 시·도 광역경제권의 비전제시 및 각종 계획과 정책협의, 둘째 시·도가 제안한 경제발전시책협의 및 공동협력사업 협의와 결정, 셋째 주요 경제현안에 대한 공동대응방안 마련 및 정부건의, 넷째 기타 광역경제사안으로서 시·도 협의가 필요한 사항의 제안 및 협의 등이다(충청남도, 2009: 237-238). 그러나 이러한 충청권경제협의회는 실제로 작동되지 않고 있다.

이는 캘리포니아의 한정된 물공급 관리문제를 해결하기 위하여 구성한 물포럼집단(CALFED-캘리포니아 물관할권을 가진 19개 주정부와 12개의 경쟁하는 이해관계자집단들로 구성)이 진실한 대화를 통하여 협동적 전략을 수립하는 것과 대조된다. 물포럼 이해관계자들은 그들 모두가 제한되고 상호 연결된 물자원에 의존하고 있고 그들 개별이익의 증진은 다른 행위자의 지원 없이는 정치적으로 달성할 수 없다는 것을 이해하였기 때문에 협력을 모색하게 되었다(Innes & Booher, 2003: 41).

(2) 상호성

첨복단지의 입지선정이 임박하기 전까지 대전광역시와 충청남도 및 충청북도는 개별적으로 만든 정책목표에 따라 첨복단지의 유치를 위한 정책경쟁을 하여 왔다. 특히 대전광역시와 충청북도는 첨복단지 유치를 위하여 소리없는 전쟁을 하고 있다.

이를테면 충북도는 국내 유일의 오송생명과학단지를 국가 차원의 바이오메카로 만들겠다는 정책목표 하에 2007년 7월 27일 '첨단의료복합단지 유치위원회' 출범식을 갖고 그동안의 다양한 활동을 점검하여 주도면밀한 유치전을 펼쳐왔다. 정우택 충북지사는 "첨단의료 관련사업의 집중도, 보건의료산업 지원인프라의 우수성, 바이오 혁신역량, 접근성 및 산업환경 등의 장점을 부각시키고 유치위원회와도 긴밀한 협조를 통하여 복합단지 유치에 만전을 기하라"고 특별지시를 하였다. 이를 위하여 충북도는 오송생명과학단지 내에 5개 정부기관 기공식을 가진 것을 계기로 첨복단지 유치기원 100만 명 서명운동, 보건복지가족부 출입기자단 오찬간담회, 청와대 수석이나 국가균형발전위원회 등 중앙기관 방문, 오송바이오포럼 창립, 세미나 개최 등과 같은 다양한 첨복단지를 유치하는 활동을 하였다.

2009년 7월 28일 충청북도는 도정 브리핑을 통하여 post-IT 핵심산업으로 대두되고 있는 의료산업의 첨단제품분야는 선진국의 다국적기업이, 중저가 제품분야는 중국과 인도 등 신흥국가들이 시장을 점유하고 있는 실정이라고 하면서 첨복단지는 기존시설 활용이 가능해 중복투자를 최소화할 수 있는 지역으로 입지를 선정하되 오송이 최적지라고 주장하였다.

반면에 대전광역시는 자기부상열차사업과 로봇랜드사업 유치에 실패한 후에 첨복단지 유치에 사활을 걸고 있다. 대전시는 2006년부터 첨복단지 유치경쟁에 뛰어들어 박성효 시장이 전면에 나서서 진두지휘하는 총력전을 펼치고 있다. 대전시의회는 2007년 6월 22일 기지회견을 열고 첨단의료복합단지 유치특별위원회를 구상하여 주도면밀하게 추진해 나갈 것이라고 하였다. 박 시장은 6월 26일 국민중심당 심대평 대선후보의 첨단의료복합단지 충북 오송 유치공약에 대하여 지체없이 첨복단지와 관련한 공약을 철회할 것을 요구하였다.

그러나 대전시의 첨복단지 유치노력은 정치권이나 시민단체의 지원 없이 홀홀단신으로 추진한 측면이 강하다. 이러한 측면은 다음과 같은 시민단체 임원이나 대전발전연구원장의 진술이 입증한다. 대전참여자치연대 사무처장은 1년 동안 식물의회였던 대전시의회나 지역정치권과의 공조실패가 이번 입지유치실패의 가장 큰 원인이라고 하였다. 대전발전연구원장도 이번 첨복단지 선정결과는 당초 첨복단지의 조성목표나 비전에도 차이가 있지만 무엇보다 우리가 갖고 있는 지역의 정치적 한계를 절실히 깨닫게 된 계기가 되었다고 밝혔다. 그러나 대전시의 첨단의료복합단지 유치업무 주무국장이었던 경제과학국장은 대전시의 유치실패원인을 다르게 보고 있다. 그는 "첨복단지 유치과정에서 대전은 240개 기관이 직간접적으로 참여하고, 125만 시민이 서명을 하는 등 시 전체에서 첨복단지 유치를 위하여 노력을 하였다며 공조실패보다는 선정결과에서의 편파판정이 궁극적 원인이다"라고 밝혔다.

그리고 충청남도는 대전광역시와 충청북도보다 첨복단지 유치에 적극적이지는 않았지만, 충남 아산에 첨복단지 입지를 결정하고 유치를 신청하였다.

결국 대전광역시와 충청남도 및 충청북도는 첨복단지 유치신청 제안서를 각각 정부에 제출하였다. 3개 시·도가 별도로 유치신청을 한 이유에 대하여 대전발전연구원장은 충청북도에서 대전광역시에 첨복단지의 공동유치를 요구하였으나 대전광역시가 반대하였기 때문이라고 한다. 대전시는 우리 시가 첨복단지로 선정되는 것은 확실한데 충북도가 불리하니까 이제 와서 공동유치를 하자고 하는데 무슨 공조냐고 말하였다는 것이다. 대전시의 L 주무국장은 대전시가 떨어지는 것은 흑색선전이라고 말하였다.

이처럼 3개 시·도의 독자적인 첨복단지의 유치노력과 달리, 대전광역시는 충청연대론을 강조하고 있다. 대전광역시는 7월 28일 대구와 광주가 의료산업발전을 위한 업무협약을 체결하는 등 다른 지자체들이 연합전선을 펼치고 있다는 점을 내세워 대전과 충북 등이 공조하여야 한다는 입장이다. 그러나 충북도 관계자는 대전이 대형 국책사업 선정에 실패하면서 첨복단지 유치를 위하여 충청권 공조를 들고 나오고 있다고 하면서 우리 도는 지난 2006년부터 첨복단지를 위하여 준비해 왔고, 현재 가장 유력한 후보지로 부상하고 있다고 반박하였다(충청투데이, 2009. 7. 29). 그러나 7월 29일 박성효 대전시장은 기자실을 찾아 "첨복단지가 대전과 충북 및 충남 어느 곳에 유치되더라도 각자의 인프라를 활용하여 권역별 연계 발전을 도모할 필요가 있다"고 하면서 "30일 오전 9시 정우택 충북지사를 직접 방문해 첨복단지 공동협력방안을 공식 제안할 것"이라고 말하였다. 박 시장은 정 지사와의 만남배경에 대하여 "이미 3개 시·도가 유치제안서를 내놓은 만큼 충청권 유치를 위하여 최선의 노력을 다한 후 어느 지역으로 결정되더라도 중복투자 방지와 국가발전을 위하여 상생발전방안을 마련하는 취지"라고 말하였다(대전일보, 2009. 7. 30).

충청권의 3개 시·도 간에 첨복단지 유치를 둘러싸고 상호성이 인식되는 점화점이 된 것은 자치단체 간 합종연횡이 이루어지던 시기였다. 첨복단지 유치경쟁에 뛰어든 전국 지자체 또는 권역별로 연합전선을 펴는 상황에서 최근까지 치열하게 경쟁과 대립을 해 온 충청권 3개 시·도는 정책연대가 필요하였다(충청투데이, 2008. 7. 31). 이러한 측면은 대전광역시와 충청북도 및 충청남도의 공동선언문 배경설명 부분에서 나타나고 있다. 박성효 대전시장과 정우택 충북도지사 및 채훈 충남부지사는 2009년 7월 30일 충북도청에서 만나 '첨복단지 입지선정의 공정성 확보 및 충청권 상생협력 공동선언문'을 발표하였다. 3개 시 · 도지사는 선언문을 채택한 배경으로 "애당초 대전과 충북은 나름대로 최적지임을 주장할 근거가 있어 서로 양보할 수 없었지만 우선 충청권에 유치해 놓고 광역경제권 개발구상에 맞추어 첨단의료산업을 공동육성하자는 취지"라고 설명하였다. 선언문의 내용은 공정하고 객관적인 기준에 따라 입지를 선정할 것과 대전과 충북 및 충남의 어느 지역이 선정되더라도 의료 관련 산업발전에 이바지하도록 협조할 것 및 첨복단지의 조기정상화를 위하여 보유인프라 활용과 단지 운영 등에 적극적으로 참여할 것 등이다.

그러나 첨복단지 입지선정이 확정된 이후의 충청권의 3개 시 · 도는 공동선언문의 취지에 어긋나는 행동으로 상호성을 와해시키고 있다. 충청남도는 첨복단지 입지선정결과에 대하여 유치경쟁에 나섰던 아산의 탈락을 아쉬워하면서도 오송 선정지와 상생방안이 무엇인지를 찾아서 서로 협력하는 방안을 마련하겠다고 밝혔다.

반면 대전광역시는 겉으로는 오송과 연계하는 방안을 모색한다고 하면서도 실질적으로 독자적인 의료산업단지를 만들겠다는 의도를 가지고 있다. 이러한 측면은 박성효 대전시장의 다음과 같은 진술에서 알 수 있다(중도일보, 2009. 8. 11; 8.12).

> "대전시의 지역역량을 이용해 새로운 지역의 역량을 이끌어 내겠으며, 충북 오송의 경우 연구기관이 없기 때문에 대전의 연구역량과 정주여건을 통해 충북의 연계하는 방안을 찾겠다."
>
> "그동안 대전은 최단 기간에 최대의 성과를 이끌어 낼 수 있다는 첨복단지 유치에 접근했었다며 현재 대전의 대덕특구 내 연구역량을 활용한다면 독자적인 충분히 독자적인 첨단의료산업 육성이 가능하다."
>
> "대구경북의 정치력과 첨복단지 주관부서인 보건복지부가 충북 오송에 생명과

학단지를 육성하고 있는 것을 그토록 경계했는데 우려가 현실로 나타났다며 현대아산병원 측과 첨복단지 입지결정과 무관하게 KAIST와 함께 체결한 연구병원 유치 협약을 가시화하는 데 인식을 같이했고 우리가 가진 역량을 충분히 활용하면 대전이 독립변수로 발전할 수 있다."

"대전의 첨복단지지역인 신동지구를 포함한 대덕특구 2단계는 물론 인근 대동지구까지 연계한 대규모 산업단지를 개발해 첨단의료산업과 신재생에너지산업 등 복합산업단지로 개발해 지역경제 활성화와 국가발전을 주도할 업종을 유치하겠다."

대전시의 독자적인 첨단의료산업육성정책은 8월 13일 대덕연구특구기관장협의회와의 조찬간담회에서도 확인되었다. 2시간 여에 걸친 토론에서 박 시장과 특구기관장들은 신동과 대동지구의 복합산업단지 조성과 한국뇌과학연구원 유치와 서울아산병원 설립가시화 및 대전시 중심의 충북 오송과의 연계방안 마련 등에 합의하였다(중도일보, 2009. 8. 14). 대전시 박 시장은 광복절 경축사를 통하여 첨단의료복합단지 유치좌절을 딛고 독자적인 의료바이오벨트 조성의지를 다시 한번 표명하였다.

이상에서 논의한 바와 같이, 충청광역경제권의 3개 시·도가 첨복단지 유치를 둘러싸고 상호성이 형성되다가 입지선정이 발표된 이후에는 상호성이 와해되고 있다. 이러한 상호성은 정책행위자들을 연결시키는 매개체 역할을 하는 사회자본이 형성되지 않음을 의미한다.

(3) 연결관계

충청광역경제권의 3개 시·도는 첨복단지 입지선정을 앞두고 첨복단지를 충청권에 유치하기 위한 공동선언문을 채택하기는 하였지만 구체적으로 어떠한 활동을 할 것인가를 논의하기 위한 위원회와 같은 경계침투장치는 작동시키지 않았다. 그동안 충청권의 3개 시·도는 정책문제를 논의하기 위한 제도적 장치로 충청권행정협의회와 충청권경제협의회가 존재하여 왔으나, 첨복단지의 입지선정 이전에 공동으로 유치문제를 논의하고 조정하기 위한 협의회는 열리지 않았다.

또한 첨복단지의 입지결정이 충북 오송으로 확정된 이후에도 첨복단지를 충청광역경제권의 지역공동발전 차원에서 논의하기 위한 연결기제는 만들어지지 않았다. 이러한 측면은 대전의 지역신문기자와 대전시장의 인터뷰에서 나타나고 있다. 기자가 "첨복단지 발표 후에 충북지사와 통화했다고 했는데, 구체적인 협력방안을 논의했나"고 질문하자, 시장은 "정 지사에게 축하한다고 했다. 아직 구체적인 내용을 논의할 경황은 아니었다"고 말하였다(중도일보, 2009. 8. 12).

반면에 첨복단지 입지선정에서 탈락한 대전시와 충남도는 8월 12일 대전시청 브리핑룸에서 공동 기자회견을 갖고 첨단의료복합단지 유치실패와 무관하게 첨단의료와 신생에너지 등 미래성장산업을 공동유치하고 육성하는 방안을 내용으로 하는 공동협력을 위한 상생협력을 선언하여 상호성에 입각한 연결관계의 길을 만들고 있으나 구체적으로 어떠한 연결기제를 통하여 활동하겠다는 것인지에 대한 대답은 없었다. 이는 다음과 같은 대전시장과 충남도지사의 일문일답에서 알 수 있다.

(기자) 새로운 발전전략을 모색하겠다고 했는데, 그동안 대전과 충남 및 충북은 시도발전협의회를 가져왔다. 3개 시 · 도 발전협의회와 대전과 충남 상생협력 가운데 무엇을 우선하겠다는 것인가?

- (이 충남지사) 충청권 공조는 굳건하다. 그것은 굳건히 가되 대전과 충남은 더 보완적 기능으로 간다는 의미이다.
- (박 대전시장) 세 지역의 접합점이 있고 두 지역의 접합점이 있다. 3개 시 · 도가 협의할 부분은 3곳 지사와 시장이 모여 협의하고, 2개 시 · 도가 협의할 부분은 두 지역의 단체장이 협의하는 것이다.

(기자) 접경지역의 상생 협력단지는 논의가 필요하다. 오늘 갑자기 제안한 것인지, 사전에 충분히 논의를 했는가?

- (이 충남지사) 상당히 조심스런 문제인 것은 인정한다. 그러나 그동안 박 시장과 대덕특구의 한계를 어떻게 보완할 것인지에 숙의해 왔다. 대전이 첨복단지 유치에서 탈락한 가장 큰 이유는 부지문제가 제일 컸다고 생각한다. 이 문제를 앞으로 박 시장과 중앙부처와 협의해 나가겠다.

위에서 대전시장과 충남도지사가 설명한 대전과 충남의 상생협력방안이나 충청광역경제권을 구성하는 3개 시·도의 광역경제권정책은 지역발전5개년계획에 따라 앞으로 구성되는 광역경제권발전위원회(공동위원장: 광역권 내 시도지사)를 구성하여 수립하고 시행하게 된다.

(4) 학습

첨복단지를 둘러싸고 3개 시·도 간에 이루어져야 할 학습내용은 첫째 문제해결을 위한 진실한 대화가 이루어졌는가, 만약 이루어지지 않았다면 그 이유는 무엇인가, 둘째 문제해결과정에서 상호성은 존재하다가 와해되었는데 그 이유는 무엇인가, 셋째 문제해결을 위한 연결관계는 원활하게 작동되었는가, 잘 작동되지 않았다면 그 원인은 무엇인가, 넷째 문제해결을 위한 창조성은 발휘되고 있는가, 만약 그렇지 않다면 그 원인은 무엇 때문인가 등이다. 이러한 정책학습은 협력거버넌스를 위하여 오차를 발견하고 이를 수정하는 환류과정이다.

충청광역경제권을 구성하는 3개 시·도가 상생발전을 하기 위해서는 첨복단지의 입지선정과정과 입지선정 이후의 추진계획 마련에서 성공과 실패를 학습하는 것이 필요한데, 이러한 학습은 나타나지 않고 있다. 3개 시·도는 첨복단지를 입지 선정이 발표된 이후 상호성을 와해시키면서 독자적인 정책추진의 길을 가고 있는데, 이처럼 상호성을 와해시키는 것이 개별 자치단체나 공동의 지역발전에 이득을 가져오는지를 학습하지 않고 있다.

충청권의 3개 시·도는 첨복단지를 둘러싼 그들 자신의 상황과 이익을 되돌아보고 상호의존성을 학습하여야 하였는데, 이것이 부족하였다. 이들 3개 시·도는 충청광역경제권의 공동발전 차원에서 그들의 문제를 해결하는 효과적인 행동방법을 마련하는 1차 학습을 하지 않았다. 더욱이 그들은 그들이 하기를 원하는 것을 다시 고민하고 문제와 이익을 재구조화하여 협력적인 결정을 하는 2차 학습도 하지 않았다.

이는 CAFED 사례에서 이해관계자들이 공동으로 직면하는 쟁점을 되돌아봄으로써 환경과 물 공급을 개선하기 위한 합의된 대안을 만드는 학습을 통한 협력적 정책결정을 하는 것과 대조적이다(Innes & Booher, 2003: 44-45).

(5) 창조성

2009년 7월 30일 충북도청에서 3개 시·도지사가 발표한 공동선언문의 첨복단지에 대한 충청권 상생협약은 첨복단지를 토대로 한 3개 시·도의 지역공동발전을 위한 단초가 되었다. 첨복단지 입지선정 10여 일을 앞두고 대전시와 충북도 및 충남도가 충청광역경제권의 공조선언을 하기는 하였으나 구체적인 내용과 절차에 대한 내용이 빠져 있어 오송과의 구체적인 정책논의가 앞으로의 숙제로 남아 있다.

그러나 그 이후 3개 시·도는 상생협약을 구체화하는 창조적인 해결책은 논의하지 않고 있다. 첨복단지의 입지선정이 발표된 이후, 충청남도는 오송과 상생하는 협력방안을 찾겠다고 밝힌 데 비하여, 대전시와 충청북도는 각각 독자적인 정책수립을 시도하고 있다. 예컨대 충청권에서 첨복단지로 최종 선정된 오송첨단의료복합단지에 대하여 충청북도는 글로벌수준의 단지조성과 발전계획을 발표하였는데, 광역경제권의 비전과 달리 대전광역시와 충청남도는 계획수립 논의에서 배제하고 있다. 오송첨단의료복합단지의 추진조직으로는 첨단의료복합단지조성운영위원회와 첨단의료복합단지조성지원TF팀 및 첨단의료산업기술진흥재단설립준비단을 구성하고 있다. 첨단의료복합단지조성운영위원회는 첨복단지 조성과 성공적인 운영을 위하여 관련 기관과 전문가 등의 의견수렴과 주요사항을 심의·의결하는 위원회로서 보건복지가족부장관과 충청북도지사를 공동위원장으로 하고 30명 이내의 위원을 두기로 하였다. 위원 구성은 정부와 지자체로 보건복지가족부·교육과학기술부·지식경제부·충청북도와 청원군이, 정부출연연구기관과 지원기관으로는 생명연·기초연·식약청 등이, 대학과 병원으로 충북대·고려대·가톨릭대·아산삼성의료원이, 그리고 기타 기업과 관련 협회 및 금융권과 지역협회 등이 포함된다(충청북도, 2009).

이와 같이 첨복단지의 창조적인 문제해결을 하는 데 충청광역경제권의 핵심 행위자인 대전광역시와 충청남도는 배제하고 있다. 이는 오송첨복단지가 충청광역경제권의 비전과 목표를 달성하기 위한 정책수립을 시도하고 있는가에 의문을 가지게 한다. 오송첨단의료복합단지가 충청광역경제권 차원에서 지역공동발전에 기여하기 위해서는 충청권의 행위자들을 포함시켜 브레인스토밍 등을 통한 창조적인 정책을 수립하고 실행하여야 한다.

5. 결론

협력거버넌스를 연구하는 학자들은 협력이 미래 공공행정의 필수불가결한 특징이라고 하고, 공공관리자들도 효과적으로 협력하게 하는 방법이 필요하다는 데 동의하고 있다. 이러한 협력거버넌스의 쟁점으로 신지역주의의 지역거버넌스가 있다. 신지역주의는 지리적 근접성을 가진 광역적 차원에서 협력을 통하여 지역발전을 이룩하는 것을 목표로 하고 있다. 따라서 신지역주의에서는 광역지역을 구성하는 다양한 정책행위자들을 연결하여 협력을 유도하는 것이 광역경제권을 추진하는 과정에서 중요한 정책과제로 등장한다.

충청광역경제권과 관련하여 발생한 쟁점으로 첨단의료복합단지의 협력거버넌스를 분석하였는데, 대전광역시와 충청남도 및 충청북도는 협력보다는 갈등과 경쟁을 드러내고 있다. 충청권의 첨단의료복합단지 사례는 우리나라에서 협력거버넌스가 잘 이루어지지 않고 있음을 예증한다. 이러한 측면은 협력구조와 과정의 분석에서 발견되고 있다. 충청광역경제권의 3개 시·도는 첨단의료복합단지사업에서 공유된 이익보다는 개별 이익을 토대로 진실한 대화를 하지 않고 있고, 상호성은 형식적으로 나타나고 있으며, 연결관계조직은 존재하나 작동되지 않고 있다. 또한 3개 시·도는 문제해결을 위한 학습과 창조성이 매우 약하게 나타나고 있다. 이런 사실은 Y 대전발전연구원장의 '민선4기 3년 평가와 향후 과제'에 대한 진술에서도 입증되는데, "충청권은 광역적 발전을 위하여 많은 노력을 기울이고 있음에도 불구하고, 공동보조나 상생발전 부분에서는 상당히 미흡한 점이다 많다"는 것이다(대전일보, 2009).

따라서 광역경제권 설계의 전제로 관련 정책행위자들 간의 협력거버넌스가 얼마나 중요한가를 이 사례를 통하여 입증할 수 있다. 협력거버넌스모형은 정책행위자들 사이에 높은 이익의 다양성과 상호의존성을 통합하여 공통된 이해와 방향 그리고 휴리스틱으로 공진화시키는 것이다(Innes & Booher, 2003: 52). 게임이론에서 주장하는 바와 같이, 장기적이고 지속적인 측면에서 행위자들은 갈등보다 협력을 하는 것이 모두에게 이익이 될 수 있다. 따라서 3개 시·도는 첨단의료복합단지의 향후 추진과정에서도 광역경제권의 비전과 목표를 실현하는 차원에서 모두가 이익을 얻는 승자게임을 할 필요가 있다. 그러므로 첨단의료복합단지를 포함하는 충청광역경제권의 비전과 목표를 설계하기 위해서는 협력적 지역거버넌스모형을 만들어야 하는데, 이에 대한 정책방안을 몇 가지 제시하고자 한다.

첫째, 기존의 행정구역을 초월하는 광역 차원의 문제를 해결하기 위해서는 광역협력거버넌스의 설계가 필요하다. 충청광역경제권의 협력거버넌스모형은 우선적으로 공식적 정책행위자들의 정부 간 관계모형인 중첩권위모형을 토대로 설계할 수 있다. 왜냐하면 이 모형이 전제하는 바와 같이 상당한 규모의 정부활동과 기능은 중앙정부와 광역지방정부 및 기초기방정부를 동시에 포함하여 상호의존성이 크며, 특정 수준의 지방정부가 가지는 자치영역은 상대적으로 협소할 뿐 아니라, 특정한 수준의 지방정부가 행사할 수 있는 권한은 제한되어 있어 각 정부들 간에는 협상이 필요하기 때문이다. 중첩권위모형은 시·도를 초월하는 광역경제권의 이론모형이 될 수 있다. 중첩권위모형에서 암시하는 바는 충청광역경제권에 관련되는 정책이나 과업을 둘러싸고 상호의존성이 큰 상황에서 3개 시·도는 제로섬게임보다는 비제로섬게임을 통하여 소망스러운 광역정책을 만들어야 한다. 이를 위해서는 지방정부들이 그들의 지위보다는 이익과 함께 대화를 시작하여 상호성의 인식에 따라 학습과 창조적인 사고를 토대로 가능한 모든 이익을 만족시키거나 모든 파이를 확대하는 상호이익이 되는 해결책을 추구하는 것이 요구된다. 둘째, 광역협력거버넌스의 방식으로는 사무위탁, 공동사무처리, 연합, 통합, 특별지방정부 설치 등이 있으나 오늘날 선진국의 광역 차원의 정책논의에서는 연합방식이 선호되고 있다. 연합방식은 지방정부가 자치정부로서의 성격을 유지하면서 광역지역을 관할하는 새로운 단체 내지 정부를 하나 더 만드는 것으로 중앙정부 주도나 지방정부 스스로 만들 수 있다(김병준, 2009: 600). 영국의 지역개발기구나 프랑스의 코뮌협력체, 일본의 광역연합, 그리고 미국의 광역애틀랜타지역협의회와 남캘리포니아지방정부연합 등이 그 예이다. 우리나라도 각 광역경제권별로 광역경제권의 발전계획을 수립하는 광역경제권발전위원회와 선도산업을 추진할 광역선도사업단을 설치하도록 되어 있다. 충청권에서도 광역경제권사업을 효율적으로 추진하기 위하여 시·도지사를 공동위원장으로 하고 위원장을 포함한 15인 이내의 위원으로 구성된 충청광역경제권발전위원회와 충청권의 선도산업인 New IT와 의약바이오산업을 추진할 충청광역경제권 선도산업지원단을 설치하였다. 충청광역경제권발전위원회의 성공적인 운영을 위하여 벤치마킹할 수 있는 사례로의 하나로 남캘리포니아 지방정부연합(Southern California Association of Governments: SCAG)을 제시하고자 한다. 이 연합을 벤치마킹의 하나로 제시한 것은 우리나라의 광역경제권위원회처럼 조직이 지방정부의 대표로 구성되며, 사업예산이 중앙정부로부터 대부분 지원을 받고 있고, 주요 정책관심사가 경제성장에 있으며, 성공적인 협력거버넌스의 모형으로서 미국의 지방정부연합 중 가장 성공적인 조직으로 성장하여 왔기 때문이다. SCAG는 남캘리포니아 지방정부의 연합체로서 6개의 카운티(Los Angles, Orange, San Beradino, Riverside, Ventura, Imperial)를 관할하는 조직으로, 남캘리포니아지역의 체계적인 개발이라는 지역문제에 상호이익과 관심을 공유하는 구성원들이 문제해결의 토론과 연구 및 개발을 위한 포럼을 제공할 목적으로 자발적으로 만든 광역도시계획조직을 말한다. 이 연합은 비전으로 남캘리포니아 지역의 경제성장과 복지증진을 제시하고, 이를 실현하기 위한 전략으로 인력과 재화 및 정보의 효율적 이용을 공급하고, 경제성장을 촉진하며, 환경과 생활의 질을 개선하는 장기지역계획과 정책개발을 하며, 갈등을 해결하고 신뢰를 증진시키는 협력적 정책결정을 모색하고 있다(대한국토도시계획학회, 2008: 289-292).

셋째, 광역협력거버넌스를 설계하기 위해서는 충청광역경제권을 구성하는 대전광역시와 충청남도 및 충청북도의 장점과 단점 및 기회와 위협요인을 파악

하는 SWOT분석을 실시하는 것이 요구된다. 왜냐하면 3개 시·도는 대내적으로는 강점과 약점을, 대외적으로는 기회요인과 위협요인을 가지고 있기 때문이다. 3개 시·도의 정책진단을 통해서만이 서로 경쟁적이면서도 보완적인 전략을 수립함으로써 충청권의 비전인 대한민국의 실리콘밸리를 효과적이고 민주적으로 만들 수 있다. 예를 들면 우리나라의 광역경제권 경쟁력순위를 122개 OECD 회원국의 광역지역 순위와 비교한 결과에 따르면, 대외적으로 충청권은 부문별 경쟁력수준이 중간이나 그 이하의 낮은 수준으로 나타났다.

표 3-24 충청광역경제권의 주요 부문별 순위

	인구	1인당 지역 총생산	산업	인적 자본	혁신					공간 구조
			고차 서비스 비중	고학력 노동자 비중	기업 R&D	정부 R&D	대학 연구소 R&D	총 R&D	국제특허출원	수익성
수도권	3	89	3	20	11	12	79	12	31	19
충청권	70	83	53	51	47	58	81	66	82	31
총지역 수	122	100	113	105	85	84	81	85	121	121

자료: 김동주 외(2009: 40).

표 3-25 충청권 바이오산업의 사업여건

(단위: %)

	전국 평균	대전	충북	충남
자금조달	31.9	39.6	20.6	35.0
판로확보	26.7	24.5	26.5	0
고급인력확보	17.5	17.0	26.5	30.0
지원기관부족	8.8	13.2	11.8	15.5
현장인력확보	6.8	0	5.9	10.0
지원서비스부족	6.8	5.7	8.8	10.0

자료: 김주한·김선배·최윤희(2003: 179).

한편, 3개 시·도의 바이오산업클러스터에 대한 한국산업연구원(2003)의 설문조사결과는 대내적으로 3개 시·도의 바이오산업의 사업조건에 대한 SWOT 현황을 간접적으로 예시하여 준다고 볼 수 있다.

바이오클러스터의 기업들이 사업을 수행하면서 느끼는 애로사항을 시·도별로 보면, 대전광역시의 경우 자금조달과 판로확보 및 고급인력확보 순으로, 충청북도의 경우 판로확보와 고급인력확보 및 자금조달의 순으로 나타났고, 충청남도의 경우는 자금조달과 고급인력확보 및 지원기관부족의 순이다.

이처럼 OECD국가의 광역지역과 비교하여 대외적인 경쟁력이 낮고 대내적인 사업여건이 약한 충청권에서 선도산업인 정보통신산업과 의약바이오산업에 대한 SWOT 현황을 파악한다면, IT혁신클러스터나 의약바이오혁신클러스터를 설계하는 데 유용한 자료로 활용할 수 있다고 본다.

생각해 보기

1. 신지역주의는 무엇이고, 어떤 정책 목표를 추구하는가?
2. 신지역주의는 왜 협력거버넌스가 요구되는가?
3. 협력거버넌스는 무엇이고, 어떤 특징을 가지고 있는가?
4. 협력거버넌스의 변수들을 설명하여 보라.
5. 광역지역이란 무엇인가?
6. 광역경제권정책이란 무엇인가?
7. 첨단의료복합단지사업은 왜 추진하였고, 어떤 내용을 가지고 있는가?
8. 첨단의료복합단지사업의 입지선정과정에서 누가 참여하고 있고, 왜 갈등이 발생하였는가?
9. 첨단의료복합단지사업의 입지선정과정에서 협력이 이루어지지 않은 이유를 설명하여 보라.
10. 지역 간 협력을 위한 정책 방안을 설명하여 보라.

참고문헌

국무총리실, 보건복지가족복부(2009). 『첨단의료복합단지 선정보도자료』.

권영섭 · 신정철(2006). 『지방도시의 경쟁력 강화를 위한 지역혁신사업의 효율적 추진방안 연구』. 서울: 국토연구원.

김동주 외(2009). 『국가의 글로벌 경쟁력 강화를 위한 광역경제권 발전방안연구』. 서울: 국토연구원.

김병준(2009). 『지방자치론』. 서울: 법문사.

김선배(2008). 광역경제권발전의 핵심전략: 글로벌 경쟁거점과 지역경쟁거점의 연계 육성. 『산업경제분석』: 30-41.

김영수(2008). 광역경제권 중심의 지역산업발전전략. 「2008년 국가균형발전위원회 세미나 발표논문」.

김주한 · 김선배 · 최윤희(2003). 『바이오클러스터의 성공조건과 발전방안』. 서울: 산업연구원.

나기산 외 공역(1993). 『정책분석론』. 서울: 법문사.

노화준(2003). 『정책학원론』. 서울: 박영사.

대통령직인수위(2008). 『신정부의 창조적 광역발전전략안』.

대한국토도시계획학회(2008). 『행정중심복합도시와 인근 도시와의 상생발전전략수립 보고서』. 충남: 행정중심복합도시건설청.
박재욱(2008). 광역경제권의 통합 · 협력을 위한 광역거버넌스의 이론적 논의. 『지방행정연구』, 22(3): 3－29.
박형준 · 이인원(2009). 지역개발정책수단으로서 협력적 지역거버넌스의 형성: 승리연합모형을 통한 지역파트너십형성 모형설정. 『한국정책학회보』, 18(2): 7－36.
배응환(2001). 정책네트워크모형의 행정학연구에 적용탐색. 『한국행정연구』, 10(3): 258－298.
배응환(2008). 신지역주의 차원의 협력거버넌스 설계. 『2008년 충청광역경제권연구회 1차 토론회 발표논문』: 41－63.
송하율 · 김찬준(2010). 광역경제권 선도산업 육성의 성과제고를 위한 정책과제. 『KIET 산업경제』, 8월: 40－50.
안영훈(2008). 광역경제권의 개념, 유형 및 거버넌스체제. 『한국지방자치학회 춘계학술대회 발표논문』.
육동일(2010). 『지방자치의 길을 찾다』. 대전: 비주얼스톰.
윤윤규 · 이재호(2004). 『지역산업 육성과 지역혁신체계 구축에 관한 연구』. 서울: 한국개발연구원.
이명석 · 배재현 · 양세진(2009). 협력적 거버넌스와 정부의 역할: 사회적 기업사례를 중심으로. 『한국정책학회보』, 18(4): 145－171. .
이원섭(2008). 광역경제권 구축방향과 과제. 『지역경제』, 6－25.
이원형(2009). 의료산업의 전략적 첨단화가 시급하다: 첨단의료복합단지의 성공조건. 『VIP Report(현대경제연구원)』, 408호: 1－19.
장재홍(2008). 『광역경제권 발전전략과 과제』. 서울: 국가균형발전위원회.
정문기(2009). 지역경제개발의 협력거버넌스. 『한국행정학보』, 43(3): 229－250.
정정길 외(2003). 『정책학원론』. 서울: 대명출판사.
지식경제부(2009). 『지역발전5개년계획안 보도자료』.
채종헌 · 김재근(2009). 공공갈등에서 협력적 거버넌스의 구성과 효과에 관한 연구: 경기도 이천시 환경기초시설 입지갈등사례. 『지방행정연구』, 23(4): 107－136.
최영출(2008). 해외 광역경제권 추진체계와 시사점: 영국의 사례. 『한국산업기술재단학회 연합 심포지움 자료집』.
최진혁(2008). 경제발전을 위한 광역자체단체의 구상: 프랑스사례를 중심으로. 『한국지방자치학회 춘계학술대회 발표논문』.
최홍(2009). 광역경제권 출범과 지역기업의 대응과제. 『SERI 경제포커스』, 252호: 1-13. 서울: 삼성경제연구소.
충청남도(2009). 『2008 도정백서』. 대전: 충청남도.
충청북도(2009). 『오송첨단의료복합단지 글로벌 수준의 단지조성과 발전계획』.
하미승 · 전영상(2007). 협력적 거버넌스에 대한 공무원태도의 결정요인분석. 『한국행정연구』, 16(1): 3-40.
한국개발연구원(2007). 『첨단의료복합단지 조성사업』. 서울: 한국개발연구원.

Ansell, Chris & Gash, Alison (2007). Collaborative Governance in Theory and Practice. *Journal of Public Administration Research and Theory*, 18: 543-571.
Argyris, Chris (1993). *Knowledge for Action: A Guide to Overcoming Barriers to Organizational Change*. San Francisco: Jossey-Bass.
Blatner, K., Carroll, M., Daniels, S., & Walker, G. (2001). Evaluating the Application of Collaborative Learning to the Wenatchee Fire Recovery Planning Effort. *Environmental Impact Assessment Review*, 21: 221-236.
Bryson, J. M., Crosby, B. C., & Stone, M. M. (2006). The Design and Implementation of Cross-Sector Collaborations: Propositions from the Literature. *Public Administration Review*, 26 Special Issue: 44-55.
Burger, J., Gochfeld, W., Powers, C. W., Waishwell, L., & Goldstein, B. D. (2001). Science, Policy, Stakeholders and Fish Consumption Advisories: Developing a Fish Fact Sheet for Savannah River. *Environmental Management*, 27: 501-514.
Chrislip, David. & Larson, Carl E. (1994). *Collaborative Leadership: How Citizens and Civic Leaders Can Make a Difference*. San Francisco, CA: Jossey-Bass.
Connick, S. & Innes, J. (2003). Outcomes of Collaborative Water Policy Making: Applying Complexity Thinking to Evaluation. *Journal of Environmental Planning and Management*, 46: 177-197.
Dodge, W. R. (1996). *Regional Excellence: Governing Together to Compete Globally and Flourish Locally*. Washington, DC: National League of Cities.
Gray, Barbara (1989). *Collaborating: Finding Common Ground for Multi-Party Problems*. San Francisco, CA: Jossey-Bass.

Hall, Peter A. (1993). Policy Paradigm, Social Learning and the States: The Case of Economic Policy Making in Bratian. *Comparative Politics*, 25(3): 936-957.

Huxham, Chris (2000). The Challenge of Collaborative Governance. *Public Management*, 2(3): 337-357.

Huxham, C. & Vangen, S. (2001). Leadership in the Shaping and Implementation of Collaboration Agendas: How Things Happen in a Joined Up World. *Academy of Management Journal*, 43: 1159-75.

Imperial, Mark (2005). Using Collaboration as a Governance Strategy: Lessons from Six Watershed Management Programs. *Administration & Society*, 37: 281-320.

Innes, Judith & Booher, David E. (2003). Collaborative Policy Making; Governance through Dialogue, in Marten, Hajer & Hendrik, Wagenaar(eds.), *Deliberative Policy Analysis: Understanding Governance in The Network Society*. Cambridge: Cambridge University Press.

Kraft, M. & Johnson, B. N. (1999). Clean Water and the Promise of Collaborative Decision Making: The Case of the Fox-Wolf Basin in Wisconsin, in D. Mazmanian & Kraft, M. (ed.), *Toward Sustainable Communities: Transition and Transformations in Environmental Policy*. Boston, MA: MIT Press.

Lynn, Lawrence E,. Heinrich, Carolyn J., & Carolyn, J. Hill (2001). *Improving Governance: A New Logic for Empirical Research*. Washington, DC: Georgetown University Press.

Magerum, Richard D. (2002). Collaborative Planning: Building Consensus and Building a Distinct Model for Practice. *Journal of Planning Education and Research*, 21: 237-253.

Norris, Donald F. (2001). Prospects for Regional Governance under The New Regionalism: Economic Imperative versus Political Impediments. *Journal of Urban Affairs*, 23(5): 557-571.

Pierce, N. R., Johnson, C., & Hall, J. S. (1993). *Citistates: How Urban America Can Prosper in a Competitive World*. Washington, DC: Seven Locks Press.

Porter, M. (1998). Clusters and The New Economics of Competitiveness. *Harvard Business Review*, 76(6): 77-90.

Putnam, Robert D. (1993). *Making Democracy Work: Civic Traditions in Modern Italy*.

Princeton: Princeton University Press.

Reilly, Thom (1998). Communities in Conflict: Resolving Differences through Collaborative Efforts in Environmental Planning and Human Service Delivery. *Journal of Sociology and Welfare*, 25: 115-142.

Reilly, Thom (2001). Collaboration in Action: An Uncertain Process. *Administration in Social Work*, 25(1): 53-73.

Savitch, H. V. & Vogel, R. K. (2000). Introduction: Paths to New Regionalism, in Savitch, H. V. & Vogel, R. K. (eds.), Symposium on The New Regionalism and Its Policy Agenda. *State and Local Government Review*, 32(3): 158-168.

Stoker, Gerry (1998). Governance as Theory: Five Propositions. *International Social Science Journal*, 50: 17-28.

Swanstrom, Todd (2001). What We Argue about When We Argue about Regionalism. *Journal of Urban Affairs*, 23(50: 479-496.

Tett, L., Crowther, J., & O'Hara, P. (2003). Collaborative Partnerships in Community Education, *Journal of Education Policy*, 18: 37-51.

Thomson, A. M. & Perry, J. L. (2006). Collaboration Processes: Inside the Black Box. *Public Administration Review*, 26 Special Issue: 20-32.

Trist, E. (1983). Referent Organizations and the Development of Inter-Organizational Domains. *Human Relations*, 36(3): 269-284.

Yaffee, S. L. & Wondolleck, J. (2003). Collaborative Ecosystem Planning Processes in the United States: Evolution and Challenges. *Environments*, 31(2): 59-72.

제4절 지방정부 간 협력거버넌스 운영사례: 미국과 한국의 사례비교[1)]

1. 서론

1991년 지방자치가 부활한 이후 지방자치단체는 행정구역을 중심으로 공공서비스의 생산과 공급을 증가시키기 위하여 많은 노력을 기울여 왔다. 지방자치의 가장 큰 성과의 하나가 지방행정의 서비스화이다. 지방정부는 지방행정의 대상자인 주민을 고객으로 인식하고 서비스행정을 강화하였다. 이러한 지방정부의 서비스행정 강조는 필연적으로 지방정부에 서비스를 공급하고 생산할 수 있는 역량의 확대를 요구한다. 하지만, 지방정부는 한정된 자원, 즉 인력과 재정을 가지고 있다. 지방정부의 서비스 확대는 지방정부의 자원범위 내에서 가능한 것이다. 따라서, 지방정부가 서비스를 확대하고자 한다면 인접한 지방정부와 협력하여 상호간의 자원을 활용함으로써 지방정부의 서비스 공급능력을 향상시키고 효율적으로 생산할 필요성이 있다. 이러한 관점에서 지방정부의 서비스 제공을 확대하고 효율적 생산을 위하여 박근혜정부에서도 지역행복생활권 구성을 통하여 지방정부 간 협력을 강조하였다. 특히, 박근혜정부에서 정부 간 협업을 강조하면서 지방정부 간 협력촉진을 위하여 지역행복생활권을 구성하고, 각종 협력사업을 중앙정부에서 지원하였다(박승규 · 김선기, 2015).

하지만, 지역행복생활권에서는 지방정부 간 협력사업에만 집중하고 지방정

---

1) 이 정책사례는 『융합사회와 공공정책』 제12권 1호(2018년)에 실린 한치흠 · 윤영채의 "지방정부 간 협력거버넌스 구축사례연구: 미국의 광역계획기구와 한국의 생활권협의회 비교를 중심으로"에 관한 논문임.

부 간 협력을 위한 제도화된 기반으로 상설화된 협력기구를 구성하지 않았다. 이러한 이유로 지방정부 간 광역적 이슈를 지속적으로 발굴하고, 문제를 해결할 능력은 부족하였다. 실제로, 지역행복생활권에서 협력사업이 매년 1건 이상 발굴되어 추진되고 있는 곳은 전체 63개 생활권 중 20여 개에 불과하였다(지역발전위원회, 2017). 이와 같이, 지역행복생활권이 활성화되지 못한 원인으로 지방정부 간 협력을 위한 추진체계가 확립되지 않아 사업발굴과 기획이 어렵다는 것이 가장 많이 제기되고 있다. 즉, 지역행복생활권에서 지방정부 간 협력을 통한 상시적인 사업발굴체계 마련이 반드시 필요하다는 점이 지적되고 있다(지역발전위원회, 2017).

이러한 문제의식을 바탕으로 이 연구는 지방정부 간의 협력활성화를 위하여 상시적인 사업발굴과 관리를 전담할 조직체의 역할과 안정적 운영을 위하여 어떠한 요소들이 필요한지를 분석하고자 한다. 이를 위하여 협력거버넌스의 관점에서 상시적인 협력조직체를 중심으로 운영되는 지방정부 간 협력거버넌스체제를 분석하고자 한다. 이러한 분석을 위하여 조직체를 중심으로 지방정부 간 협력을 수행하고 있는 미국의 광역계획기구 운영사례를 한국의 생활권협의회와 비교분석하고자 한다. 이 연구의 논의진행순서는 다음과 같다. 먼저, 협력거버넌스에 대한 이론적 의미를 살펴보고 비교분석틀을 설계한다. 둘째, 한국의 생활권협의회와 미국의 광역계획기구인 오리건 Metro와 SCAG의 설립 배경, 참여, 의사결정규칙, 재정, 권한 등을 검토한다. 셋째, Metro와 SCAG와 한국의 생활권협의회를 비교한다. 마지막으로 이를 바탕으로 한국의 지방정부 간 협력활성화에 대한 정책적 함의를 도출하고자 한다.

2. 이론적 배경과 비교분석틀

1) 신지역주의와 협력거버넌스

(1) 신지역주의

미국의 지방정부 간 협력이론은 미국의 대도시지역(Metropolitan areas)을 중심으로 발전하여 왔다. 첫째, 도시 간 통합론은 대도시지역의 경우 제도를 통하여 연결되어야 한다는 관점이다. 따라서, 광역적 행정수요를 하나의 단일정부가 해결하는 것이 효율적이라는 입장이다. 둘째, 공공선택론에서는 대도시지역의 분절(fragmentation)이 자율적인 경쟁을 통하여 대중에게 이익을 가져온다고 주장한다. 근본적으로 도시 간의 분절은 경쟁을 통하여 대도시와 인접 지역에 긍정적 영향을 준다는 입장이다. 셋째, 신지역주의는 1990년대에 등장하였으며, 이를 주장하는 학자들은 협력거버넌스를 강조한다. 신지역주의는 정부형태의 계층제 조직보다는 지방정부 간 자발적 협력을 통하여 지역의 문제를 해결하는 방식을 강조한다(김순은, 2008; 배응환, 2010; 전경구 · 조덕호, 2013; Spicer, 2013). 과거의 지역주의(regionalism)가 조직의 통합을 강조하였다면 신지역주의(new regionalism)는 조직 간 협력을 강조하고 있다. 이러한 이론은 지방정부 간 협력은 자율적인 협력으로부터 통합이라는 스펙트럼까지 다양한 방식으로 발전해 왔다

그림 3-5 협력 스펙트럼

자료: O'Donnell(2012: 6); Spicer(2013: 79) 그림 재구성.

([그림 3-5] 참조).

한편, 지방정부의 통합에서 조직 간 융합의 성과가 나타나지 않을 수도 있다. 윤영채·배응환(2015)은 조직융합은 기구의 통합을 통하여 시너지 효과를 거두고자 하지만 성공과 실패사례가 존재한다는 점을 지적한다. 이러한 점 때문에, 지역(region)의 광역적 문제해결을 위한 협력은 주로 신지역주의 흐름에 따라 지방정부 간 협약이나 지방정부 간 협력기구를 통한 협력거버넌스방식으로 발전해 나가고 있다(배응환, 2010).

(2) 협력거버넌스

일반적으로 협력거버넌스는 다양한 이해당사자가 참여하여 협력방식으로 이해관계를 조정하여 대안을 마련하고 집행하는 거버넌스를 의미한다. 특히, 협력거버넌스는 집합적 의사결정절차에서 협력노력의 절차적 측면을 더욱 강조한다. 협력(collaboration)은 '장기적이며 합의지향을 추구하는 절차'로서 협력거버넌스에서도 일관된 의미를 가진다. 이러한 협력거버넌스에 대해서는 다양한 견해가 존재한다. 다양한 견해 중에서 가장 보편적인 이론으로 수용되고 있는 개념은 Ansell & Gash(2007)의 정의이다(최태현, 2015). Ansell & Gash(2007)는 협력거버넌스를 "하나 또는 그 이상의 공공기구가 직접 비정부 이해관계자들을 공공정책을 형성하여 집행하거나 공공프로그램을 관리하는 집합적 의사결정절차에 공식적·합의지향적·숙의적으로 참여시키는 방식"이라고 하였다. Ansell & Gash(2007)는 협력거버넌스모형을 다음과 같이 제시하고 있다. 협력거버넌스모형은 1) 선행조건, 2) 제도설계, 3) 촉진적 리더십, 4) 협력과정, 5) 성과로 구성된다. 이를 하나씩 살펴보면 먼저 선행조건(starting condition)은 사업시작단계에서 주어진 상황이다. 참여자 간의 권력자원과 지식의 불균형, 참여에 대한 인센티브, 협력과 갈등의 역사 등으로 협력절차에 대한 참여유인을 분석하는 것이다. 둘째, 제도설계(institutional design)는 협력의 기초가 되는 법과 제도이다. 먼저 다양한 이해당사자가 참여하여야 하고, 협력포럼의 배타성이 중요하다. 다음으로 의사결정규칙과 진행규칙 등 합의를 위한 규칙을 설계하여야 한다. 또한,

절차와 규칙의 투명성과 공정성을 확보하여야 한다. 셋째, 중재와 조정을 위한 촉진적 리더십(facilitative leadership)이다. 다양한 이해당사자의 참여를 이끌어 내고 합의를 도출해 가는 과정에서 리더의 중재와 조정능력은 필수불가결하다. 따라서 이러한 리더십을 어떻게 발휘하였는지를 검토하여야 한다. 넷째, 협력과정(collaborative process)은 면대면 대화－신뢰형성－과정몰입－공유된 이해－중간결과의 과정이 순환적으로 진행된다. 결론적으로 협력거버넌스모형의 각 요소인 선행조건, 제도설계, 촉진적 리더십, 협력과정이 잘 이행되면 곧 성공요인으로 작용한다.

2) 한국의 지방정부 간 협력방식과 문제점

지방정부 간 협력방식은 협력사업, 사무위탁, 행정협의회, 지방자치단체조합, 지방자치단체장 등 협의체를 통한 방식이 있다(행정자치부, 2016). 이러한 협력방식은 조직체 구성을 통한 협력인지 여부에 따라 구분하여 볼 수 있다(한표환, 2002). 첫째, 조직체 구성을 통한 협력은 지방정부 간 협력을 위한 별도의 조직을 구성하여 사무를 공동으로 처리하는 방식으로 행정협의회(제152조 내지 158조)와 지방자치단체조합(지방자치법 제159조 내지 164조)과 지방자치단체장 등 협의체로 통한 방식(지방자치법 165조) 등의 세 가지가 있다. 둘째, 조직체를 구성하지 않고 협력을 수행하는 방식은 다른 지방정부와 사무를 협약 또는 위탁의 형태로 처리하는 기능적 협력방식으로 협력사업(지방자치법 제147조)과 사무위탁(지방자치법 제151조)의 두 가지 방법이 있다. 1995년부터 2015년까지 지방정부 간 협력현황을 보면, 행정협의회는 99개, 지방자치단체조합은 6개, 협력사업은 458건, 사무위탁은 58건이 운영 중이다(행정자치부, 2016). 미국은 광역계획기구가 408개, 특별구가 38,000여 개이고, 일본은 사무위탁이 2014년 기준으로 5,900여 건(권오철 · 강영주, 2015)으로 미국과 일본의 지방정부 수가 한국과 차이가 있다는 것을 고려하더라도 한국의 지방정부 간 협력은 매우 저조하다.

이렇게 지방정부 간 협력이 부진한 이유로 먼저 조직체를 구성하여 협력하는 방식에 해당하는 행정협의회는 비상설기구로서 사무국의 기능이 미약하여 구속력 있는 집행력이 미흡하고, 지방자치단체조합은 조합의 설립과 조직 및 운영에 관한 법적 규정이 미비하다는 점이다(우윤석, 2009; 주재복 2011). 한편, 사무위탁에 대한 구체적인 기준이나 적합한 사무를 제시하지 않고 있다는 점과(권오철 · 강영주, 2015), 협력사업으로 공무원의 권한 및 예산축소에 대한 우려와 중앙정부의 구체적인 재정지원과 인센티브가 없다는 점이 문제점으로 지적되고 있다(강인성, 2007; 서정섭, 2011).

3) 선행연구 검토

행정구역단위를 넘어 지방정부 간 협력을 통하여 지역의 광역적 문제를 해결하기 위한 연구는 1991년 지방정부의 출범 이후 꾸준히 이어져 왔다. 지금까지의 연구는 크게 세 가지로 구분하여 볼 수 있다. 첫째, 지방정부 간 협력을 지역거버넌스 관점에서 분석한 방식, 둘째, 지방정부 간 협력사업을 활성화하기 위한 법 · 재정 등 제도적 개선방안 등을 제시하는 방식, 셋째, 광역계획의 관점에서 협력거버넌스의 구축이나 광역행정체제를 개선하기 위한 방안으로 구분하여 볼 수 있다. 먼저, 지역거버넌스 관점에서 지방정부 간 협력을 통한 문제해결(배응환, 2005; 조만형 · 김이수, 2009; 김이수, 2011; 주재복, 2011), 거버넌스체제를 활용한 지역개발정책(박형준 · 이인원 2009; 배응환 2010), 지방정부 간 거버넌스체제 구축(이시원 · 민병익, 2011; 전경구 · 조덕호, 2013), 프랑스와 영국의 광역지방자치단체 협의체에 대한 협력거버넌스 관점의 사례연구(김태운 · 윤광재 · 변혜옥, 2017), 미국의 MPO를 사례로 지방정부의 협력거버넌스 구축(우윤석, 2009)에 대하여 연구하였다. 둘째, 지방정부 간 협력활성화 방안으로 협력사업에 대한 재정적 기반 확충(서정섭, 2011), 법적 기반 마련(김선기, 2009; 김순은, 2008)과 협력사업 개선방안(한표환 · 김선기 2003)에 대한 연구가 있다. 셋째, 대도시권의 협력거버넌스 구축방안으로 광역계획수립을 협력적 계획체계로 정립(김태환 외, 2016), 광역행정체제 개선방안(강인성, 2009)에 대한 연구가 있다.

이러한 선행연구는 지방정부 간 협력을 활성화하기 위한 지역거버넌스체제 구축, 지방정부 간 협력사업에 대하여 법적 · 재정적 기반 마련, 광역계획의 협력적 계획체계 정립방안 등에 대하여 초점을 맞추어 연구하였다. 하지만, 지방정부 간 협력의 기반이 되는 협력전담기구와 운영에 대한 연구는 활성화되지 못하고 있다. 현재 문재인정부에서도 지방분권로드맵 초안에서 네트워크형 지방행정체제 구축을 위하여 지방정부 간 협약과 광역연합 등 지방정부 간의 협력방안을 중점과제로 제시하고 있다. 지방정부 간의 협력이 활성화되기 위해서는 협력사업에 대한 지원, 지역 내 거버넌스 구축 등의 선행단계로 협력거버넌스체제에서 중심적 역할을 수행할 협력을 위한 공식적인 전담기구가 필요하다. 앞에서도 살펴보았듯이 한국의 지방정부 간 협력기구인 행정협의회나 지방자치단체조합은 구속력 있는 집행력이나 설립, 조직, 운영에 관한 법적 규정이 미비하여 지방정부 간 협력기구로 문제점을 드러내고 있다. 미국의 광역계획기구는 광역교통계획 등 광역계획수립을 위하여 연방정부 및 지방정부 간에 협력을 수행하는 조직으로서 해당 분야에서 지방정부 간의 협력거버넌스 전담기구로 역할을 수행하고 있다. 이는 한국의 지방정부 간의 협력전담기구 설치방안에 대하여 시사점을 제공할 수 있다. 따라서, 미국의 광역계획기구의 조직운영사례를 한국의 생활권협의회와 비교하여 지방정부 간 협력전담기구의 구축방안을 검토하고자 한다.

4) 비교분석틀

선행연구에서 Ansell & Gash(2007)의 협력거버넌스모형을 적용하여 지방정부 간 협력을 분석한 연구를 보면, Ansell & Gash(2007)의 협력거버넌스모형 그대로 적용(김이수, 2011)하거나 일부 수정하여 분석(배응환 2010; 주재복, 2011; 김태운 · 윤광재 · 변혜옥, 2017)한 것으로 나눌 수 있다. 배응환(2010)은 협력거버넌스 분석틀을 제시하면서 협력구조(정책행위자와 이익)와 협력과정(대화, 상호성, 연결관계, 학습, 창조성) 및 협력결과로 구분하고 있다. 주재복(2011)은 협력거버넌스의 형성요인(당사자의 참여, 이해관계자의 공유), 협력거버넌스 운영요인(당사자의 역할과 책임, 합의된 운영절차, 비용분담원칙, 정보제공), 거버넌스 성과로 구분하고 있다. 김태운 · 윤광재 · 변혜옥(2017)은 협력구조의 구성변수로 제도적 근거(설립배경 및 법적 근거), 행위자들의 참여방식 및 형태(조직, 인력, 예산), 이해관계(국정참여, 지역발전역할)를 변수로 설정하였다. 결국 Ansell & Gash(2007)의 모형을 이용한 분석은 선행조건(권력이나 자원의 불균형, 갈등과 협동의 역사, 참여의 유인과 제약), 제도설계(참여의 개방성, 포럼배제성, 행동규칙, 과정투명성), 촉진적 리더십, 협력과정(면대면 대화, 신뢰형성, 과정몰입, 공유된 이해, 중간결과), 성과라는 협력거버넌스모형의 기본적인 틀을 그대로 사용하거나 일부 변수를 사례와 연계하여 조정하고 있다. 협력은 합의지향적 절차를 포함하고 있어(주재복 외, 2011), 구조와 과정으로 나누는 것이 용이하지는 않다. 구조는 제도로서 행위에 영향을 미치는 구조적 제약요인으로 작용하고 있으며(하연섭, 2011), 이러한 의미에서 협력구조가 협력과정에 영향을 미치는 제약요인으로 작용할 수 있다. 선행연구에서 협력구조의 변수를 고려할 때, Ansell & Gash(2007) 모형의 선행조건 외에 제도적 설계는 협력구조에 해당하고, 협력과정은 협력구조의 영향을 받아 협력이 진행되는 과정으로 구분할 수 있다(김태운·윤광재·변혜옥, 2017).

이 연구에서는 지방정부 간 협력거버넌스체제에서 중심적 역할을 수행할 협력기구 구축방안을 분석하고자 한다. 이를 협력거버넌스 관점에서 분석하기 위해 Ansell & Gash의 협력거버넌스모형에서 협력구조의 형성에 영향을 미치는 선행조건(설립배경)과 협력구조에 해당하는 제도적 설계(참여, 의사결정규칙), 협력기구의 지속성에 영향을 미치는 조직운영방식(재정, 권한)을 분석변수로 설정하고 비교분석틀을 설계하고자 한다([그림 3-6] 참조). 각 변수를 세부적으로 살펴보면, 설립배경은 협력전담기구를 설립하게 된 연원적 이유, 즉 협력의 역사와 협력기구형성의 원인을 분석하여 협력기구의 지속적이고 성공적인 운영가능성과 협력의 촉진요인이 있는지를 보여준다(배응환, 2016). 제도설계에서는 협력거버넌스 참여의 개방성과 협력기구가 포럼의 배제성을 가지고 있는지를 중심으로 참여유인기제를 살펴볼 수 있다. 또한, 의사결정규칙의 투명성은 협력거버넌스의 행위자들이 투명하고 공평한 규칙에 따라 협력거버넌스가 운영된다는 점을 확인하여야 신뢰를 가지고 지속적 참여와 성과를 나타낼 수 있다

그림 3-6 비교분석틀

비교		미국		한국
		Metro	SCAG	생활권협의회
선행조건	설립배경	→	→	→
제도설계	참여	→	→	→
	의사결정규칙			
조직운영방식	재정	→	→	→
	권한			

(Ansell & Gash, 2007). 조직운영방식으로 재정과 권한이 협력전담기구에 대한 조직운영의 중요한 규칙으로 작용하여 행위자들의 행동을 통제하고 협력거버넌스를 운영하는 중요한 역할을 할 수 있다(김태운 · 윤광재 · 변혜옥, 2017).

이 논문에서는 협력거버넌스의 관점에서 생활권협의회와 오리건 Metro, SCAG를 비교분석하고자 한다. 특히, Metro와 SCAG는 같은 광역계획기구이면서도 참여, 재정, 권한의 측면에서 상이한 특성을 가지고 있다. 따라서, 한국의 생활권협의회를 비롯한 지방정부 간 협력기구의 구성과 운영에 대한 다양한 형태의 시사점을 제공할 수 있다. 이 연구는 사례연구로서 Metro 및 SCAG 관계자 면담[2]과 해당 기관에서 발행하거나 작성한 발표자료 등을 수집하고, 이러한 관련 문헌분석을 통하여 이루어졌다. 또한, 한국 생활권협의회 자료는 지역발전위원회의 내부문서와 내부연구보고서를 수집하였다. 이러한 과정에서 지역발전위원회 내부자료를 1차 문헌 분석자료로 활용하고, 관련 문헌에 대해서도 추가적으로 분석하였다.

2) Metro 회의실에서 Randy Tucker(Metro/Legislative Affairs manager)와 면담(2015.12.10)하였고, SCAG 회의실에서는 Frank Wen(SCAG/Research and Analysis manager) 외 3명과 면담(2015.12.11)하였다.

3. 사례의 개요와 분석: 미국의 광역계획기구와 한국의 생활권협의회를 중심으로

1) 사례의 개요

(1) 미국의 Metro와 SCAG

미국에서 지방정부 간 협력을 조직체를 중심으로 수행하는 대표적인 사례가 광역계획기구(Metropolitan Planning Organization: MPO)[3]와 정부협의회(Council of Governments: COG)[4][5]이다. 이 연구에서는 미국의 광역계획기구 운영사례 중 오리건 Metro와 SCAG(Southern California Associations of Government)의 사례를 분석하고자 한다. 오리건 Metro는 주민선거로 의회의장을 선출하고 집행기능까지 가지고 있는 지방정부성격의 광역계획기구이다. 한편, SCAG는 광역적인 교통, 토지사용 등의 분야에서 연구, 컨설팅, 계획수립 업무 등을 수행하는 전형적인 광역계획기구에 해당한다.

(2) 한국의 생활권협의회

지역행복생활권[6]은 지방정부 간의 협력을 통하여 효율성을 제고하고 상생발전을 추구하기 위하여 박근혜정부에서 추진되었다. 지역행복생활권은 이명박정부의 '5+2 광역경제권'을 '63개 생활권'으로 개편하여 시·군 간 연계 협력을 제고하고자 하였다.[7] 지역행복생활권에서는 협력을 위한 실무기구로 관련 지방

---

3) 광역계획기구는 1962년 「미국 연방지원고속도로법(FAHA)」 제정으로 설립되었고, 미국 전역에 408개(2015년 9월)의 광역계획기구가 운영되고 있다.

4) 1954년 디트로이트 주변 카운티로 구성된 정부협의회가 처음으로 창설되었고(Zimmermann 2007), 540개 이상(2012년)의 정부협의회가 운영되고 있다.

5) 광역계획기구와 정부협의회는 공동권한기관(Joint Power Authority: JPA)으로서 둘 이상의 정부기관의 공동 관심사항을 다루고 있어, 새로운 계층의 정부를 창설하지 않고 대도시 지역의 문제를 해결할 수 있다(Metropolitan Washington Council of Governments, 2007).

6) 국가균형발전특별법에서 지역생활권은 지역주민의 삶의 질 향상에 필요한 일자리 및 교육·문화·복지·주거·안전·환경 등의 생활기반을 확충하기 위하여 시·군·구가 인근 시·군·구와 협의하여 설정한 권역을 말한다(국가균형발전특별법 2조 2).

7) 교통과 통신의 발달로 행정수요는 기존 시군구 행정구역을 넘어 생활권에서 발생함에 따라, 지역행복생활권을 구성하여 전국 어디서나 양질의 서비스를 향유할 수 있는 주민 생활공간을 만들고자 하였다(지역발전위원회 2013).

정부의 공무원이 참여하는 생활권협의회를 행정협의회 방식으로 구성하여 협력사업을 발굴하고 조정하도록 하였다. 이에 이 연구에서는 지역행복생활권에서 행정협의회 방식으로 구성한 협력기구인 생활권협의회에 대하여 분석하고자 한다.

2) 지방정부 간 협력거버넌스 사례분석

(1) 오리건 Metro[8)]

① 설립배경

포틀랜드 대도시권의 협력기구는 3단계의 변천과정을 거쳐 현재의 Metro가 설립되기에 이르렀다. 1단계는 1957년부터 1966년까지 운영된 대도시지역계획위원회(Metropolitan Planning Commission: MPC), 1959년부터 1967년까지 운영된 포틀랜드－밴쿠버 대도시지역 교통연구회(Portland－Vancouver Metropolitan Transportation Study: PVMTS)이다. 2단계로 1966년부터 1978년까지 컬럼비아 지방정부협의회(Columbia Regional Association of Governments: CRAG)를 구성하여 운영하였다. 1960년대에 들어 대도시지역계획위원회(MPC)와 포틀랜드－밴쿠버 대도시지역교통연구회(PVMTS)가 지역 내에서 공공서비스문제를 충분히 대처하지 못하고 있다는 비판이 제기되었다.[9)] 이를 극복하기 위하여 기존의 두 기관을 통합한 컬럼비아 지방정부협의회(CRAG)를 구성하였다.[10)] 한편, 대도시지역서비스구역(Metropolitan Service District: MSD)은 1970년에 창설하여 1978년까지 운영하였고, 쓰레기 처리와 동물원 관리업무를 수행하였다. 3단계로 1979년 1월 1일자로 대도시지역서비스구역(Metropolitan Service District: MSD)과 컬럼비아 지방정부협의회(Columbia Region Association of Governments: CRAG)를

8) Metro의 주요 내용은 Metro의 Budget in Brief(2015) 등 기관발행 자료, Abbott, C. & Abbott, P. M. (1991)의 'A History of Metro', 관계자 면담결과를 토대로 작성하였음.

9) 1941년부터 1961년까지 특별구역은 28개에서 218개로 급증하였다. 이러한 특별구역의 증가로 공공서비스가 지역별로 불평등하다는 불만이 제기되었고, 이는 인접 도시지역 통합을 통한 새로운 통합 지방정부를 구성하자는 주장으로까지 발전하였다(Abbott, 1991).

10) 연방정부는 계획과 기반시설에 대한 재정지원을 내세우면서 광역계획기구 설립을 요구하였다. 이에 따라 컬럼비아 지방정부협의회(CRAG)는 정부협의회(COG)이지만, 광역계획기구(MPO) 형태로 설립되었다(Abbott, 1991).

통합하여 Metro를 설립하였다. Metro를 설치한 이유는 다음과 같다(Abbott, 1991). 첫째, 컬럼비아 지방정부협의회(CRAG)와 대도시지역서비스구역(MSD)은 지역 이슈를 다루거나 기관 간 합의를 지원할 권한이 없었다. 둘째, 컬럼비아 지방정부협의회(CRAG)는 불안정한 재정으로 지역문제를 해결하는 데 어려움을 겪었다. 컬럼비아 지방정부협의회(CRAG)는 예산의 2/3가 연방정부 보조금으로 용도가 정해진 예산이고, 1/3은 지방정부와 계약에 의존하여 불확실성이 존재하였다. 이러한 문제점들이 지적되면서 지역(region)의 이슈를 효율적으로 해결하기 위하여 1979년에 Metro를 설치하였다.

지금까지 살펴본 바와 같이 포틀랜드 대도시권에서는 지방정부 간의 협력전담기구 구성이 1957년부터 시도되었고, 1979년에 이르러 Metro가 설치되었다. 결론적으로, 다양한 형태의 협력기구 운영경험은 지방정부 간 협력을 활성화하기 위하여 어떤 조직이 필요한가에 대하여 시사점을 제공하였고, 협력기구의 변화를 통하여 지방정부 간 협력의 성공가능성을 높여주는 긍정적 역할을 해왔음을 알 수 있다.

② 참여

Metro는 2017년 1월 현재 24개 시정부와 3개의 카운티로 구성되어 있다. 관할구역은 6개의 구역(district)으로 구성한다. Metro는 관할지역이 약 460 평방마일의 면적이고, 약 150만 명의 인구가 거주하고 있다. Metro는 다음의 두 가지 목적을 가지고 구성하였다. 첫째, 종합적 지역계획수립과 지역 내 효율적인 조정이다. 둘째, 지역적 관리(regional management) 하에서 지역적 서비스(regional service) 전달을 개선하기 위한 것이다. Metro는 지방정부 또는 선출된 대표자를 대표하는 정부협의회(COG) 방식이 아닌 주민을 대표하는 선거 모델로 구성하였다(Abbott, 1991). Metro는 미국의 400여 개 광역계획기구 중에서 처음으로 주민선거로 의회의장을 선출하고 집행기능까지 가지고 있는 지방정부성격의 광역계획기구이다. 따라서, 광역계획기구에 대한 주민참여가 선거로 제도적 보장이 이루어지고 있다. 또한, 주민들에게 Metro 의회 및 위원회 참석 진술권이 부여되어 다양한 이해관계자의 참여가 보장되고 있다(Metro, 2013). 한편, Metro는 관할범위 내 지방정부 간 협력이 필요한 이슈인 지역계획의 수립과 조정, 광역서비스 전달 등에 대하여 1992년 수립한 Metro Charter에서 상세히 규정하고 있다(Abbott, 1991). 따라서, Metro는 관할범위 내에서 계획수립 등에 대한 공식적인 권한을 가지게 된다. 이는 Metro가 지역협력에 대해 배타성을 가진 기구로서 지방정부 간 협력 참여에 대한 유인기제로 작동한다는 것을 의미한다.

③ 의사결정규칙

Metro 의회는 최고 의결기구로서 의장과 6개 구역에서 6명의 의원(councilor)을 선거로 선출하여 구성하고 임기는 모두 4년이다. Metro 의회는 매주 목요일 개최되며 공개하고 있다. Metro와 Metro 의회의 정책결정에 자문하는 위원회는 총 12개(2015년 기준)로 구성되어 있다. 각 자문위원회에는 일반 시민대표도 참여하고 있다. 예를 들어, 정책자문위원회 위원은 21명으로 카운티 또는 시정부의 대표(14명), 특별구의 대표(4명), 일반 시민대표(3명)로 구성된다. 이 위원회는 매달 둘째와 넷째 주에 열리고 있다. Metro의 의사결정절차는 카운티와 시 대표, 특별구 대표, 시민대표가 참여한 정책자문위원회에서 안건에 대한 충분한 토의를 거쳐 주민선거로 선출한 의회에서 의결하는 방식이다. 정책자문위원회와 의회의 회의는 모두 공개되고 있다. Metro는 창설 이후 기구의 권한을 오리건주법에 근거를 마련하였지만, 이후 1992년에 지역주민의 승인을 얻은 Metro Charter로 제정하였다. 이는 협력에 대한 의사결정절차가 주민참여 속에서 공식화되어 투명하게 운영되고 있음을 의미한다. 따라서, Metro는 지방정부와 주민이 참여하는 협력거버넌스체제를 갖추고, 의사결정절차도 법규에 따라 투명하고 공정하게 운영하고 있음을 알 수 있다.

④ 재정

2015~16년 회계연도를 기준으로 Metro의 재정수입은 369,589,156달러이며, 시설 입장 및 사용료(37%), 채권(30%), 재산세(15%), 보조금(6%), 정부간 수입(5%) 등의 순이다([그림 3-7] 참조).

그림 3-7 재정수입(2015~16 회계연도)

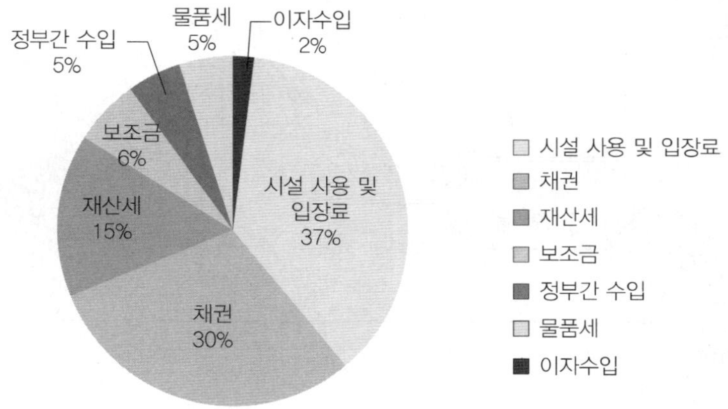

자료: Metro(2015).

Metro는 다른 광역계획기구(MPO)와 달리 재산세를 부과하고 채권발행권을 가진다. Metro는 부동산 감정가 1,000달러당 재산세로 0.0966달러를 부과한다. Metro는 1966년부터 1978년까지 운영되었던 컬럼비아 지방정부협의회(CRAG)의 불안정한 재정문제를 극복하기 위하여 재산세의 일부를 재원으로 하여 재정 안정성을 추구하고 있다. 그리고, 다른 광역계획기구(MPO)와 달리 연방정부의 보조금이나 주정부의 보조금이 아닌 재산세와 채권 등을 가장 큰 재원으로 삼고 있어 Metro의 자율성을 확보하고 있다(Metro, 2015).

⑤ 권한

Metro는 1979년 창설당시 관할구역 내에서 자원재생, 쓰레기 처리와 교통 관련 장기계획 수립기능을 수행하였다. 이후 1992년 관련 규정을 투표로 개정하여 지역의 토지계획 및 교통계획 수립과 지역적 이슈에 대한 기능을 수행하게 되었다([그림 3-8] 참조).

세부적으로 살펴보면 Metro는 토지 이용 및 교통계획 수립, 쓰레기 및 자원재생시스템 계획 및 규제, 공원과 자연보호지역 계획과 유지, 방문객 관련 시설 관리(오리건 동물원, 오리건 컨벤션센터, 포틀랜드 엑스포센터, 포틀랜드 예술

그림 3-8 지역 목표 성과(Regional Six Desired Outcomes)

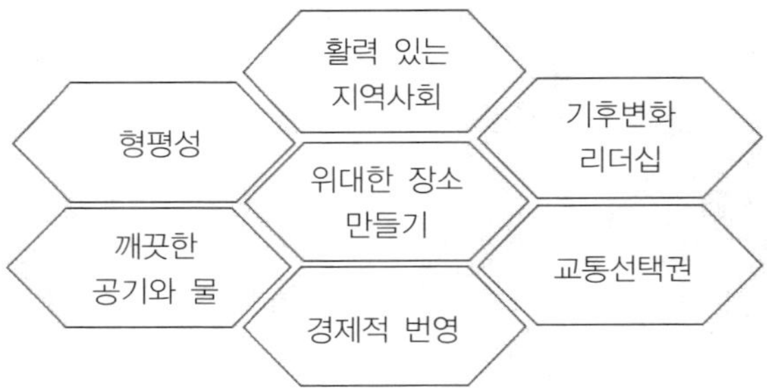

자료: Metro(2015).

센터) 업무를 담당하고 있다. 이를 위하여 Metro에는 계획·발전, 연구센터, 공원관리, 방문객 시설 등 총 9개 부서로 구성하여 총 1,600여 명의 직원이 근무하고 있다. 이와 같이 Metro는 지방정부 간 합의를 전제로 토지 및 교통 분야 등의 협력 분야에 대한 장기적 플랜을 구상하고 계획을 수립할 권한이 있고, 다른 광역계획기구(MPO)와 달리 동물원 등 공공시설에 대한 관리업무, 즉 집행기능도 가지고 있다(Metro, 2015).

(2) SCAG[11)]

① 설립배경

SCAG(Southern California Association of Governments)는 1962년 「연방지원고속도로법(FAHA)」 제정을 계기로 설립되었다. 1963년에 캘리포니아주는 대도시권지역에서 도시들이 연합하여 광역계획기구를 설립하도록 권장하는 주법을 제정하였다(Lewis & Sprague, 1997). 이 법에 따르면, 대도시지역의 도시들이 자발적으로 광역계획기구를 설립하지 않으면 주정부가 직접 설립하도록 규정하였다. 결국 지방정부는 주정부에 의하여 광역계획기구가 설립되면, 지방자치가 훼

11) SCAG의 주요 내용은 SCAG의 Fiscal Year 2016-2017 Comprehensive Budget 등 기관발행 자료, 방문 면담 시 발표자료인 Future Growth and Transportation in Southern California: Governance, Planning, Fund Programming, and Local Collaboration Examples(2015), 면담결과를 토대로 작성하였음.

손될 것을 우려하여 스스로 광역계획기구를 설립하게 되었다(Lewis & Sprague, 1997). SCAG 설립은 남캘리포니아의 6개 카운티와 56개 도시가 참여하여 1965년 10월에 창설되었다. 결론적으로 SCAG는 지방정부 간 협력을 위하여 관련 지방정부가 자발적으로 설치를 시도한 것은 아니지만, 연방정부와 주정부의 지방정부에 대한 간섭을 최소화하기 위하여 지방정부가 설립하였다. 따라서, 지방정부 각자 자율성을 유지하기 위하여 지방정부 간 협력을 수행할 광역계획기구의 필요성에 공감하였다. 이는 지방정부가 지역협력을 지속적으로 추진할 수 있는 기반으로 작용하였다.

② 참여

SCAG는 연방법에 따르면 광역계획기구(MPO)의 성격을 가지고, 주법에 따르면 정부협의회(COG)와 지역교통계획기구(Regional Transportation Planning Agency)의 성격을 가지고 있다.[12] SCAG는 6개 카운티(Imperial, Los Angeles, Orange, Riverside, San Bernardino, Ventura), 191개 도시를 관할한다. 면적은 약 38,000평방마일이며, 인구는 약 1,840만 명이다. 이 인구는 캘리포니아주 인구의 48.4%에 해당하는 규모이다. 세대 수 기준으로 590만 세대가 있다. SCAG는 191개 도시와 6개 카운티를 대표하기 위하여 15개의 하위 지역위원회(Subregional Councils of Governments)를 운영한다. SCAG는 연방법과 주법에 설립근거를 가지고 광역계획기구(MPO)이자 정부협의회(COG)로서 관할범위 내에서 소관 협력분야에 대해서는 배타성을 가진 협력기구로 역할을 하고 있다. 따라서, 관할범위 내의 지방정부는 지방정부 간 협력을 위하여 공식적인 포럼으로서의 SCAG에 참여할 유인을 가지게 된다.

③ 의사결정규칙

SCAG는 총회(General Assembly)와 지역의회, 각 분과위원회를 통하여 운영

12) 광역계획기구로서 연방법에 따라 지역교통계획, 연방교통발전프로그램, 연방대기질 기준, 통합성장 전망을 수행하고, 정부협의회로서 주법에 따라 지역주택수요평가계획, 대기질관리계획, 캘리포니아 환경품질, 지역폐기물관리계획을 수행한다.

된다. 1992년에 SCAG는 연방법과 주법에 따라 새로운 역할을 증대시키기 위하여 지역의회(Regional Council)의 구성원을 70명으로 증가시켰고, 2016년 기준으로 지역의회 구성원은 86명에 이르고 있다. 먼저, 총회는 매년 1회 개최하고 모든 지방정부대표가 모여 SCAG의 운영규칙을 수정하거나 예산을 확정하고, 의장과 부의장을 선출한다. 지역의회는 SCAG의 정책을 결정한다. 각 위원은 67개 구역(districts), 카운티, SCAG 지역 내 인디언보호구역, 대기구(Air Districts), 교통기구, 카운티 교통기구 등에서 관할구역 내 시장이나 의회 의원 중에서 대표자를 선출하여 SCAG로 추천[13]한다. 지역의회 위원의 임기는 2년이며, SCAG의 교통위원회, 지역사회·경제·인적자원위원회, 에너지·환경위원회라는 세 가지 주요 위원회의 작업에서 정책방향을 결정한다. 요약하면, SCAG는 총회에서 지방정부의 대표가 모여 운영규칙을 정하고, 3개 정책위원회에서 정책방향을 결정하여 지역의회가 최종 의결하는 방식이다. 이와 같이 SCAG는 회원인 각 지방정부의 대표가 모여 운영규칙을 정함으로써 지방정부 간의 협력적 의사결정절차는 투명하고 공개적으로 제정 운영되고 있다.

④ 재정

2016년 기준으로 SCAG의 예산은 69,475,852달러이다. SCAG 예산은 연방고속도로기구·연방교통기구보조금[14]이 가장 많은 43%를 차지하고, 교통시설·장비 펀드가 33.6%, 주정부의 교통발전법에 따른 카운티 부담금 7.51%, 연방정부 기타 보조금은 4%, 지방정부가 부담하는 회비가 2.8%, 주정부가 1.07%이다([그림 3-9] 참조).

특히, 주정부의 「교통발전법(Transportation Development Act)」에 따라 로스앤젤레스, 오렌지, 리버사이드, 샌버나디노 카운티는 각 카운티 교통기금의 0.75%를 SCAG에 배정하며, 이는 연방정부로부터 받는 기금을 제외하고는 가장 큰 규

13) SCAG는 정부간협의회(COG)의 성격을 가진다. 따라서, 구역의 시장이나 의회의원 중에서 구역대표자를 시장과 의회의원이 투표하여 선출한다.

14) 연방고속도로기구(Federal Highway Administration)와 연방교통기구(Federal Transit Administration)의 계획펀드(Planning funds)로 구성된다.

그림 3-9 재정수입(2016~17 회계연도)

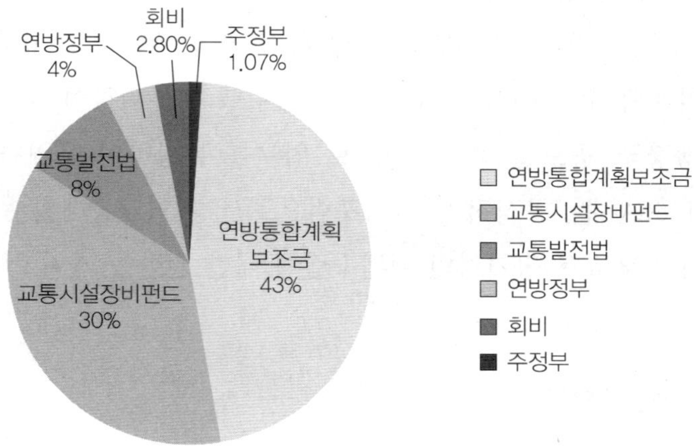

자료: SCAG(2016).

모에 해당한다(SCAG, 2016). 이와 같이 SCAG의 운영재원은 연방정부와 주정부의 지원예산이 가장 큰 비중을 차지하고 있음을 알 수 있다. SCAG는 앞에서 살펴본 Metro가 재산세, 시설사용료 등으로 자주재원을 가지고 있는 것과 달리 연방정부와 주정부에 많이 의존하고 있다. 하지만, 연방정부와 주정부의 지속적인 재정지원으로 SCAG 운영에 안정적 재정을 확보하고 있다.

⑤ 권한

SCAG의 미션은 남부캘리포니아지역의 삶의 질 향상을 위하여 지역계획(regional plan)을 발전시켜 나갈 포럼을 지방정부와 협력하여 촉진하는 것이다(SCAG, 2015). SCAG에서는 다양한 이해관계자가 참여하여 지역적 이슈에 대한 의사결정을 향상시키고, 수립한 지역계획에 대하여 입법적, 재정적 기반을 마련하여 실현하고자 노력하고 있다.

SCAG의 창설이유가 지역교통계획 수립과 교통문제 해결이었지만, 이후 다양한 지역이슈에 대하여 역할을 수행하고 있다. 주요한 기능은 다음과 같다. 첫째, 온실가스 배출문제 대응, 둘째, 인구 예측, 셋째, 토지사용・주택・고용・교통프로그램의 발전, 넷째, 대기질관리계획 발전, 다섯째, 교통분야의 오염물질 억제를 위하여 지역교통계획프로그램 마련, 여섯째, 주요 프로젝트에 대한 환경영향평가, 일곱째, 쓰레기 관리계획, 여덟째, 광역의 주택수요 평가, 아홉째, 유해폐기물 관리계획 수립이다. 이러한 기능을 수행하기 위하여 사무기구는 계획국, 법무국, 행정국, 공보실 등 4개국으로 업무를 분장하여 운영하고 있다.

이와 같이 SCAG는 공식적인 협력포럼으로서 지역교통계획수립, 주택수요 및 환경영향평가와 같은 장기적인 계획수립에 대한 권한을 가지고 있다고 할 것이다.

(3) 한국의 생활권협의회

① 설립배경

박근혜정부는 2013년 7월 제1차 지역발전위원회에서 '국민에게 행복을, 지역에 희망을'이라는 지역발전정책비전을 제시하였다. 3대 추진전략으로 지역행복생활권 구현, 맞춤형・패키지 지원, 지역주도 및 협력강화를 설정하였고, 지역행복생활권정책추진을 위하여 63개의 생활권을 구성하였다. 지역행복생활권 유형은 중추도시생활권 20개, 도농연계생활권 14개, 농어촌생활권 21개, 수도권시범생활권 8개로 구성[15]하였다.

지역행복생활권정책에 대하여 지방정부는 지방정부 간 협력에 대한 필요성보다는 중앙정부의 지역발전정책의 하나로 이해하였다(지역발전위원회, 2015). 따라서, 중앙정부의 지역행복생활권사업지원에 대하여 주로 관심을 보였고, 지방정부 간의 협력필요성에 대해서는 공감대 형성이 충분히 이루어지지 않았다. 이런 측면에서 생활권 협력사업의 확대에 대하여 담당공무원의 34%만이 필요하다는 의견을 제시하고 있다(지역발전위원회, 2017). 결국, 정부의 지역발전정책에 따라 63개 생활권에서 생활권협의회를 구성하였으나, 지방정부가 지방정부 간 협력에 대한 참여의지를 높이는 것으로 연결되지는 않았다.

---

15) 각 유형의 인구기준을 살펴보면 중추도시생활권은 50만 명 이상, 도농연계생활권은 10~50만 명, 농어촌 생활권은 10만 명 전후이다.

② 참여

생활권별로 협력업무를 수행하는 기구인 생활권협의회는 2016년 9월 현재 56개가 설립되었으며, 행정협의회 방식으로 34개, MOU 방식은 22개가 설치되었다. 생활권협의회는 참여지방정부 간에 구속력 있는 협력을 실현하기 위하여 행정협의회 방식으로 구성하도록 권고하였다(지역발전위원회 2013). 하지만, 행정협의회 방식의 필요성에 대한 이견 등의 이유로 MOU 방식으로 구성한 생활권도 있었다.

이러한 생활권협의회의 구성에도 불구하고, 지방정부 간에 협력사업을 수행하기 위하여 구성되었던 각종 행정협의회가 그대로 존치되었다. 예를 들어 순천시, 여수시, 광양시가 참여하는 광양만권발전협의회가 2013년에 구성되었고, 2014년에 여수시, 순천시, 광양시, 고흥군, 보성군이 참여하는 전남동부생활권협의회가 중복적으로 구성되었다. 또한, 생활권 내에서 지방정부 간 협력사업이 선정되면 생활권협의회와 무관하게 해당 부서에서 독자적으로 추진하고 있다. 한편, 지역발전위원회는 생활권협의회를 행정협의회로 구성하도록 권고하였는데, 지방자치법에 따라 행정협의회는 공무원으로 구성(지방자치법 제153조)하게 되어 있어 다양한 이해관계자의 참여가 불가능한 조직이라는 태생적인 문제점도 있었다. 결론적으로 지방정부 간 협력기구로서 생활권협의회는 다양한 이해관계자가 참여하고 협력에 대한 공식적이고 배타적 성격의 기구로서 불완전하였다. 이는 생활권협의회가 지방정부 간 협력을 위한 참여기제로서 불완전함을 의미한다.

③ 의사결정규칙

생활권협의회는 행정협의회로 구성 시 규약에서 협의회 명칭, 회원인 지방자치단체, 처리할 사무의 종류, 협의회 조직과 회장 및 위원 선임방법, 경비부담과 지출방법, 그 밖에 협의회 운영과 구성에 필요한 사항으로 이루어진다(지방자치법 154조). 한편, MOU 방식으로 생활권협의회를 구성할 경우에도 규약내용은 대부분 동일하게 구성된다. 그런데, 63개 생활권협의회 운영실적은 2014년부터 2016년까지 평균 2.6회, 실무조정기구는 평균 4회로 활성화되지 않았다(지역발전위원회, 2017). 특히, 생활권협의회 구성 이후 한 번도 회의를 개최하지 않은 곳이 24곳에 이르고 있는 실정이다(지역발전위원회, 2017).

이에 따라, 생활권협의회에서 규약으로 의사결정절차를 정하고 있음에도 불구하고, 실질적으로 생활권협의회 자체가 운영되지 않음으로써 다양한 이해관계자가 참여하지 못하고 충분한 협의를 통한 합의지향적 의사결정은 이루어지지 못하는 것으로 분석된다.

④ 재정

지역행복생활권의 생활권협의회 운영재원은 관할 시・군에서 분담하는 구조이다. 생활권협의회 또는 실무조정회의를 위한 운영비에 대하여 중앙정부의 지원은 없고 시・군 간에 분담하였다. 시・도 단위에서는 지역발전위원회가 지원하는 인력[16]을 중심으로 연구용역 및 컨설팅을 통하여 시・군의 생활권협의회를 지원하였다. 또한, 지역발전위원회 주관으로 선도사업(연계협력 공모사업, 2013~16)[17]을 공모방식으로 추진하여, 139건의 협력사업에 대하여 총 2,250억 원을 지원하였다.

결론적으로, 중앙정부에서 생활권별로 협력사업에 대한 예산은 일부 지원하였으나, 생활권협의회 운영에 대한 예산은 지원하지 않았다. 또한, 지방정부에서도 생활권협의회에 대한 예산도 별도로 편성하지 않았다. 따라서, 생활권협의회 운영을 위한 안정적인 재원확보가 이루어지지 않고 있으며, 지속적인 협력의 커다란 장애물이기도 하다.

⑤ 권한

생활권협의회 규약에서는 협의회 구성과 회의 운영에 대한 일반적인 규정만 있고, 협력사업과 그에 대한 권한에 대하여 세부적인 규정을 기술하지 않고 있

16) 지역발전위원회는 도 지역에는 연구원 2명과 사무원 1명, 특광역시에는 연구원 1명과 사무원 1명의 인건비를 지원하였다.

17) 5대 중점분야(NIMBY 해소, 응급의료, 주민안전, 일자리연계, 생활인프라)를 중심으로 각종, 시설 및 서비스 연계, 자원의 공동활용 등 협력사업으로 139건(2013~16년)을 추진하였다.

다. 이는 지역행복생활권 가이드라인에서 협력사업분야를 기초인프라, 일자리, 교육, 문화, 복지 등으로 포괄적으로 규정하여 협력을 진행하도록 장려하고 있을 뿐이고, 각 생활권협의회에서 협력분야를 특정하여 상세한 권한과 의무를 부여하지 않는 것과 관계가 있다(지역발전위원회, 2013).

결국, 생활권협의회는 생활권에서 이루어지고 있는 특정 협력사업을 관리할 권한을 가지고 있지 않다(지역발전위원회, 2015). 또한, 생활권협의회는 생활권을 구성한 지방정부 간에 장기적으로 협력사업을 연구하고 대안을 제시할 구체적인 권한을 가지고 있지 않다.

4. 사례의 비교

Metro와 SCAG는 광역계획기구(MPO)로서 지방정부 간 협력을 위한 기구로 기능을 수행하고 있다. 또한, 한국의 지역행복생활권도 생활권협의회를 구성하고 지방정부 간 협력을 촉진하고자 하는 목적을 가지고 있다. 이러한 미국과 한국의 사례를 비교분석틀에서 설정한 변수를 중심으로 비교해 보면 다음과 같다.

첫째, 설립배경에서 생활권협의회는 지역협력에 대한 충분한 공감대가 형성되지 않았다. Metro와 SCAG는 연방정부가 연방법을 근거로 기구의 설립을 촉진하였고, 지방정부도 지방정부 간 협력의 필요성에 대하여 충분히 공감하고 설립하였다. 반면, 생활권협의회는 중앙정부의 사업예산 지원에 초점을 맞추어 지원이 가능한 협력사업의 발굴에 집중하였다. 이러한 이유로 생활권협의회에서 지방정부 간의 협력필요성에 대한 공감대가 부족하고 협력에 대한 참여의지도 높지 않았다.

둘째, 참여 측면에서 생활권협의회는 다양한 이해관계자의 참여와 공식적인 협력기구로서의 성격이 취약하다. Metro와 SCAG는 주민과 이해관계자의 참여 속에서 협력안건에 대하여 지역의회에서 의사결정하는 체제로 지방정부 간 협력에 대하여 배타성을 가진 기구이다. 이와 달리 생활권협의회는 행정협의회로 생활권을 구성한 지방정부 공무원이 중심이 되어 이해관계자의 참여가 부족하다. 또한, 지방정부 간 협력을 위한 다른 협의체가 중복적으로 존재하여 협력에 대한 배타적 기구로서 작동하지 않고 있다.

셋째, 의사결정규칙 측면에서 Metro와 SCAG는 의사결정규칙을 지역의회나 주민의 투표로 결정하여 투명하고 공개적으로 운영하고 있으나, 생활권협의회에서 의사결정규칙은 행정기관이 결정하고 형식적으로 운영하고 있다. Metro와 SCAG의 의사결정은 다양한 이해관계자의 참여가 보장되고, 회의는 공개하여 투명하게 운영하고 있다. 생활권협의회는 규약에 의사결정절차가 있지만, 공무원으로 구성하여 다양한 이해당사자의 참여가 어렵고 실제 생활권협의회의 회의 자체의 운영이 저조하다는 문제가 있어 합의지향적 의사결정이 어렵다.

넷째, 재정 측면에서 생활권협의회는 운영재원이 편성되어 있지 않아 안정성이 부족하다. Metro는 재산세와 지방채 등 자주적인 재원으로 운영하고 있으며, SCAG는 연방정부보조금 등으로 안정적으로 운영 중이다. 반면, 생활권협의회는 중앙정부의 운영재원에 대한 지원이 없고, 지방정부도 운영재원을 별도 편성하여 지원하지 않아 운영의 안정성이 매우 취약하다.

다섯째, 권한 측면에서 생활권협의회는 기능에 대한 명확한 권한부여가 되어 있지 않다. Metro와 SCAG는 교통 및 토지사용 등 협력분야에서 장기계획을 수립할 법적 근거와 권한을 가지고 있다. 반면, 생활권협의회는 협력사업 발굴을 추진하고 있으나 협력사업에 대한 관리권한이나 장기적인 계획수립에 대한 명확한 권한이 부여되어 있지 않다(지역발전위원회, 2015). 생활권협의회에서는

표 3-26 Metro, SCAG와 지역행복생활권 비교

	Metro	SCAG	지역행복생활권
설치배경	자발적 구성	연방법	중앙정부 지역발전정책
참여	배타적 기구	배타적 기구	비배타적 기구
의사결정규칙	공식적 · 공개적 절차	공식적 · 공개적 절차	폐쇄적 절차
재정	시설물 사용료, 채권, 재산세	연방 및 주정부 보조금	–
권한	시설물 관리, 환경 서비스, 계획 수립 및 연구	교통 및 환경계획 수립 및 연구	협력사업 발굴

단발성 협력사업의 발굴만이 시도되고 있다. 지금까지의 비교사항을 정리하면 앞의 <표 3-26>과 같다.

5. 결론 및 정책적 함의

1) 연구결과

저출산·고령화 사회의 도래라는 외부환경변화와 지방재정절감 등 효율화의 필요성이 커져 가고 있는 행정내부환경변화를 고려할 때 지방정부 간의 연계 협력의 필요성은 향후에도 지속적으로 증가해 나갈 것이다. 미국의 지방정부 간 협력방식은 다양하게 이루어지고 있으며, 광역계획기구도 이러한 협력방식의 하나이다. 광역계획기구 사례인 Metro와 SCAG는 공식적인 포럼으로서 지역 내에서 지역협력에 대하여 배타성을 띠고 있어 참여유인기제로 작동하고 있다. 의사결정절차는 공개된 투명한 절차를 가지고 있다. 이는 협력거버넌스의 초기조건과 제도적 설계요인이 성공적으로 작동하고 있다고 분석되었다. 한편, 재정은 재산세 또는 연방정부보조금으로 안정성을 가지고 있고, 협력분야에 대한 구체적인 권한을 명시하고 기능을 수행하고 있다. 반면, 생활권협의회에서는 지방정부 간 협력에 대한 지방정부의 자발적인 참여의지는 높지 않고, 생활권협의회가 지역협력에 대한 배타적 기구로 작동하지 않고 있다. 또한, 생활권협의회가 형식적으로 운영되고 있어 협력거버넌스를 구축하기 위하여 초기 조건과 제도적 설계에 대한 보완이 필요하다는 것을 보여준다. 한편, 생활권협의회의 운영재원은 별도로 편성되어 있지 않아 재정의 안정성이 없으며, 협력분야가 구체적으로 명시되어 있지 않고 매년 협력과제 발굴 중심으로 운영되어 장기적인 대안제시의 기능을 수행하고 있지 못하는 것으로 분석되었다.

2) 정책적 함의 및 연구의 한계

향후 생활권협의회를 통한 지방정부 간 협력을 더욱 활성화하기 위한 제안을 다음과 같이 제시하고자 한다.

첫째, 생활권협의회를 협력거버넌스의 제도적 설계에 해당하는 상설적인 지방정부 간의 협력전담기구로 구성하여야 한다. 지역행복생활권에서 생활권협의회의 활동이 저조하여 구속력 있는 생활권협의회 구성이 필요하다(박승규・김선기, 2015; 임형빈, 2015). 박근혜정부의 지역행복생활권에서와 같이 협력을 위한 별도의 전담조직이 없는 행정협의회 방식으로는 지방정부 간 협력성과를 거두기가 어렵다. 따라서, 미국의 광역계획기구와 같이 실무적으로 지방정부 간 협력을 뒷받침할 상설적인 전담기구 구성이 이루어져야 한다(김순은 2008: 94). 현재 지방자치법에 따라 지방정부 간 협력기구로 지방자치단체조합와 행정협의회를 구성할 수 있다. 이 중에서 협력을 위한 계획수립과 조정기능을 수행하기 위하여 별도의 기구와 인력이 필요하므로 지방자치단체조합의 형태를 검토할 필요가 있다. 다만, 지방자치단체조합의 운영과 재원조달 등에 대하여 지방자치법상 명확한 규정이 없어 운영이 활성화되지 않는 점을 고려하여 지방자치법이나 별도의 입법을 통하여 세부규정을 마련하는 방안을 선결적으로 검토하여야 한다.

둘째, 조직운영의 안정성을 위하여 생활권협의회와 같은 지방정부 간 협력기구의 운영에 대한 중앙정부와 광역지방정부의 재정지원이 필요하다. Metro나 SCAG는 안정적인 재원을 바탕으로 지방정부 간 협력을 수행하고 있다. 특히, SCAG는 연방통합계획보조금(43%), 교통시설・장비 펀드(33.6%), 주정부의 교통발전법에 따른 카운티 부담금(7.51%)과 같이 운영에 소요되는 재원의 대부분을 연방정부 또는 주정부로부터 지원받고 있다. Metro는 재산세의 일부를 재원으로 운영함으로써 안정적으로 재원을 확보하고 있다. 다만, Metro와 같이 특별지방자치단체의 성격을 가지는 것은 현행 지방자치법에서 규정하지 않는 형태로 SCAG와 같이 중앙정부의 재정지원근거를 관련법에 마련하는 방안을 우선적으로 검토할 필요가 있다. 현재 국가균형발전특별법에서는 지역생활권에 대한 근거규정은 있으나 이를 운영할 생활권협의회의 설치근거와 지원근거는 명확히 마련되어 있지 않다. 따라서, 생활권협의회의 설치 및 지원근거를 우선 마련하여야 한다. 또한, 재정지원방안으로 특별교부세의 용도에 지역협력분야를 신설하거나, 지역발전특별회계에 지역협력계정을 편성하여 협력전담기구를 재정지원하는 방안을 모색할 수 있다.

셋째, 생활권협의회의 권한을 명확히 하기 위하여 지방정부 간의 협력의무화분야[18]를 설정하고 계획수립부터 의사결정의 기속력까지 구체적인 권한을 가진 협력기구로 운영하는 방안을 추진하여야 한다. 예를 들어, 미국 연방정부에서 지방정부 교통 관련 재정지원의 선결조건이 광역계획기구의 설치와 계획수립이다. 우리의 경우에도 교통, 쓰레기 처리, 환경 등과 같이 지방정부의 경계차원을 넘어 공동계획을 수립하고 집행하여야 할 필요성이 있는 분야에 대해서는 해당 지방정부 간 협력계획이 수립된 경우에만 국비를 지원하는 방안을 생각해 볼 수 있다. 현재 기획재정부는 지역발전특별회계 예산안 편성지침(2017)에서 지역 간 연계협력사업을 수행하는 경우 국비보조율 상향이라는 인센티브를 제공하도록 하고 있다.[19] 하지만, 재정상 인센티브 제공수준을 넘어 광역행정수요 측면에서 지방정부 간 협력이 필요한 분야는 미국의 광역계획기구 사례와 같이 의무적으로 지방정부 간 협력을 수행하도록 유도하는 방안을 마련하여야 한다. 이를 위하여 지역협력 의무분야에 대한 법적 근거를 지방자치법 등에 마련하거나, 각 분야별로 개별법에서 지방정부 간 협력의무를 규정하고 앞에서 지방자치단체조합의 문제점에서 지적한 바와 같이 계획수립과 조직운영, 집행 등을 세부적으로 규정하는 방안도 동시에 검토하여야 한다.

마지막으로 이 연구는 다음과 같은 한계를 가지고 있다.

첫째, 미국의 Metro와 SCAG는 법적 근거를 가지고 광역도시계획수립의 역할을 담당하고 있어 임의기구인 생활권협의회와 비교연구에 한계점이 있다. 생활권협의회가 생활권발전계획을 수립하고 있으나 기구의 법적 근거가 미비하고

---

18) 슈투트가르트광역연합은 광역기본계획, 녹지계획, 교통계획, 경제육성 및 관광마케팅의 네 분야를 의무사무로 지정하고, 광역연합의원 3분의 2 이상의 찬성으로 문화행사 유치 등은 임의사무로 구분하고 있다(안권욱, 2012).

19) 기획재정부는 지방자치단체 간 합동으로 박물관, 폐기물소각장을 설치하는 경우 기준 보조율 대비 10% 차등 지원하도록 하였다.

생활권발전계획은 국가계획과의 정합성 등이 부족하여 미국의 광역계획기구와 같이 중앙정부 차원의 재정지원이 이루어지려면 계획체계의 정합성과 중앙정부의 이해관계에 대한 추가 검토가 필요하다.

둘째, 지역생활권 정책은 박근혜정부에서 이루어졌으며, 지속적인 정책 추진 가능성이 불투명하다는 점에서 연구의 실효성에 대한 한계가 있을 수 있다. 셋째, 앞에서도 지적한 바와 같이 지방자치단체조합은 운영과 재원에 대한 구체적인 근거가 미비하여 활성화되지 못하고 있는 현실이므로 생활권협의회를 지방자치단체조합방식으로 개선하기 위해서는 지방자치단체조합제도의 개선방안 마련이 필요하다. 또한 향후 이러한 문제에 대한 추가 연구가 진행되어야 할 것이다.

생각해 보기

1. 지방정부 간 협력은 관련 지방정부의 합의와 다양한 이해관계자의 참여가 있어야 한다. 이렇게 시간과 노력이 필요함에도 불구하고 지방정부 간의 협력이 중요한 이유를 설명하시오.
2. 한국 지방자치법에서 규정하고 있는 지방정부 간 협력방식을 설명하시오.
3. 미국의 광역계획기구(MPO)의 대표적 운영사례인 SCAG는 지방정부 간 협력방식의 하나이다. 미국에서 지방정부 간 협력을 위하여 활용하는 협력 방식을 설명하시오.
4. 한국에서 중앙정부가 추진한 지방정부 간 협력의 정책적 사례(예: 박근혜 정부의 지역행복생활권)를 설명하시오.
5. 협력거버넌스에서 협력이 이루어지기 위해서는 협력 조직, 운영규칙 등의 제도화가 필요하다. Ansell & Gash의 협력거버넌스 이론에서 제시하는 제도적 설계를 지방정부 간 협력 사례를 기반으로 설명하시오.
6. 지방정부 간 협력거버넌스 활성화를 위한 협력 전담기구는 반드시 필요하다. 현행 지방자치법을 기반으로 지방정부 간 협력 기구 운영 방안을 검토하고 대안을 제시하시오.
7. 미국의 SCAG와 한국의 행복생활권을 비교하여 보라.

참고문헌

강인성(2009). 협력적 거버넌스를 통한 변화와 혁신의 모색. 『창조와 혁신』, 2(1): 195–225.

권오철 · 강영주(2015). 지방자치단체의 공공위탁 운영실태 및 발전방안. 『한국지방자치학회보』, 27(3): 169–192.

기획재정부(2017). 『지역발전특별회계 예산안 편성지침』. 서울: 기획재정부.

김선기(2009). 『지역협력촉진특별법 연구 및 시안』. 서울: 한국지방행정연구원.

김순은(2008). 지역발전과 광역(지역) 거버넌스의 형태와 과제. 『한국지방정부학회학술대회자료집』, 87–107.

김이수(2011). 행정구역통합과정에서 협력적 거버넌스 구축에 관한 실증적 연구: 여주시와 전주권(전주와 완주)의 통합과정 비교분석. 『한국사회와 행정연구』, 22(3): 69–94.

김태운 · 윤광재 · 변혜옥(2017). 협력적 거버넌스 관점에서의 광역지방자치단체 협의체에 대한 비교연구. 『공공정책과 국정관리』, 11(3): 100–131.

박승규 · 김선기(2015). 지역생활권 연계협력사업의 성과요인분석. 『한국지역개발학회지』, 27(5): 59－80.

박형준 · 이인원(2009). 지역개발정책수단으로서 협력적 지역거버넌스의 형성: 승리연합(winning coalition)게임 모형을 통한 지역파트너쉽형성 모형설정. 『한국정책학회보』, 18(2): 7－36.

배응환(2005). 로컬거버넌스: 갈등에서 협력으로. 『지방행정연구』, 19(2): 187－232.

배응환(2010). 신지역주의와 협력거버넌스: 광역경제권 설계의 전제. 『한국행정학보』, 44(4): 203－232.

배응환(2016). 협업행정의 실증분석: 님비사업 의사결정의 성공요인. 『한국행정학보』, 25(3): 91－127.

서정섭(2011). 지방자치단체간 협력사업의 유인기제로서 재정기반구축에 관한 연구. 『지방행정연구』, 25(1): 189－214.

안권욱(2012). 동남광역경제권 지방자치단체 간 협력체제와 발전방안. 『한국지방정부학회 학술대회 자료집』, 489－517.

우윤석(2009). 지방정부 간 협력을 위한 거버넌스 모형의 구상. 『국토연구』, 60(1): 189－214.

윤영채 · 배응환(2015). 공공기관융합의 효과성과 영향요인연구: KEC 사례를 중심으로. 『한국행정학보』, 49(2): 307－346.

이시원 · 민병익(2011). 지방정부간 협력체제의 전략적 관리방안. 『지방정부연구』, 15(3): 207－233.

임형빈(2015). 『충청남도 지역생활권별 실태분석과 추진방향』. 공주: 충남발전연구원.

전경구 · 조덕호(2013). 박근혜정부의 지역정책에 있어서 지역생활권의 권역설정과 협력거버넌스체제 구축의 정책과제. 『한국지역개발학회지』, 25(4): 1－24.

조만형 · 김이수(2009). 협력적 거버넌스 구축에 관한 실증적 연구: 광명시와 구로구 간 환경기초시설 빅딜사례를 중심으로. 『한국사회와 행정연구』, 20(2): 215－239.

주재복 · 조석주 · 김필두 · 박해육 · 하동현(2011). 『지방자치단체의 협력적 거버넌스 재설계방안』. 서울: 한국지방행정연구원.

지역발전위원회(2013). 『지역행복생활권 가이드라인1』. 서울: 지역발전위원회.

지역발전위원회(2015). 『지역행복생활권 발전계획 효율화 방안』. 서울: 지역발전위원회.

지역발전위원회(2017). 『지역행복생활권 정책성과분석』. 서울: 지역발전위원회.

최태현(2015). 공적 의사결정기제로서의 협력적 거버넌스, 박순애 편. 『행정학 사례연구:

성과와 교훈』, 서울: 대영문화사.

하연섭(2011). 『제도분석: 이론과 쟁점』. 서울: 다산출판사.

한표환 · 김선기(2003). 자치단체간 협력관계의 실태분석과 정책방향. 『한국지방자치학회보』, 5(2): 107-126.

행정자치부(2016). 『지방자치단체 협력갈등관리 업무편람』. 서울: 행정자치부.

Abbott, C. & Abbott, P. M. (1991). *A History of Metro*. Urban Studies and Planning Faculty Publications and Presentations. Paper 109.

Agranoff, R. (2006). Inside Collaborative Networks: Ten Lessons for Public Managers. *Public Administration Review*, 66(1): 56-65.

Ansell, C. & Gash, A. (2007). Collaborative Governance in Theory and Practice. *Journal of Public Administration Research and Theory*, 18(4): 543-571.

Kurtz, T. S. (2006). *Intergovernmental Cooperation Handbook*. Governor's Center for Local Government Services. Dept. of Community and Economic Development: Harrisburg.

Lewis, P. G. & Sprague, M. (1997). *Federal Transportation Policy and the Role of Metropolitan Planning Organization in California*, San Francisco, CA: Public Policy Institute of California, California.

Metro (2013). *Public Engagement Guide*. Portland: Metro

Metro (2015). *Budget in Brief*. Portland: Metro.

Metropolitan Washington Council of Governments (2007). *A half century of regional partnership: COG celebrates 50 years*. Metropolitan Washington Council of Governments.

O'Donnell, O. (2012). *Strategic collaboration local government*, Dublin: IPA.

Pirch, K. (2010). *An Analysis of Regional Government and Reforms*. Eastern Washington University. Institute for Public Policy and Economics Analysis.

SCAG (2015). *Future Growth and Transportation in Southern California: Governance, Planning, Fund Programming, and Local Collaboration Examples*. LA: SCAG.

SCAG (2016). *Fiscal Year 2016-2017 Comprehensive Budget*. LA: SCAG.

Shergold, P. (2008). Getting through Collaboration, in J. O'Flynn & J. Wanna (eds). *Collaborative Governance A New Era of Public in Australia?*, 13-22.

Spicer, Z. (2013). *Regional Organization and the Dynamics of Intermunicipal Cooperation*. Ph.D. diss. The University of Western Ontario.

Thibert, J. (2013). *Does urban regional collaboration make a difference? Evidence from North American metropolitan areas*. Ph.D. diss. Princeton University.

Thomson, A. M. & Perry, J. L. (2006). Collaboration processes: Inside the black box. *Public Administration Review*, 66(s1): 20–32.

Zimmermann, U. (2007). *Metropolitan governance*. Encyclopedia of public administration and public policy (1st ed.) Taylor & Francis online.

제 4 장

결론: 요약과 제안

이 저술은 학자와 실무자 및 학생들을 거버넌스, 특히 협력거버넌스의 세계로 초대함으로써 시작되었다. 우선적으로, 정부통치를 넘어서라는 인식에 따라 협력거버넌스의 연구필요성을 실제적 측면과 이론적 측면으로 나누어 제기하면서, 이 책의 목적을 서술하였다.

이후의 부분에서는 '협력거버넌스란 무엇인가?'에 대하여 논의하였다. 이론적 측면에서 협력거버넌스를 논의하기 위하여 협력거버넌스가 등장한 배경을 기술하고, 이 용어와 유사하게 사용되는 여러 용어를 나열하였다. 학자들은 어떻게 협력거버넌스 개념을 정의하고 있는가를 역사적으로 축적하였고, 이러한 개념화를 토대로 만들어지는 협력거버넌스의 모형에 대하여 기술하였다. 그리고 실제적 측면에서는 학자들이 논의하여 온 협력거버넌스의 개념과 모형이 실제 현실에 어떻게 적용되고 있는가를 네 가지 지역정책사례를 통하여 분석한 결과를 설명하였다.

마지막으로, 이상의 연구와 관찰을 토대로, 학자들과 학생들 및 실무자들에게 협력거버넌스의 현실 적용과 미래 연구방향을 제시하고자 한다. 우리가 서문에서 제시한 바와 같이, 이 책은 다음과 같은 협력거버넌스에 대한 이해와 설명 및 처방을 개선하려는 것이다.

첫째, 왜 정부주도적 통치가 한계가 있고 협력거버넌스가 학문적 연구와 실제에서 사용되고 있는가를 이해할 수 있다.

둘째, 협력거버넌스의 유사 용어와 개념 및 모형을 이해하고 설명할 수 있다.

셋째, 협력거버넌스의 실제 적용을 살펴볼 수 있다.

넷째, 협력거버넌스의 개념과 모형을 통하여 공공정책과 공공관리에 대한 체계적인 연구와 지식확장을 할 수 있게 한다.

다섯째, 협력거버넌스의 경험적 연구를 통한 지식산출은 실무자들의 통치에 처방으로 활용할 수가 있다.

여섯째, 이상의 협력거버넌스의 이론과 실제 사례는 학생들에게 이론을 현실에 적용하여 현실감각을 함양하는 학습을 가능하게 한다.

이처럼, 이 저술은 학문연구나 실무 및 학습을 수행하는 데 도움을 줄 수 있지만, Emerson & Nabatchi(2015: 207－211)가 제기한 다음의 두 가지 쟁점은 앞으로 탐구하여야 할 과제로 남아 있다고 할 수 있다.

쟁점1: 협력거버넌스는 만병통치약이 아니다.
(Collaborative Governance Is Not a Cure-All.)

이 책에서 우리는 협력거버넌스가 어떻게 작동하고 있는가를 검증하는 네 가지 사례를 제시하였는데, 성공한 사례와 실패한 사례가 존재한다. 예컨대, 청주시의 님비화장장 건립사례는 오랫동안 시와 주민 간에 갈등과 대립으로 건립이 지연되어 오다가 시와 주민 및 시민사회단체들 간의 협력적 조정을 통하여 사업결정이 성공한 경우이고, 구로구와 광명시 간의 환경기초시설 빅딜사례는 두 지방정부 간에 혐오시설의 입지거래를 통하여 상호편익을 얻는 성공사례이다(배응환, 2016; 윤영채, 2005). 반면에, 충청권 첨단의료복합단지 결정사례는 이명박정부에서 충청남도와 충청북도 및 대전광역시가 충청권 광역경제권으로 설정하여 협력적 사업을 하도록 하려는 의도와 달리, 각 지역에서 자신들의 이익을 추구하는 지역이기주의와 갈등으로 인하여 협력에 실패한 사례이다(배봉준(구명: 배응환), 2010).

이러한 정책사례들을 보면, 모든 협력거버넌스가 동등하게 만들어지거나 성공적인 성과를 가져오는 것은 아니라는 것이 명백하게 나타나고 있다. 협력거버넌스의 실제 사례들은 협력거버넌스가 어떻게 구성되어 운영되고 있는가를 보여준다. 협력거버넌스는 현실의 복잡하고 사악한 문제들을 해결하는 데 필요하고 바람직한 통치모형이라는 인식이 증가를 하고 있지만, 협력거버넌스의 실제 운영은 쉬운 것이 아니다. 협력거버넌스는 환경맥락에서 나타나는 문제해결에 어려움을 가질 수 있다. 그러나 협력적 실패(collaborative failure)의 위험은 사악한 문제가 해결되지 않는 위험보다 크지 않을 수 있다. 많은 경계를 초월하는 문제들의 심각성에 비추어 볼 때, 협력거버넌스를 추구하려는 노력은 가치가 있다고 본다. 여러 부문이나 조직 및 정책의 경계를 넘어서는 협력적 노력은 사회가 직면하는 공공문제에 대한 도전들에 바람직하고 적실성이 있기 때문이다.

쟁점 2: 협력거버넌스는 제도적 형태와 구별되는 것이 아니다.
(Collaborative Governance Is Not Distinct Institutional Forms.)

거버넌스의 개념 진화에서 살펴본 바와 같이, 협력거버넌스는 정부거버넌스나 시장거버넌스와 구별하는 것이 이론적으로나 실무적으로 의미가 있다. 이러한 거버넌스 유형의 구별은 학자나 실무자들에게 구조적이고 과정적인 특징과 각 유형이 직면하는 도전을 확인할 수 있게 하고, 각 유형이 특정한 문제해결에 적실성이 있는가를 고려할 수 있게 한다.

그러나 협력거버넌스는 고립된 실체가 아니다. 이것은 다른 제도적 형태 내에서 또는 이들과 연결하여 존재할 수 있다. 협력거버넌스는 그들의 목표를 달성하기 위하여 정부관여가 필요할 수 있고, 또는 시장을 사용할 수도 있다. 예컨대, 이 연구에서 제시한 지방정부 간 협력거버넌스의 운영사례로서 미국의 광역계획기구인 Metro와 SCAG 및 한국의 지역발전협의회는 어떤 정책을 결정하고 관리를 하는데 중앙정부나 지방정부 및 민간부문과 제3부문의 연계와 협력이 이루어지고 있음을 보여준다(한치흠 · 윤영채, 2018).

그러므로 협력거버넌스는 계층제와 분리되어 작동하는 것이 아니라, 그것에 의하여 조정되지는 않을지라도 종종 계층제 내에서 운영될 수 있다. 이는 Ansell & Gash(2008)가 협력거버넌스는 공공기관에 의해 발의되고 비정부행위자들을 참여시키는 문제해결모형이라고 하는 것을 보면 알 수가 있다. 그러나 Emerson, Nabatchi, & Balogh(2011)의 협력거버넌스 개념에서 볼 수 있는 바와 같이, 협력거버넌스는 공공부문이 발의할 수도 있지만 민간이나 시민사회부문이 주도하는 협력유형이 존재할 수 있다. 여기서 복잡한 사회문제를 통치하는 데 정부인가? 시장인가? 아니면 네트워크나 협력거버넌스인가? 하는 문제가 다시 등장하게 된다.

이상에서 제기한 협력거버넌스의 쟁점은 학자들의 앞으로 연구과제로 남게 된다. 우리는 협력거버넌스의 좀 더 심화되고 체계적인 이해와 실제를 개선하려는 노력이 요구된다. 이러한 노력은 좀 더 복잡해지고 상호의존적인 부문과 조직 및 정책영역과 관리영역에서 활동하는 학자나 실무자들에 필요한 것이다. 학자들의 학문연구와 실무자들의 현실개선은 협력거버넌스의 설계와 실행을 개선하려는 노력에 하나의 안내길 역할을 할 수가 있다고 본다. 우리는 이 저술이 이러한 중요한 노력에 이정표가 될 수 있기를 희망하고, 학자나 실무자 및 학생들이 연구를 하고 학습을 하거나 업무를 수행하는 데 협력거버넌스의 세계에 들어와 부딪치기를 격려하고자 한다.

생각해 보기

1. 통치방법으로 협력거버넌스는 어떤 장점과 단점을 가지고 있는가를 설명하여 보라.
2. 협력거버넌스를 정부관료제를 어떻게 보완해줄 수 있는가를 설명하여 보라.

참고문헌

배봉준(구명: 배응환)(2010). 신지역주의와 협력거버넌스: 광역경제권 설계의 전제. 『한국행정학보』, 44(4): 203-232.

배봉준(구명: 배응환)(2016). 협업행정의 실증분석: 님비사업 의사결정의 성공요인. 『한국행정연구』, 25(3): 91-127

윤영채(2005). 입지갈등 해결전략으로서의 환경기초시설 빅딜사례연구. 『지방정부연구』, 8(4): 51-71.

한치흠 · 윤영채(2018). 지방정부간 협력거버넌스 구축사례연구: 미국의 광역계획기구와 한국의 생활권협의회 비교를 중심으로 『융합사회와 공공정책』, 12(1): 28-59.

Ansell, Chris & Gash, Alison (2007). Collaborative Governance in Theory and Practice. *Journal of Public Administration Research and Theory*, 18: 543-571.

Emerson, Kirk & Nabatchi, Tina(2015). *Collaborative Governance Regimes*. Washington, DC: Georgetown University Press.

Emerson, Kirk, Nabatchi, Tina, & Balogh, Steve (2011). An Integrative Framework for Collaborative Governance. *Journal of Public Administration Research and Theory* 22(1): 1-29.

찾아보기

ㅋ

ㅍ

ㅎ

저자 소개

배봉준(구명: 배응환)(Bae, Bongjun(Old Name: Bae, EongHwan)

• 고려대학교에서 행정학 박사학위를 취득하고, 대전대학교 지역협력연구원 연구교수, 고려대 정부학연구소 선임연구원 등을 하였다. 주요 학문 관심분야는 중앙과 지방의 조직과 정책영역이고, 주요 저서와 논문으로는 지방거버넌스와 지방정책(공저, 도서출판 다운샘, 2004)과 공공사업의 로컬거버넌스 특성연구(2018), 공공정책결정의 협력거버넌스(2018), 협업행정의 실증분석(2016) 등 다수가 있다.

• (E-mail: ehbaekr@naver.com)

윤영채(Yoon, Youngchai)

• 미국 Florida Atlantic University에서 행정학 박사학위를 취득하고, 충남대학교 행정학과 교수로 재직 중이다. 주요 학문 관심분야는 조직시민행동, 환경정책론, 통계방법론 등이고, 주요 논문으로는 정부정책 만족도가 정부신뢰에 미치는 영향(2018), 조직시민행동의 결정요인에 관한 연구(2017), 공공기관 융합의 효과성과 영향요인 연구(2015), 준공공부문의 조직문화분석(2012) 등 다수가 있다.

• (E-mail: yoon211@cnu.ac.kr)

한치흠(Han, Chieum)

• 충남대 국가정책대학원 정책학 박사과정을 수료하고, 대통령직속 지역발전위원회 지역협력과장을 역임하였으며, 행정안전부 자치분권지원과장으로 재직 중이다. 주요 학문 관심분야는 지방자치와 지역발전 및 협력거버넌스이고, 주요 논문으로는 지방정부 간 협력거버넌스 구축사례연구(2018) 등이 있다.

• (E-mail: navyhch@naver.com)

협력거버넌스: 이론과 실제

펴낸날 제1판 제1쇄 2019년 9월 25일
지은이 배봉준 · 윤영채 · 한치흠
펴낸이 임춘환
펴낸곳 도서출판 대영문화사
주소 (본사) 사무실: 경기도 고양시 일산서구 주화로 70
우신프라자 307호 (㊒ 10387)
(본사) 물류센터: 경기도 고양시 일산서구 덕산로
107번길 68-50 (㊒ 10205)
등록 1975년 12월 26일 제3-16호
전화 (031) 913-3062, (031) 914-3884~5
팩스 (031) 913-3839
홈페이지 http://www.dymbook.co.kr

ISBN 978-89-7644-753-1
값 14,000원